U0113793

明末清初的才子们

MINGMOQINGCHUDE
CAIZIMEN

王淼 —— 著

中国文史出版社

他们点缀了时代的星空 （自序）

　　历史进入明代中后期，无论从政治层面，还是从文化层面，都在发生着悄悄的潜变。尽管明王朝在专制集权方面无所不用其极，但到了明代中后期，随着王阳明心学的传播，商品经济的萌芽，市集繁荣，市民阶层崛起，以及由此衍生出的通俗文学的滥觞和出版业的繁荣等各种因素，城市文化日渐发达，乃至"情教"勃兴，"理教"式微，礼崩乐坏，王纲解纽，思想趋向多元，已经成为一个无法阻遏的事实。

　　一切都预示着一个新时代的来临，新的思想，新的意识，新的观念，逐渐渗入古老的社会肌体。一场反对儒教纲常伦理的启蒙思潮正在兴起，这种思潮所带来的不仅仅是对人性的反思，甚至还有对皇权体制的质疑。晚明同时又是一个盛产才子的时代，而得风气之先的也正是那些走在时代前列的才子们，他们或者在思想方面超人一等，或者在艺术方面胜人一等，他们是先知先觉者，引领着一个时代的精神走向风雅和时尚。因为思想过于超前，他们往往与自己所处的时代格格不入，甚至成为时人的眼中钉与肉中刺，但他们从不甘于被洗脑的命运，总是想活得更明白、更自由、更富有人的尊严。以李贽、徐渭等人为发端，到汤显祖、冯梦龙等人将晚明启蒙思潮推向高潮，直至黄宗羲、王夫之等人的学说最终成为空谷绝响，之于他们的时代，他们经历的其实是一场从貌合神离到离经叛道的蜕变。

明朝的覆亡自然有着很多原因，明末文人文秉认为："逆珰余孽，但知力护残局，不复顾国家大计；即废籍诸公，亦阅历久而情面深，无复有赞皇魏公其人者。"清代的乾隆皇帝认为："明之亡非亡于流寇，而亡于神宗之荒唐，及天启时阉宦之专横，大臣志在禄位金钱，百官专务钻营阿谀。"而崇祯皇帝本人则从不把自己看作昏君，他认为自己虽然才德微薄，触怒上天，但这都是大臣之过，他自己并没有做错什么。这些似乎都有一定的道理，但都没有触及根本，究竟是不是昏君，自然不是崇祯皇帝自己说了算，阉祸、党争，内忧、外患，对于贯穿了大明王朝二百七十六年的历史来说，却都是一些看得见的事实。总之，时间到了晚明，历史已经进入一个死胡同，诚如李洁非教授所形容的那样，当历史的黑暗积累得太久时，就能够生成一种自我毁灭的能量，而所有外部的推动，不过是压垮骆驼的最后一根稻草而已。

如果单从文化的层面来讲，明清易代属落后文化取代先进文化，无疑是一次文化的倒退。虽然明朝的统治已经腐败透顶，但晚明启蒙思潮却带来了一次历史性的转机，彼时的中国已经处于文化大变革与大觉醒的前夜，在某种意义上甚至可以说与西方世界同步，已有即将进入近代社会的先兆。清朝取代明朝自有某种偶然的因素在内，却毕竟成为事实，清朝立国之后仍然沿袭明朝旧制，在思想意识方面则更趋保守，尤其是大兴"文字狱"，对意识形态进行严酷整肃，不仅使晚明启蒙思潮遭到绞杀，晚明时期的个性觉醒和自由精神，亦最终被涤荡一空。而明末清初的文人也经历了良知与情感的苦苦挣扎，对于他们，是说话，还是保命，成为一个艰难的选择。以是，清代朴学兴起，考据之风大盛，当文人士大夫纷纷钻进故纸堆时，整个社会万马齐喑，死气沉沉，再也不复有开放的胸怀与包容的气象。

从晚明到清初既是一个风雨飘摇的多事之秋，又是一个异彩纷呈的有趣时代。鲁迅先生所谓："红肿之处，艳若桃花，溃烂之时，美如乳酪。"或可用来形容这个相互冲突与矛盾的时代。注目这一时代，我既常常感到迷惑与不解，也会被一些人物所深深感动，诸如徐文长的佯狂疯癫，冒辟疆的诗酒风流，张宗子的声色犬马，金圣叹的灵心妙舌……之所以加上了徐渭和李贽等并不属于明末清初的人物，是因为前者标志着晚明才子的正式登场，后者开启了晚明的一缕文脉。生逢大时代，他们大多命运多舛，身不由己，满腹才华却无用武之地，英雄失路，托足无门，只能浪荡江湖载酒行，在自己的心灵中自我放逐。尤其是在江山飘零之际，他们更是类如飘蓬，时时行走在死亡的边缘，生命岌岌可危，显示出个体生命的无奈与渺小。但是，毫无疑问，他们每个人都曾经真正地活过，活得天马行空，活得肆无忌惮，不仅活得潇洒、活得精彩，而且活出了个性，活出了自己。

在《明末清初的才子们》中，我选择人物的标准是有趣，他们首先是对于时代风气颇有影响的人物，都具有引领时代风潮的气质；他们都有一定的怀疑精神和原创能力，拒绝随声附和、人云亦云；他们都有个人的癖好，对人与物抱有深情厚谊；他们都有真性情，具有特立独行的鲜明个性。我写到的每个人物都称得上风华绝代。虽然他们的现实境遇，以及他们之于时代所起到的作用各有不同，但他们点缀了时代的星空，让他们的时代更加迷人，却是不容置疑的。我写作这些文章的目的，即是试图与这些有趣的灵魂对话，并以这些人物为线索，勾勒出明清易代之际的时代样貌，并通过这些才子们不同的个人选择，解读从晚明到清初的时代变迁：从晚明的多元文化到清初的政治大一统，独立思考逐渐丧失存在的空间；从徐渭、李贽到李渔、尤侗，思想深度呈一条抛物线的形式逐渐递减，古代中国终于错过了宝贵的转型机遇，又一次坠入黑暗的空间。

我一直以为，作为历史的一个环节，晚明与清初之间存在的不仅是时间的过渡，一定还有某种更深刻的联系，而通过解读明末清初的才子，或许就能够更加清晰地看出这种联系。比如，徐霞客的出现意味着由士而仕已不是文人唯一的选择，文人可以按照自己的心愿安排生活，他们不再安于政治社会的既有框架；比如，冯梦龙的出现意味着俗文学的高度发达，求"情"与求"真"，成为晚明士大夫执着的文学追求；比如，李渔的出现亲身践行了李贽的思想，意味着对好色与好货的肯定，即便在谋生方面，文人也拥有了更多的选择；比如，尤侗的出现意味着大一统社会文人格局的促狭，生活的精致无法遮掩思想的贫乏，如此等等，从中均能看出社会的风气与时代的风向。

明末清初是一个波澜壮阔的时代，这个时代既有传奇的人物，也有传奇的故事。我从十几年前开始关注这些人物和故事，虽然时光匆匆，岁月变迁，但我对这些人物的崇敬和对这些故事的关注之心却从未稍减。我也一直意欲以自己的文字走进那个斑斓纷呈、自由活泼的时代，见他们所见，思他们所思，感他们所感，并将他们的故事形诸笔墨——因为才疏学浅，我自然无法表达出这些人物的风度与故事的精彩于万一，但我还是不揣谫陋，写下这些文章，之所以写下它们，就是在追怀这些人物和故事的同时，寄托自己的心曲。

是为序。

目　　录

2

第一辑　畸　人

一个南腔北调人

——艺术家徐文长的悲剧人生

一

　　明万历二十五年（1597），刚刚辞去吴县县令的袁中郎开始了他的越地之旅。此时的袁中郎已经没有了官方身份，而是以自己精心打造的世外高人和文坛祭酒形象重新步入人们的视野。他先是在杭州稍作停留，然后在绍兴名士陶周望、陶周臣兄弟的陪伴下盘桓天目、会稽达二月有余。正是在会稽陶周望的书房中，袁中郎读到了一位文坛奇人的作品，这次的偶然邂逅既让他感到莫名振奋，也让他产生了一种他乡遇知己的快感，他似乎觉得自己的文学主张第一次得到了印证，并因之在刹那间变得更加明晰了，而这位文坛奇人就是四年前才离开人世的越中文士徐文长。

　　在袁中郎后来所作的《徐文长传》中，他以自己惯有的夸张语气，回忆了自己初次读到徐文长作品时的详细经过："余少时过里肆中，见北杂剧有《四声猿》，意气豪达，与近时书生所演传奇绝异，题曰'天池生'，疑为元人作。后适越，见人家单幅上有署'田水月'者，强心铁骨，与夫一种磊块不平之气，字画之中宛宛可见。意甚骇之，而不知田水月为何人。"由这段文字可知，袁中郎过去非但见到过徐文长的文章字画，而且印象相当深刻，只是一直不识这些作品的出处与来历。让袁中郎没有想到的是，他的这次越中之行竟然误打误撞地来到了徐文长的家乡，不仅有幸读到了这位文坛奇人的全部作品，为之大力彰显，还留下了一段流传后世的文坛佳话。

二

徐文长，名渭，字文清，后改字文长。徐渭出生于明正德十六年（1521），据他晚年亲手编订的《畸谱》和所作的《春兴》一诗可知，他生于辛巳年的二月初四日，出生地是绍兴府山阴县城区大云坊观桥东之徐第。徐渭的父亲徐鏓是一位举人，曾游宦西南各省，以五品官员的身份致仕，徐鏓的原配夫人中年去世，后娶苗宜人为继室，苗宜人未生育，徐鏓晚年即纳苗宜人身边的侍女为妾，生徐渭。所以，徐渭虽然贵为徐府三公子，同时却又是一位女奴的儿子，其身份伊始即不无一些尴尬的成分，这对他一生敏感、多疑性格的形成可谓影响甚巨。徐渭出生才百日，徐鏓即骤然谢世，随后，徐家的生活状况开始急转直下，到徐渭十岁那年，因其长兄经商失败，由徐渭的嫡母苗宜人做主，将包括徐渭生母在内的所有奴仆统统卖给了外姓。四年之后，徐渭的嫡母苗宜人去世，少年徐渭从此失去了自己最后的庇护，不得不开始了寄人篱下的生活。

对于徐渭命运多舛的一生来说，其童年无疑即是一个苦难的开端。不过，值得庆幸的是，徐渭的嫡母苗宜人原是云南江川人，她虽然处身越中，人地生疏，独自支撑着一个矛盾重重且每况愈下的大家庭，但她对徐渭的教育却十分用心，曾经多次为徐渭更换塾师，目的就是让少年徐渭得到最为完备的教育，以为山阴徐氏一族光大门楣、重振家声。在苗宜人的精心呵护下，小徐渭四岁知揖让，到六岁入小学，即能做到"书一授数百字，不再目，立诵师所"。徐渭八岁稍解经意，尝被其师誉为"谢家之宝树"，即以南朝诗人谢灵运目之，且称他"是先人之庆也，是徐门之光也"。徐渭十岁那年，他更为当时的山阴县令所激赏，尝亲自在其空白的公文纸上为徐渭批下这样几句话："小子能识文义，且能措辞，可喜可喜！为其师者，当善教之，务在多读古书，期于大成，勿徒烂记程文而已。"

苗宜人的早逝在很大程度上打乱了小徐渭按部就班的学习生活，他虽然很早"已能习于干禄文字"，但却"旷弃者十余年"，其间他既广泛阅览各种秦汉古文、老庄诸子、仙释经录之类的杂书，又对琴曲、剑术产生了浓厚的兴趣。这种选择固然能够开阔小徐渭的心胸与视野，为他日后在诗、文、书、画等多方面的不俗造诣打下基础，同时却也让他与时文日渐生疏，并最终使他走上一条与科举仕途渐行渐远的人生道路。

三

徐渭的童试开始于他十七岁那年，但一试不中，二十岁时再试仍然名落孙山，这样的结果让以少年才子自命的徐渭大觉尴尬。无奈之下，他当即给主考官写了一封《上提学副使张公书》，文中既有对自己幼年不幸遭遇的回顾，也不乏毛遂自荐之意，其中还有不少针对主考官员的巧妙谀辞，写到情动处甚至不惜以"负石投渊、入坑自焚"这样激烈的言辞相威胁，好在主考官尚有怜才之意，不但答应了徐渭的补考要求，且终于使他侥幸获得了秀才的资格。

就徐渭一生的经历来看，二十岁前后短短几年的家庭生活，无疑是他平生最稳定和最幸福的一段时光。这个时期，他既取得了诸生身份，复入赘阳江做了主簿潘克敬的乘龙快婿，其间虽然又有过一次乡试失利的经历，但他的家庭生活却还是美满和睦的。徐渭与潘氏之间夫妻恩爱、琴瑟好合，他对自己的前途也堪称信心十足、踌躇满志。但美好的生活对于徐渭竟是如此短暂，嘉靖二十四年（1545），徐渭应丙午年乡试，竟然又一次名落孙山，其后不久，时年只有十九岁的爱妻潘氏竟因肺疾不治身亡，身后为徐渭留下了一个不足周岁的幼儿。痛失爱妻的打击对于徐渭乃是非常沉重的，在以后的岁月里，他一直对亡妻念念不忘，曾经屡屡在自己的诗文中追念潘氏的种种好处，其真情流露之处，让人黯然神伤。

潘氏死后，性格孤介的徐渭自然没有理由继续住在岳丈家中。此时他的两位长兄均已先后弃世，而先父留下的观桥老屋也已为他姓所占，在这种进退失据的处境中，徐渭不得不开始了赁屋而居的生活。作为一名败落的官家子弟，徐渭虽然满腹才华，同时却也谋生计拙，不事生产、不善理财本来就是想象力异常丰富的文人生活之常态，所以，尽管徐渭的文章写得漂亮，但其家庭事务却处理得不尽如人意。其时徐渭已经迎回生母与自己同住，再加上料理家务的仆人等，一家老小的吃饭问题就非常现实地摆在他面前。

从这个时期的诗文中能够看出，徐渭的经济来源大致有二，一是教授生徒，二是代人作文赚取少许笔润，但这些收入毕竟有限，并不足以维持家人的基本生活，而变卖家传遗物也就成为徐渭生活中的常事。徐渭尝在《今日歌》一诗中如是写道："琉球佩刀光照水，三年不磨绣花紫。换钱解向市中悬，我贵彼贱无人市。家唯此刀颇值钱，易钱不得愁欲死。客问此刀值几何，广州五葛飞轻雨。乃今求市不较量，但输三葛钱亦止。千人十往九不顾，向刀长立折双趾。"为了糊口，竟然不惜出卖祖传的宝刀，但即便宝刀贱卖，却仍然还是"千人十往九不顾"。此情此景，真的是英雄末路、长歌当哭，虽然写的是刀，又何尝不是徐渭自身境遇的真实写照呢？

四

嘉靖二十六年（1547），二十七岁的徐渭开始师事退居绍兴乡里的原长沙太守季本，这次从师对于徐渭个人思想的成熟可谓影响甚巨。季本原是王阳明的弟子，而王阳明则堪称是开启晚明文化一缕文脉的大人物。王阳明虽然祖籍余姚，却因为父守制的缘故，曾经在绍兴长住六年之久，这六年既是王氏的学术思想开始产生巨大影响的时期，同时也是整个明代社会发生深刻变化与转折的时期。当此时，随着江南商业经济的长足发展，一股不可遏止的浮华风气正在帝国各地悄悄蔓延，日益繁华的都市生活使得都市人对儒家主流的枯燥理性普遍产生了质疑与不满，王氏"心学"的适时而至，则在很大程度上一扫当时笼罩思想界的空疏、虚伪之学风，为晚明社会张扬个性、去伪求真的个人追求提供了最基本的理论基础。

徐渭虽然没有直接师事过王阳明，但作为王阳明的主要门人之一，季本却无论是在人格上，还是学问上，均对徐渭的后半生产生了重大的影响，以至他尝在《畸谱》中将季本同时列于"纪师"、"师类"和"纪知"三个条目中，甚至声言："廿七八岁，始师事季先生，稍觉有进。前此过空二十年，悔无及矣。"

但让徐渭深感无奈的是，已过而立之年，他仍然还是生活落拓，事业无成，他虽然对自己的前程依然抱有信心，但焦虑之情却也溢于言表。作为一介书生，学而优则仕乃是徐渭一生中的头等大事，偏偏这又与他一生的个人志趣大相径庭，究竟是束缚自己的个性以就绳墨，还是我行我素，享受自由人生？对于前者，他心犹未甘；对于后者，他又显然缺少足够的勇气和必要的物质条件。

徐渭的确有着更多的理想与期望，却也有着更多的束缚与无奈。涉世渐深，徐渭显然已经发现了存在于自己精神与个性方面的不合时宜，因为这个世界需要的是庸碌无为的大众，而不是性情毕见的才子，像他那样仅仅拥有满腹才华，却不善于隐晦藏拙，非但不能为自己带来光明的前途，且足以成为引祸上身之本。

五

对于徐渭来说，嘉靖三十六年（1557）乃是非常重要的一年，

7

就在这年十二月，他正式接受了"威权震东南"的总督胡宗宪的邀请，开始了长达五年的幕府生涯。客观地说，这五年的幕府生活应该算是徐渭一生中最觉快意的岁月，他之所以接受胡宗宪的邀请而入幕，一方面固然是因为生活所迫；另一方面则是出于对胡氏知遇之恩的回报，而对于他的个人前程来说，参加抗倭队伍既可保家卫国，同时也未尝不是建功立业的机会。

胡宗宪出任总督的年代正是倭患日炽的嘉靖中后期，胡氏出任总督一职虽然也是朝廷内争之结果，但对于浙闽沿海的抗倭大计来说，胡氏其人却的确堪当重任。胡宗宪之所以坚邀徐渭入幕，首先是因为徐渭的文名日盛，同时也与季本等人的极力推荐不无关系。双方在经过了一段时间的相互试探之后，徐渭终于为胡宗宪的真诚所打动，以一介布衣的身份进入胡宗宪总督府担任记室。文名籍籍的徐渭也果然不负众望，刚刚入幕不久，他即以代写献给嘉靖皇帝的《白鹿双表》而名动朝野，既使得主帅胡宗宪由二品荣升为一品，同时也进一步巩固了自己在督府中的个人地位。

徐渭在胡幕中充当的虽然只是一个刀笔吏的角色，但因为有了胡氏的优容与理解，其生活还是相当自由，精神也是非常愉快的。有两件事可以看出胡宗宪对于徐渭的欣赏与宽容。其一，"渭性通脱，多与群少年昵饮市肆。幕中有急需，召渭不得，夜深，开戟门以待之。侦者得状，报曰：'徐秀才方大醉嚎器，不可致也。'公闻，反称甚善。"徐文长固然大有李太白的做派，而胡总督却也不乏唐明皇的大度，宾主相得倒也其乐融融。其二，"文长自负才略，好奇计，谭兵多中，凡公所以饵汪徐诸房者，皆密相议然后行。尝饮一酒楼，有数健儿亦饮其下，不肯留钱。文长密以数字驰公，公立命缚健儿至麾下，皆斩之，一军股栗。"胡宗宪竟然能够因为徐文长的一张纸条而将自己手下的"健儿"斩首，其对于徐渭的信任，由此可见一斑。

我们从上述记载中还可以知道，胡氏不但让徐渭帮他起草文书、撰写公文，甚至对其军事上的出谋划策也堪称言听计从，《明史》所谓："渭知兵，好奇计，宗宪擒徐海，诱王直，皆预其谋。"看来，这样的记载的确不是空穴来风。对于古代文人来说，文章之优劣本来是一件不足挂齿的小道，只有建功立业才是他们人生的终极目标，但目标与结果之间却往往适得其反，他们一生为之汲汲奔走的功名利禄未必能有多大造就，倒是被他们视作雕虫小技的诗文才艺方足以成就其一生的名声事业。对于徐渭，这恐怕也正是让他始料未及的吧。

六

徐渭在胡幕中的岁月自是诗酒快意，既能在军事与文学两方面一抒怀抱，又有充分的官僚资源可资利用。不过，与之相比更为重要的是，徐渭通过总督府接触到当时众多的文坛名士与胡宗宪帐下的名将，这些交游既开阔了徐渭的眼界，同时也一扫徐渭身上那种落拓文人所常有的自怨自艾，使他此时的诗文呈现出一种豪情万丈、恣意纵横的激情。

胡宗宪本人对徐渭文名的彰显也十分下力，据陶周望的《徐文长传》所载，有一次兵部郎中唐顺之在浙江沿海检视军情，胡宗宪故意取出徐渭的文章，谎称是自己所写，让唐顺之评价，唐惊呼"此文殆吾辈！"过后方知是徐渭的文笔，与之把酒结欢而去。还有一次，兵备佥事茅坤在胡府做客，胡又一次拿出徐渭的文章让茅坤评价，茅坤读未过半，即一口断定此文非唐顺之而不能，后知是徐渭文笔，只好以一句"惜后不逮耳"来勉强掩饰自己的窘状。

胡宗宪不仅极力彰显徐渭的文名，对徐渭的个人生活也进行了无微不至的关照，他出资为徐渭建房，使年过四十的徐渭终于有了一座属于自己的"酬字堂"，他费心张罗徐渭的婚事，使四十一岁的徐渭终于有了一个属于自己的小家庭。这些在徐渭的《谢督府胡公启》中均有较为详细的记载："明公宠以书记，念及家室，为之遣币而通媒，遂使得妇而养母……凤蒙国士之待，既思何以酬恩，今受王孙之怜，益愧不能自食。"其间感恩之情，可谓言之切切，徐渭晚年之所以将胡宗宪列为自己平生的四大恩人之一，良有以也。

嘉靖四十年（1561），徐渭第八次赴杭州参加乡试，竟然又一次出人意料地名落孙山。根据袁中郎和陶周望的记载，徐渭的这次乡试本来得到了胡宗宪的特别关照，但最终的结果却还是阴错阳差，不能不让徐渭深感天道不公、造化弄人。但更让徐渭没有想到的是，这竟是自己平生最后一次参加科举考试了，其后，随着他命运的急转直下，各种打击接踵而至。《畸谱》所谓："余奔应不暇，与科长别矣！"言辞之间，隐含着无限的失落与沉痛，自此之后，对于徐渭，科举入仕的大门即永远关闭了！

七

明代中后期的政治形势可以用"扑朔迷离、波诡云谲"八个字予以概括，在朝廷上下无不忙于派系斗争的背景下，即便像胡宗宪这样堪当大任的封疆大吏，也不得不从现实的需要出发，以依附权倾朝野的严嵩父子来巩固自己的个人地位。胡宗宪的做派与另一位铁腕人物张居正极为相似，他们都是实干家，为人不矜细行，为达到目的而不择手段，且经常置"谤议沸腾"而不顾。

徐渭曾经代胡宗宪写过数篇献给严嵩的祝寿文，从中即能够看出严、胡之间的关系非同一般，而严在朝中对胡的援手之处也不少。其中《代贺严公生日启》中有这样几句话："东南重镇，责任诚难，海岛远臣，孤危特甚。重罹多口。孰与明心，畴知数载之交，果慰二天之望。方众言之沸鼎，出片言以嘘枯。一披云霾，复睹天日，恩深图报，那论躯命之轻，痛定追思，不觉心魂之悸。"言辞间既说明胡氏处境之艰难，同时也对严嵩的援手抱以感激之情。

嘉靖四十一年（1562），严嵩罢相，其子严世蕃下狱，同年，胡宗宪被劾为"党严嵩"，随即下狱。三年后，严氏父子彻底垮台，严世蕃被杀，作为严氏党羽，胡宗宪最终"瘐死狱中"。胡宗宪之死固然是他依附严嵩的结果，但从另一个方面来看，抗倭战争此时业已取得了决定性胜利，胡宗宪挟以自重的最后一道屏障已经不复存在，所谓"飞鸟尽，良弓藏"，胡宗宪对于朝廷的重要价值自然是大打折扣，更何况严氏父子均已倒台呢？

胡宗宪之死对于徐渭的打击乃是非常沉重的，其感慨激烈、愤郁不平之气，甚至达到了"悲于击筑，痛于吞炭"的地步。而在此之前，由于乡试失利的刺激，徐渭的精神病症已经渐露端倪，并出现了"志虑荒塞，兼以健忘，至于发毛，日益凋瘁，形壳如故，精神日离"的症状。另外，再加上胡宗宪死后不久，清查胡氏党羽的传闻已经在越中传开，一种不祥的预感笼罩着徐渭敏感的心灵，他既觉得自己厄运难逃，同时又只能眼看着恩人冤死而无以回报，种种事端的前后交攻，使徐渭走到了精神崩溃的边缘。

八

为了解脱病痛的折磨与精神的烦恼，处于癫狂中的徐渭在"呜呼痛哉"之余，竟然决定以自杀来报答自己的恩人，证明自己的清白。其后，在极短的时间内，徐渭经历了"九死辄九生"的寻死过程，甚至家中已备好棺木，而他却最终侥幸地存活下来。据徐渭日后回忆，他的自杀首先是"有激于时事"，其次则因为"病瘈甚，若有鬼神凭之者"，是一种神志不清、精神错乱的个人作为，而他所施用的自杀手段则更让人感到毛骨悚然："走拔壁柱钉可三寸许，贯左耳窍中，颠于地，撞钉没耳窍，而不知痛，逾数旬，疮血迸射，日数合，无三日不至者，越再月以斗许，人作虮虱形，气断不属，遍国中医不效。"

在徐渭九死九生期间，精神稍有好转，他便开始草写自己的墓志铭，其目的一是用以证明自己必死的决心，二是对自己的平生作一次总结。徐渭在《自为墓志铭》中全面回顾了自己四十五年的人生经历，坦陈自己人生的失败，自谓："故今齿垂四十五矣，藉于学宫者二十有六年，食于二十人中者十有三年，举于乡者八而不一售，人且争笑之。"最终的结果是"文与道终两无得也"。而且，因为自己个性的"贱而懒且直"，得罪人的地方也在在多有，不过，在这方面，徐渭虽然的确不乏自责之意，但更多的却是对自己本色的生活感到自足与无愧。

为了解除亲友的疑惑，徐渭还对自己觅死的原因作了这样的解释："人谓渭文士，且操洁，可无死。不知古文士以入幕操洁而死者众矣，乃渭则自死，孰与人死之。渭为人度于义无所关时，辄疏纵不为儒缚，一涉义所否，干耻诟，介秽廉，虽断头不可夺。"可见徐渭之所以抱定了屡屡赴死的决心，其中"士为知己者死"的情结还是相当浓重的。

就在徐渭频繁觅死的次年，即嘉靖四十五年（1566），又一次意想不到的巨大变故降临到他的身上：徐渭因杀妻而下狱。对于徐渭杀妻的原因，他本人在《畸谱》中的记载只有短短六个字："易复，杀张下狱。"后人对此则众说纷纭，像袁中郎和陶周望等人皆认为徐渭杀妻与其性格的褊狭有关，是他对妻子"猜妒"的结果，而清人顾景星等人则一致认为是误杀。但是，不管是猜妒，还是误杀，都无法改变徐渭因杀妻而下狱的事实——而且这个事实还意味着，作为山阴秀才的徐渭将不复存在，这次变故不仅将徐渭又一次推到了生与死的边缘，从此之后，徐渭也不得不以另一个面目来重新面对这个世界了！

九

徐渭自嘉靖四十五年（1566）入狱，到隆庆六年（1572）得到

12

亲友的极力解救，方被保释出狱，他在狱中生活了整整六年的时间。出狱后的徐渭已经是满头白发的老人，对于他来说，功名前程自然是再无指望，光宗耀祖的理想亦最终变成梦幻，而他的生活也再次陷入了举步维艰的境地。为了糊口，渐入晚境的徐渭曾经两次北上，重操旧业，仍然以做人幕僚来维持家计，但终究是岁月不饶人，年过花甲的徐渭老病缠身，最后只好在次子徐枳的陪伴下返回故里，开始了捷户十年、闭门谢客的晚年生活。

晚年徐渭既已坦然接受了自己的命运，这时他才真正将功名利禄抛诸脑后，对世态人情表现出一副不屑一顾的姿态。虽然生计仍然艰难，但无论是他的个人生活，还是他的个人才艺，却均进入了本色天然、从心所欲的境界。六十二岁以后，徐渭的个人交游大致只剩下志同道合的寥寥数人而已，张汝霖说他"归则捷户，不肯见一人，绝粒者十年许，挟一犬与居"，虽不无夸张之嫌，但说他"深恶富贵中人"，且"性不喜对礼法士，所与狎者多诗侣酒人，亦复磊落可喜者"，却应当大致可信。

徐渭本人尝有《赠人》一联如是写道："世间无一事不可求，无一事不可舍，闲打混亦是快乐；人情有万样当如此，有万样当如彼，要称心便难洒脱。"而他自己应对的态度则是"乐难顿段，得乐时零碎乐些；苦无尽头，遇苦处休言苦极"。看来，在晚年徐渭的眼中，无论幸福也好，痛苦也罢，其结果其实并没有本质的区别，所以也就根本不必把人生看得过于严肃。

民间还有这样一个传说，徐渭晚年专与富贵中人作对，山阴县的高姓县令荣升宁波知府，徐渭差人送去一件横幅，上书"青天高一尺"，高知府得到赠书自然非常高兴，不想却被师爷点破其中机关：所谓"青天高一尺"，就是说老爷您地皮刮得太多了！但传说总归是传说，其实，徐渭晚年的生活既没有如此潇洒，也常常纠缠于各种不得不去应对的现实事务之中。读徐渭这个时期的尺牍，虽然文笔绝妙，但自嘲之间，却不无辛酸，其中有针对儿孙安排的请托，也有受人恩惠的道谢，而且他虽然再不必像做人幕僚时那样为文"若马耕耳"，但为了维持基本的生活，却仍然不能不写一些无聊的文字，画一些应酬的画作。个中滋味究竟如何，局外人恐怕很难揣测。

十

徐渭总结自己一生诗文画艺的得失，尝自谓"吾书第一，诗二，文三，画四"，他这样自我评价固然不无自己的道理，其实，站在后人的视角上客观地说，老年徐渭无论在诗文书画等各个方面均已经达到了他那个时代所能够达到的高峰。作为一个有着自己风格与个性的艺术家，徐渭早年即有明确的艺术追求，对于诗文，他欣赏"天机自动，触物发声"的自然境界，讨厌生吞活剥、矫揉造作的没有生命力的东西，认为"古人之诗本乎情，非设以为之者也，是以有诗而无诗人。迫于后世，则有诗人矣，乞诗之目多至不可胜应，而诗之格亦多至不可胜品，然其于诗，类皆本无是情，而设情以为之"。

对于戏曲，徐渭认为："语曰，睹貌相悦，人之情也。悦则慕，慕则郁，郁而有所宣，则情散而事已，无所宣或结而疹，否则或潜而必行其幽，是故声之者宣之也。"好的戏曲应该是情动于衷的自然宣泄，而不是"为赋新词强说愁"的无病呻吟。至于在表现手法上，则"宜俗宜真"，尽量以家常俚语来取代"秀才家文字语"，如此，方能收到"点铁成金者，越俗越雅，越淡薄越滋味，越不扭捏动人越自动人"的自然天成的艺术效果。

对于书画，徐渭追求的不是"形似"，而是"生韵"，这是一种与传统院体画迥然不同的艺术形式，其要义在于以画言志，追求画之外的个人旨趣，这种画作称得上是一种高度私人化的艺术，至于俗人能否看懂，则完全不在作者的考虑之列。所谓"高画不入俗眼，

14

入俗眼者必非高画。然此言亦可与知者道，难与俗人言也"。即明确宣示了自己的艺术自信与对世人看法的不屑一顾。

徐渭的一生原是在与世乖违的境遇中度过的，而他的文字也最大可能地表达了自己胸中的"一段不可磨灭之气，英雄失路托足无门之悲"。像杂剧《四声猿》与《歌代啸》之类，无论取材，还是立意，均已明显背离了传统的价值观念，借狂人和奇人的形象来宣示自己的个人追求，发泄心中的不平之气。

十一

纵观徐渭的人生经历，从他早年的屡困场屋、八试不中，到他中年佯狂疯癫、杀妻入狱，再到他晚年"中被诟辱，老而病废"，通过他的一生，我们能够看出传统社会中的那些有思想、有个性文人的共同遭遇，而且他们的佯狂疯癫前后一贯，既是对现实社会的愤懑与抗议，同时也未尝不含有一些虚张声势的决绝与做作。

中国传统文人本来是精于自得其乐式的个人享受的，他们极善于自我化解，以内心的审美来寻求自我解脱，并努力将自己精神与现实之间的对立转化为一种价值虚无。应该说佯狂疯癫者毕竟只属于中国文化史上极少的个例，因为他们并不想放弃自己的个人权利，更不想成为千千万万庸俗大众中的一员，所以他们虽然在主观上不乏融入主流社会的意愿，但结果却总是事与愿违。正像徐渭在《西厢序》中所说的那样："众人所忽，余独详；众人所旨，余独唾。嗟哉，吾谁与语？"这虽然是文艺论，却也的确道出了他平生为人处世的不合时宜。

事实上，徐渭的晚年时当万历年间，正是明代社会发生深刻变化的关键时期。随着商品经济的发展和江南大都市的形成，一个不容否认的事实是，个人的机会在增多，选择的余地在增大，整个社会则显得相对宽松了不少，当然也更富有竞争性。虽然这些只不过是体制之内的拨乱反正，但它在很大程度上的确促进了专制思想的悄悄松动。从文学艺术方面来看，一种适应新时代需要的文化思潮正在暗自滋生，这种思潮更为注重个人自由，在很多地方均与徐渭的观点不谋而合，徐渭其实在不自觉间充当了这种新文化思潮的先行者与代言人。

鉴于此，我们也就不难理解，袁中郎之所以极力彰显徐渭的文名，一方面固然是因为徐渭的文学主张"本色说"和艺术主张"陶变说"，均已开公安三袁"性灵说"之先河，袁中郎惺惺相惜之间自然不免会将徐渭视作自己的隔代知音；另一方面，袁中郎亦显然想借重徐渭来张大"公安派"的声势，以为晚明所谓的启蒙思潮增添上更为浓墨重彩的一笔。

十二

徐渭死于七十三岁那年，时为万历二十一年（1593）。徐渭死时身边并无亲人，长子已经将他抛弃，次子远在边疆，据乡人记述，徐渭临终之日，床上甚至没有一张完整的草席与被褥，可谓穷困潦倒至极。徐渭的结局不禁让我想起《四声猿原跋》中的一段文字："大地中不生异人，虽有亿万人，谓之无人可。然生一异人而止，觉太寂寞。惟生一异人以为之先，而复生数异人以为之后，始觉此中花花锦锦，活活泼泼，喧喧阗阗，有无限声情，无限意味。"一个有着"无限声情，无限意味"的社会首先应该是众声喧哗的，它应当容许"异人"的存在，但以这样的标准求诸徐渭的时代却无异于缘木求鱼。

事实也正是这样，传统社会原本是一个只能造就一种人的社会，科举制度的要义就在于把传统文人的精神与个性束缚在一个既定的范围之内，这种制度只能用来培养做官的工具，却绝不可能培养出特立独行的思想家和艺术家。作为一位先行者，徐渭正是因为不甘于自己随波逐流的个人命运，且执着于自己的本来面目与本色生活，才最终被这个不宽容的社会视作"异人"，并毫不留情地拒之门外。好在晚明社会以徐渭为先行者，"而复生数异人以为之后"，终究还是造就了一个"花花锦锦，活活泼泼，喧喧阗阗"、有着无限声情和无限意味的新世界。

徐渭晚年，曾经在自己所画的《青藤书屋图》上题写过这样一副对联——"几间东倒西歪屋，一个南腔北调人"，用以概括自己命运多舛、与世乖违的一生。逝世前不久，他还亲手编订了一部记录自己一生经历的自传《畸谱》，并在其中以"畸人"自谓。所谓"畸人"，典出于《庄子·大宗师》："畸人者，畸于人而侔于天。""侔"字本来有相等、相合之意，可见徐渭认为自己一生的作为虽然被世人视作乖张与不正常，但却符合真正的天道人心。这是徐渭对自己的一生所作的自我评价。

七十老翁何所求

一

　　在晚明的历史上，李贽无疑是一个至关重要的人物。在他之前，虽然社会风气正在悄然发生变化，文人士大夫纷纷将标新立异、离经叛道视作一种时尚，但他们大都缺少一定的自觉性与目的性。在他之后，文人士大夫开始有了更加明确的追求，他们将展示自我、张扬个性看作一种个人权利，他们渴望建构新的人生想象，拓展新的生命活力，他们的思想趋向多元，人生的价值观焕然一新。冲破传统，挑战权威，崇尚自由，率性重情，蔚然成为一时风气，成为一股不可遏止的时代潮流。

　　在晚明的历史上，李贽又是一个众说纷纭、评价截然不同的人物。纵观李贽的一生，少年苦读，壮岁为官，晚年削发；逃离官场，逃离家庭，逃离世俗；平生"好为惊世骇俗之论，务反宋儒道学之说"，成为"异端之尤"；直至割喉自尽，为道殉难，死得其所。曾有人说他"心胸廓八肱，识见洞千古"，"骨坚金石，气薄云天"；也有人说他"近乎人妖者"，"其人可诛，其书可毁"。爱之欲其生，恶之欲其死，在李贽身上得到了淋漓尽致的体现。

18

在晚明的历史上，李贽的出现是一个鲜明的标志，他既意味着商品经济刺激下的一次时代转型，也象征着旧体制行将崩溃之际的近代文化之开端。正像商传先生在《走进晚明》一书中所说的那样："只有旧日传统的体制真正腐败到无力去打压新生事物的时候，社会转型才能得以实现。我以为这一时刻，晚明时代便得以到来了。"梳理李贽一生的经历与作为，我们显然对晚明时代的社会转型看得更加清晰。

二

李贽（1527—1602），原姓林，名载贽，号卓吾，又号温陵居士，后改姓李，为避当朝皇帝朱载垕的讳，遂称李贽。李贽出生于福建泉州的一个商人世家，他的祖上曾为海商大贾，以做海外贸易而"冠带荣身"，他的家乡泉州则是"海上丝绸之路"的起点。所以，李贽即深受海洋文明的熏陶，而他早年耳濡目染的，差不多都与商业经营的活动有关。显而易见，泉州当地繁荣的商品经济和各种宗教互相融合的文化氛围，为少年李贽提供了得风气之先的便利。

从李贽的祖父那一辈开始，明廷为防边祸，实施海禁，从事海外贸易的李氏家人只能另觅生路，家境渐趋败落。到了李贽的父亲那一辈，转而易姓归儒，重新走上读书求仕之途，却只是勉强糊口而已。李贽六岁丧母，开始跟随父亲读书歌诗，已初露"倔强难化"的不羁性格。年龄稍长，李贽即在习作中公开批驳儒家经典《论语》中的等级观念，质疑孔子的"圣人"地位，首次显示出他的桀骜不驯的叛逆精神。

嘉靖三十一年（1552），李贽考中举人，搞笑的是，他之所以考中并不是因为他已经熟读了圣贤书，而是"因取时文尖新可爱玩者，日诵数篇，临场得五百。题旨下，但作缮写誊录生，即高中矣"。胡乱拼凑先前背诵的几百篇范文，居然也能考中举人，真让李贽感到哑然失笑。不过，考中举人之后，李贽并没有更进一步备考进士，而是出于现实生计的考虑，"不得不假升斗之禄以为养"，等待朝廷的选派，补录官职，以早早获取俸禄，养家糊口，毕竟，此时的李贽已经有了自己的家庭，而且是两个孩子的父亲了。

三

嘉靖三十四年（1555），已经等待了三年之久的李贽终于步入仕途。他获得的第一个官职是河南辉县教谕，一个不入流的小官。甫一上任，李贽就显示出一种与官场格格不入的姿态，"性甚卞急，好面折人过，士非参其神契者不与言"。李贽喜欢当面指出别人的过错，常常与上司和同僚发生冲突，用今天的话说，就是认死理，不通融，一根筋，以致除了几个心灵契合的朋友之外，很少有人愿意与他交流。另外，李贽还担任过南京国子监博士、北京礼部司务等一些闲职。其间因为祖父和父亲去世，李贽先后守孝六年，而由于家境贫寒，四个儿女相继因病夭折，让李贽深受打击。他痛苦地写下："人生岂不苦，谁谓仕宦乐。仕宦若居士，不乃更苦耶。"

嘉靖四十五年（1566），年届四十的李贽赴京出任礼部司务一职，迎来了他平生最重要的时刻：与王阳明的学说相遇，并从此接受王氏思想，将其大而化之，与自己的人生见解融为一体，形成更加激进的"左派王学"。李贽是通过王阳明的传人李逢阳和徐用检二人接触到王学的，开始只是抱着谨慎的态度参加他们的活动，但其后不久即对王学深为服膺，他从此自号"卓吾"，意指道理虽然能够让人卓越，但要真正达到目标还需自我砥砺——"卓吾"云云，即是他毕生的追求。

对于李贽来说，接触到王阳明的心学如同醍醐灌顶，让他的思路茅塞顿开。隆庆四年（1570），李贽调任南京刑部员外郎，结识了众多志同道合的名士，诸如耿定向、耿定理、焦竑，以及王阳明的弟子王畿和泰州学派的罗汝芳等人，他们日后或者成为李贽终生的挚友，或者成为李贽的论敌，均对李贽的思想产生了重大的影响。

四

从隆庆四年（1570）到万历五年（1577），李贽在南京任职七年，这七年既是李贽入仕以来最感快意的时期，也是李贽真正形成自己独立思想的时期。彼时的大明帝国正处于一个深刻的转型时代，人们的经济生活发生着微妙的变化，政治生活也发生着微妙的变化；而彼时的南京则是在野党，或曰"反对派"的大本营，乃是人文荟萃、钟灵毓秀之地，堪称帝国学术文化的中心。

李贽处身在这样相对自由的氛围之中，一方面博览群书，潜精积思；另一方面讲学论道，参访道友，在思想上颇有苟日新，日日新，又日新的感觉。五十岁那年，李贽回顾自己的治学经历，感慨地写道："五十以前，真一犬也，因前犬吠形，亦随而吠之。若问以吠声之故，正好哑然自笑也已。"也就是说，在五十岁之前，李贽认为自己的思想不过是人云亦云、拾人牙慧而已，所谓"矮子观场，随人说妍"，只是知其然，却不知其所以然。

万历五年（1577），李贽出任云南姚安知府，虽然任所远在彩云之南，但毕竟是有实力的地方官，如果换了别人，不说一下跌进了富贵乡，至少一家老小的基本生活应该是能够得到保障的。但是，李贽却早已厌倦了官场沉浮的滋味，他直言"五十而至滇，非谋道也，直糊口万里之外耳"。李贽赴滇就任已觉勉强，他到任之后也只是针对姚安地区向来"上官严刻，吏民多不安"的现状，奉行不扰民、不滋事、因俗而治的原则，"一切持简易，任自然"，政绩无从显现，自然填不满自己的腰包，也讨不到上司的欢心。

五

姚安三年，李贽经常以一个文人的形象出现在读书人和僧侣之间，与他们参禅论道，品藻学问。他奉行宽松政策，关注公益事业，"务以德化民，不贾世俗能声"，其间颇多善政，自不待言。三年任期届满，李贽本来能够得到升迁，但他已无意仕进，毅然辞官，当他离开姚安之日，"俸禄之外，了无长物"，为他送行的士民"攀卧道旁，车不得发"。李贽官声之佳，由此可见一斑。

摆脱了仕宦的桎梏，李贽感受到的是一种身心放松的自由与快乐。为了摆脱各种有形与无形的管束，李贽原本就付出过很大的代价，他说自己"唯以不受管束之故，受尽磨难，一生坎坷，将大地为墨，难尽写也"。而刚刚逃离官场的樊笼，李贽实在不愿再受到家族的牵绊，所以，离开了姚安，他决计不回福建故里，而是应耿定理之约，奔赴湖北黄安，去过一种专心著述、游走论学的生活。

万历九年（1581），李贽携妻出滇赴楚，入住耿氏兄弟的私家别业黄安天窝。李贽来到黄安，一边教授耿家子弟，一边撰写读史的文章，开始大张旗鼓地宣扬自己标新立异的人生哲学。两年之后，耿定理猝然去世，李贽与其兄耿定向产生思想分歧，耿定向寻找借口终止了李贽耿家私塾的"教职"。于是，李贽将妻女遣送回福建老家，然后独自流寓湖北麻城，自此弃官弃家，了无拖累，"得安心寓此，与朋友嬉游也"。

六

李贽在麻城流寓了整整十年时间。在这十年间，他一个人住在麻城芝佛院中，致力于读书、讲学和著述，并先后完成了《初潭集》《焚书》《藏书》等一系列重要著作，一方面主张绝假还真、抒发己见，揭露道学家的伪善面目，反对以孔子的是非标准为世间评价是非的唯一标准；另一方面评骘两千年来的历史人物，揆诸人性人情，为他们大做翻案文章。李贽将评价是非的标准归结为"童心"，他认为，是否具有赤子之心是区分"真人"与"假人"的关键，真人不加掩饰、毫无做作，具有自由、独立的人格；假人说假话、办假事、写假文章，是虚伪矫饰之辈。

以"童心说"为发端，李贽更进一步，倡导个性解放，主张革新鼎故，肯定物质享受，承认人有七情六欲，进而提出"穿衣吃饭即人伦物理"，"自然之性，乃是自然真道学"，"学贵为己，务自适"。他评价儒家经典"六经"并非圣人之言，而是一些懵懂弟子、迂阔门徒的信手记录；他评价秦始皇"自是千古一帝"；他评价张居正是"宰相之杰"，"大有功于社稷者"；他评价卓文君私奔乃是实现自我价值的体现，"正获身，非失身"……如此种种，在当时均属空谷足音，对传统的价值观念具有颠覆的意义。

据说，李贽在芝佛院讲学时，曾经有一个学生问起儒家之道的内容，而李贽只是挥挥手说道："此时不如携歌伎舞女，浅斟低唱。"另外，还有一个传说，说李贽曾经为学生出过一个谜语："皇帝老子去偷牛，满朝文武做小偷；公公拉着媳妇手，孩子打破老子头。"尽管这个传说本身荒诞不经，不足为凭，但这四句谜语的谜底，却分别对应着君不君、臣不臣、父不父、子不子，从中倒不难窥见李贽学说非君、非臣、非父、非子的思想本质。

七

李贽不仅以文字抨击纲常名教，颠覆传统的价值观念，他还公开招收女弟子，教她们吟诗作文，与她们相互唱和，完全无视世人的非议与攻讦。更令世人侧目的是，李贽还常常出没于"花街柳市之间"，自谓只有如此"游戏三昧"，"始能与众同尘"。他甚至公开

23

宣称："今世俗子与一切假道学，共以异端目我，我谓不如遂为异端，免彼等以虚名加我，何如？"既然你们已经把我看作异端了，我不如就做定了一个异端，又何必顶着一个异端的虚名呢？

平心而论，以李贽这把年纪，与其说他频繁出没于"花街柳市之间"是为了寻求身体上的刺激，倒不如说他是故意表现出一种姿态，以一种形式大于内容的方式来挑战世人的攻讦，完全是醉翁之意不在酒，其做作的痕迹乃是非常明显的。而李贽以情欲破名教的方法也果然收到了预期的效果，尽管毁誉参半，但他的声名传遍天下，他的学说不胫而走，乃至"李氏《藏书》《焚书》，人挟一册，以为奇货"，其流风所及，甚至达到了"举国趋之若狂"的地步。

万历十六年（1588），李贽又做出了一个惊人的举动，落发留须，以半僧半俗的形象示人。之所以落发留须，李贽给出的理由是这样的，一则因家族中人时时希望他返回福建故乡，又时时不远千里来麻城劝说他，以各种繁杂事务交给他去解决；二则因世间庸人大都将他看作异端，他索性做得更决绝一些，以成全他们的围攻与谩骂。因为这两个缘故，李贽"欲证无生忍，尽抛妻子缘"，毅然落发并书示家人，绝意不归，各种俗事亦决然不予理睬，摆出了与世俗社会决裂的姿态。

八

落发后的李贽其实与往常无异，依然"发愤求精进"，只是摈弃了一切俗念，行事更觉无碍，内心更觉自由而已。面对昔日友人、今日论敌耿定向"后学承风步影，毒流万世之下"的指责，李贽愤然回答，难道官做得大，就一定真理在握吗？就可以只许自己讲话，不许别人讲话吗？难道学问是随着官职而长的吗？如果这样的话，孔孟之道早就湮没无闻了。另外，李贽还公开了多封他与耿定向之间的来往信札，以"掊击道学，抉摘情伪"，揭露耿定向的伪善面目。两人的论战长达数年，成为晚明时期一桩著名的公案。

万历二十年（1592），经过数次单独会面之后，著名的公安"三袁"兄弟齐集武昌，拜访此时正滞留在武昌的李贽。公安"三袁"，乃是袁宗道、袁宏道、袁中道兄弟三人的合称，他们是晚明文学流派"公安派"的领袖人物，均以文名蜚声文坛，也均对李贽慕名已久。因为官职在身，三袁兄弟聚在一起的机会并不多，而这次他们齐赴武昌探望李贽，称得上是晚明文坛的一件大事。

三袁兄弟本来即对李贽大为推崇，对李贽的学说颇为认同，此次当面问道，更觉意气相投，惺惺相惜。他们相见甚欢，促膝而谈，彼此间不仅进行了广泛的学理探讨，还留下了多篇诗文酬唱。这次见面之后，三袁兄弟与李贽的交往愈加密切，袁宗道称赞李贽"龙湖老子手如铁"，袁宏道将李贽视作天下唯一的知己，袁中道则列出李贽其人不能学者有五，不愿学者有三。从中不难看出，与李贽知其不可为而为之的决绝态度相比，三袁兄弟更像世俗中人，更有人间烟火气。他们虽然奉李贽为师，却滤除了李贽学说中愤世嫉俗的部分，他们将李贽的学说引入世俗，使之被更多的读者所接受。

当然，正是受李贽"童心说"的启发，三袁兄弟才终于形成自己的文学风格，进而创立了"公安派"文学，推动了一场晚明时期轰轰烈烈的文学革新运动。尽管三袁兄弟与李贽之间的生命意识与文学思想存在着一定的差异，但理念的差异，并没有影响到他们之间的师承关系——以李贽的"童心说"为发端，到三袁兄弟的"性灵说"，再到汤显祖的"至情说"与冯梦龙的"情教观"……我们能够梳理出一条清晰的线索，它既意味着时代的需求，也象征着晚明文学的一缕文脉，而其中均可看出李贽的影响。

九

从万历二十四年（1596）到万历二十八年（1600），李贽是在游历中度过的，应友人之邀，他先后在山西、北京、山东、南京等地赏玩山水，著述讲学。这时的李贽已是古稀老人，年老体衰，疾病缠身，他希望安定下来，寻找一个最后的归宿。而李贽也一直将麻城视作自己的葬身之地，他已经在麻城生活了十几年，熟悉那里的一山一水，一草一木，也习惯了那里的风土人情，麻城无异于是他的第二故乡。所以，游历了四年之后，李贽就像一只倦飞的鸟，重新回到了麻城。

但是，让李贽没有想到的是，他回到麻城不久，即发生了"逐游僧，毁淫寺"的火烧芝佛院事件。其实，早在四年之前，麻城当地的保守人士已经放出风来，要以"大坏风化"为名将李贽逐出麻城。这次旧话重提，麻城地方官果然指使一帮歹徒连夜火烧芝佛院，并捣毁了李贽为自己预建的藏骨塔，李贽本人只是因了朋友的保护，才幸免于难。麻城已非居留之地，七十五岁的李贽只好经由友人的安排，寓居在河南商城的黄檗山中，继而又被好友马经纶接至京郊通州，安置在马府别业中居住。

万历三十年（1602）初春，李贽遭人弹劾，大意有三：其一，刻《藏书》《焚书》《卓吾大德》等书，流行海内，惑乱人心；其二，寄居麻城，肆行不简，"与无良辈游庵院，挟妇女白昼同浴，勾引士人妻女，入庵讲法，至有携衾枕而宿庵观者，一境如狂"；其三，李贽移居京郊通州，"通州离都下仅四十里，倘一入都门，招致蛊惑，又为麻城之续"——关键是这一条，过去李贽远在千里之外，朝廷尚可睁一只眼闭一只眼，如今李贽居然来到天子脚下，这次连万历皇帝也坐不住了，接到上疏，立即下旨，将李贽缉拿进京。

十

对于李贽入狱被审的细节，袁中道在《李温陵传》中有这样的记载，审判官大金吾喝问："你为什么妄著妖书？"李贽回答："我

26

著述甚多，都明明白白放在那里，于圣教有益无损。"大金吾嘲笑李贽顽固不化，却也没有审出实质的罪行，只得命人将李贽带回牢房，听候发落，一再拖延下来，时间一长，李贽的案子居然无人问津了。

对于死，李贽其实并不畏惧，而且他也早已立下遗嘱，将以最简单的方式魂归蒿里。李贽忍受不了的是这样不温不火地活，他在写给友人的书信中说道："今年不死，明年不死，年年等死，等不出死，反等出祸。然祸来又不即来，等死又不即死，真令人叹尘世苦海之难逃也。可何如!"李贽本来以为，这次入狱定无活理，而他也并不后悔自己所做的一切，他更希望以他的死，来唤起世人的反省，唤起他们对自由的追求。

终于，李贽等不及了，他要把自己推上祭坛，为后世留下烈士之名；他要成为殉道者，为后世树立理想主义的标杆。七十六岁的李贽已经下定了"荣死诏狱"的决心，即便朝廷不杀他，他也会以自杀的方式告别人世。袁中道在《李温陵传》中记录下李贽的最后时刻："一日，（李贽）呼侍者剃发。侍者去，遂持刀自割其喉，气不绝者两日。侍者问：'和尚痛否?'以指书其手曰：'不痛。'又问曰：'和尚何自割?'书曰：'七十老翁何所求!'遂绝。"

问世间情为何物

——"情圣"汤显祖

"原来姹紫嫣红开遍，似这般都付与断井颓垣，良辰美景奈何天，赏心乐事谁家院。朝飞暮卷，云霞翠轩，雨丝风片，烟波画船，锦屏人忒看的这韶光贱。"这等绝妙好词，出自明代剧作家汤显祖的《牡丹亭》。可以想象，四百多年前的一个春天，群芳斗艳，万紫千红，然而，汤显祖站在剧中人的视角，独对春光，无限怅然！因为这样繁花似锦的春光却无人欣赏，最终都付与破败的断井颓垣。面对如此良辰美景，究竟哪里才有让人感到欢心的事情呢？朝飞暮卷的白云，云蒸霞蔚的楼阁，清凉和煦的春风中飘洒着细雨，烟波浩渺的春水中浮动着画船，却只能一任这大好春光虚度——惜时，惜缘，惜情，才能写出这等好句。而汤显祖，也恰以"情圣"著称。

汤显祖（1550—1616），江西临川人，字义仍，号海若、若士、清远道人。汤显祖出生于一个颇有名气的藏书世家，他的祖父和父亲均是饱读诗书的儒学者，而且都对戏曲保持着浓厚的兴趣，他们对汤显祖起到了春风化雨般的影响，汤显祖后来之所以走上戏曲创作之路，这样一个家庭环境至关重要。像所有的才子一样，汤显祖从小就显得天赋异禀，邹迪光在《临川汤先生传》中说他："生而颖异不群，体玉立，眉目朗秀。见者啧啧曰：'汤氏宁馨儿。'五岁能属对，试之即应，又试之又应，立课数对无难色。""宁馨儿"一词典出《晋书》，为"竹林七贤"之一的山涛夸奖尚未成年的王衍时所用，可见汤显祖自小就显示出卓尔不凡的特质。

汤显祖自幼聪慧过人、过目成诵自不待言，他所师从的徐良傅和罗汝芳，也分别从先秦散文诗歌和重"赤子之心""制欲非体仁"的思想方面对他施加影响，对他未来的人生选择起到了不容忽视的作用。嘉靖四十二年（1563），十四岁的汤显祖以优异的成绩考中秀才，被考官何镗赞叹为"文章名世者，必子也！"隆庆四年（1570），二十一岁的汤显祖参加乡试，以第八名考中举人，他的试卷被时人誉为"如霞宫丹篆，自是人间异书"，而他本人则一举成为颇受时人推许的"举业八大家"之一。

据说汤显祖中举之后，他去拜谢主考官张岳，回来时经过一座古寺，对着山门外的池水照影挠头，不小心将束发的簪子掉落水中。汤显祖灵心一动，随手写下两首小诗，其一曰："搔首向东林，遗簪跃复沉。虽为头上物，终是水云心。"诗中既不乏一丝云淡风轻的禅意，也隐隐包含着前途坎坷的征兆。果不其然，其后不久，在汤显祖的会试中，这种前途坎坷的征兆就得到了应验。

汤显祖顺利地通过了院试和乡试，才子之名，早已不胫而走，而他本人更是踌躇满志，想凭着满腹才学更进一步，金榜题名，以施展平生的抱负，报效朝廷。然而，汤显祖并没有想到，他的好运气已经用完，他自此就要踏上前程多舛的道路了。

从万历元年（1573）到万历十年（1582），是一代权臣张居正当政的十年。张居正其人，在晚明的历史上究竟起到了怎样的作用，后世史家自有公论，但在张居正当政时，培植私人，排斥异己，却也是不争的事实。汤显祖早年已经有了一次会试失败的经历，万历二年（1574），汤显祖第二次会试失败，以汤显祖"举业八大家"之一的名声，这两次会试失败出于什么原因，史料上没有明确的记载，我们也不好妄加猜测，但汤显祖其后的两次会试失败，确均与张居正有着直接的关系。

万历五年（1577），汤显祖第三次参加会试，恰与张居正的儿子同年。张居正已经将前三甲的位置留给自己的儿子，但为了显示公正，张居正派人笼络有才子之名的汤显祖，试图让他为儿子作陪考，并暗示他这次会试必中。没想到汤显祖根本不领情，为了避嫌，汤显祖甚至拒绝了张居正的召见。得罪了权倾一时的首辅，结果可想而知，汤显祖又一次名落孙山。万历八年（1580），汤显祖第四次参加会试，张居正重施故技，不仅派人去汤显祖下榻的旅馆看望汤显祖，还再次以前三甲的位置相许。然而，恃才傲物的汤显祖不仅再次拒绝了张居正的拉拢，且放言"吾不敢从处女子失身也"，将接受权贵的笼络视作处女失贞。为了显示自己的决心，汤显祖这次没有参加考试，而是径自离开北京，扬长而去。

汤显祖终于考取进士，已经是万历十一年（1583）。此时张居正已经去世，而汤显祖亦已多次发出怀才不遇的感叹。汤显祖其实明白，恃才傲物、不与世俗同流合污，乃是造成自己郁郁不得志的根本原因。但是，汤显祖既无心改变自己，也不愿随波逐流，万般无奈之下，他只能徒然地慨叹："天短之，然又与其所长，何也？"天啊！你既然赋予我过人的才华，却又为什么不让我尽情地施展呢？

万历十二年（1584），三十四岁的汤显祖出任南京太常博士，这个闲极无聊的职务是他自己要求担任的，尽管时任首辅张四维和次辅申时行都想拉他做门生，并且可以让他留在京城做官，但汤显祖却甘愿自我放逐，远离北京。经过十几年的科场蹭蹬，汤显祖目睹了官场的黑暗与险恶，他宁愿坐冷板凳，也不愿小心翼翼地做一个平庸的官僚。在南京，汤显祖过着游山玩水、纵情诗酒的生活，即便朝中有人想提携他，也被他婉言谢绝。在写给友人的书信中，汤显祖这样说道："人各有章，偃仰澹淡历落隐映者，此亦鄙人之章也。"意思是，人各有志，我不想刻意追求功名，只愿以淡泊宁静的心态处世，汤显祖以此表明自己的心志。

万历十五年（1587），汤显祖在南京完成了他的传世名作"临川四梦"的第一部《紫钗记》。《紫钗记》脱胎于唐代传奇《霍小玉传》，讲述霍小玉与书生李益喜结良缘，却被卢太尉设局陷害，豪侠黄衫客从中帮助，最终解开猜疑、消除误会的悲欢离合的故事。剧中的霍小玉是一位情痴，她以至深之情感动观众，感动世人，感动天地，从而开启了汤显祖"因情成梦，因梦成戏"的创作思路，为"临川四梦"另外三梦的写作奠定了基础。

万历十九年（1591），代州等地发生陨星坠落，被视为灾异的征兆。万历皇帝下诏修省，不过是走走过场而已，但已经升任礼部主事的汤显祖却较上了真，他上了一道《论辅臣科臣疏》，分条评析辅臣科臣存在的各种问题，列举出首辅申时行等一众官员欺上瞒下、党同伐异、贪赃枉法的种种罪责，直言万历皇帝二十年来任用的两位首辅，张居正是"刚而有欲"，申时行是"柔而有欲"，他们二人虽然有刚柔之分，但在满足个人私欲方面却分不出轩轾，均属误国误民之辈，从而将批判的矛头直接指向了万历皇帝。

汤显祖的《论辅臣科臣疏》一出，马上在朝廷引发了强烈的震动。被批的官员或者赌气不上朝，或者干脆以辞职相要挟。万历皇帝为了达到息事宁人的目的，只好一边安抚被批的官员，一边将汤显祖贬谪到雷州半岛南端的徐闻县，做一个不入流的小官。汤显祖在徐闻县停留了短短一年的时间，在此期间，他利用自己的住宅作讲堂，在当地讲学论道，教化育人，传播儒家思想，并将这个临时讲堂取名为"贵生书院"，为当时还是蛮荒之地的徐闻县撒播下文明的种子。

万历二十一年（1593），汤显祖改任遂昌知县，进入他从政生涯中最辉煌的时光。虽然只是一个小小的县令，但毕竟有了主政一方的机会，在遂昌知县任上，汤显祖去重刑，减科条，下乡劝农，消灭虎患。为了劝学兴教，汤显祖还把自己的俸禄捐献出来，用以"修明伦堂，创尊经阁，建象德堂"。汤显祖以"情"作为自己的政治理念，他效法古代贤人的做法，"纵囚观灯"，"遣囚度岁"：元宵节让囚犯上街观灯，正月初一放囚犯回家过年。他认为只有"情"才能驱除"有法之天下"的弊端，充分发挥个人的潜力，让每个人都能各适其适，各得其所。在遂昌四年多，汤显祖把自己平生的从政理想发挥得淋漓尽致，"一时循吏声为两浙冠"。

不过，汤显祖虽然在治理地方上堪称循吏，但人在官场，却不是只有处理行政事务的效率和手段那么简单，官场更重要的其实是协调关系、平衡人事——该进的时候进、该退的时候退，该屈服的时候屈服、该妥协的时候妥协，只有在人事圈子里如鱼得水，才能处理好上下级关系，处理好人情世故的交际和往来。所谓"权术"，说白了不过如此。但显而易见，在这方面，对于"权术"完全不通，且又不受礼节约束、无视官场潜规则的汤显祖所做的就远远不够了。

万历二十五年（1597），汤显祖进京参加吏部例行的考核，本来官声甚佳的他，却遭到一些言官的无端指责，说他"纵囚观灯""遣囚度岁"乃是僭越职权的沽名钓誉之举。另外，再加上朝廷派出的矿监税使在遂昌横征暴敛，汤显祖虽然满腔义愤，却又无力阻止，如此种种，均使汤显祖深深地意识到"世路良艰，吏道殊迫"。那么，既然平生的志愿难以实现，他又何必对这个职位恋恋不舍呢？于是，时隔不久，汤显祖即向吏部告假，尚未等到吏部批复，他已经返回了家乡临川。

挂冠而归的汤显祖有一种摆脱桎梏、全身放下的感觉，他买下邻家的废宅地基，营建了著名的玉茗堂，堂前屋后遍植花果树木，他沉浸其中，就此开始归隐江湖、寄意田园的生活。而汤显祖的创作激情似乎一下喷薄而出，不过四年的时间，《牡丹亭》《南柯记》《邯郸记》即在他的笔下汩汩流出，成就了他戏剧大师的身份。

毫无疑问，汤显祖的代表作当首推《牡丹亭》。这是一部"以情作使，以情反理"的生死恋歌，描写了女主人公杜丽娘因梦生情，伤情而死，人鬼相恋，起死回生，最终如愿以偿，与书生柳梦梅终成眷属的故事。《牡丹亭》的情节看似复杂，却有着一条以"情"牵系的清晰线索，可谓处处关"情"，处处生"情"。"情"之一字，足以惊天地、泣鬼神。为了情，生者可以死，死者可以生，生生死死，死死生生，生死相许，生死以之……痴情女子杜丽娘，表现出的完全是一种破釜沉舟、鱼死网破的姿态，就是这么奋不顾身！就是这么舍生忘死！此情此境，让人不自觉地想起元代诗人元好问的《雁丘词》："问世间，情是何物，直教生死相许？"在理学方炽的时代，毋宁说《牡丹亭》是一曲"情"的宣言！

在《牡丹亭记题词》中，汤显祖这样评价杜丽娘："天下女子有情，宁有如杜丽娘者乎！梦其人即病，病即弥连，至手画形容传于世而后死。死三年矣，复能溟莫中求得其所梦者而生。如丽娘者，乃可谓之有情人耳。"汤显祖以为，只有痴情者如杜丽娘，才是真的有情人，至于"情而不可与死，死而不可以复生者，皆非情之至也"。当然，也只有对生命有情，才会感叹"良辰美景奈何天，赏心乐事谁家院"；感叹"如花美眷，似水流年"。惜时，惜缘，惜情，实是有情者之于生命的大悲悯。

如果说汤显祖的《牡丹亭》是一曲"情"的宣言，那么，他的《南柯记》和《邯郸记》，则是对官场无常和功名利禄的无情讥讽。前者讲述了书生淳于棼于梦中成为大槐安国的驸马，进而出任南柯太守一职，声名如日中天，人生春风得意，最终却是南柯一梦。后者讲述了邯郸卢生梦中娶妻，中状元，建功立业，后遭陷害，被放逐，再度返朝做宰相，享尽荣华富贵，死后醒来，方知是一枕梦黄粱。

同样是"因情成梦，因梦成戏"，与《牡丹亭》的激情四射相比，《南柯记》和《邯郸记》显然多了一丝理性的思考。人生究竟为何而来？难道仅仅是为了营营碌碌和功名利禄吗？淳于棼和卢生固然已经大富大贵，享尽荣华，却均陷入人事倾轧的泥淖中不可自拔，乃至失去自我、迷失本性，最终落得梦醒之时一场空。可见富贵不可恃，神仙不可期，人生更需要内心的安宁与愉悦，只有活在当下的有情世界里，才是生命的安居之所。

写完了"临川四梦"，汤显祖已经完成他平生最重要的工作，虽然他的政治理想已经不可能实现了，但他毕竟说出了心中最想说的话，表达了内心最想表达的感情。汤显祖的晚年是在躬耕排场、"游在伶党之中"度过的，他亲自挑选演员，指导他们唱曲演剧，并四处观摩各地戏班的演出，对提高戏曲的社会功用起到了推动作用。汤显祖写下这样一首小诗："玉茗堂开春翠屏，新词传唱《牡丹亭》。伤心拍遍无人会，自掐檀痕教小伶。"落寞中蕴含着一丝自适，正是他晚年生活之写照。

万历二十八年（1600），赴南京参加秋试的汤显祖的长子汤士蘧突然谢世，让汤显祖肝肠寸断，悲痛难抑。万历二十九年（1601），距离汤显祖离职三年之后，吏部居然以"浮躁"的理由给了他一个罢职闲住的处分。双重打击降临到汤显祖身上，使得汤显祖在悲伤之余，亦复陷入"速贫"之境。本来即两袖清风的汤显祖不得不靠卖文为生，但即便如此，他也经常用卖文所得的钱招待四方宾客，从不管身上还剩下多少余钱。友人丘兆麟说他："自平昌赤手归，橐不名一钱。一二鬻文，日为四方门人客子取酒用，余金几何弗问。"当是汤显祖"速贫"后的生活实录。

万历四十二年（1614）冬，汤显祖的老父老母先后过世，他本人也进入了贫病交加的垂老之境。对于生，汤显祖并不留恋；对于死，他也从不惧怕。汤显祖在《贫老叹》一诗中这样写道："一寿二曰富，常疑斯言否。末路始知艰，速贫宁速朽。"长命与富贵真的值得人们追求吗？我怎么常常觉得这种言论很荒谬呢！人生晚境才会感觉到世事艰难，与其贫困交加地苟活于人世，还不如早早地离开这个世界。

万历四十四年（1616），汤显祖作《诀世语七首》，向儿孙们交代后事。这年六月十六日，六十七岁的汤显祖在沙井新居玉茗堂溘然长逝，死前留下绝命诗《忽忽吟》："望七孤哀子，茕茕不如死。含笑侍堂房，班衰拂蝼蚁。"其诗前小序云："病何足问，旦夕从先人于地下，亦大快也！"

人间万象唯情真

——"东吴畸人"冯梦龙

晚明是一个崇新尚奇、彰显个性的时代，文人士大夫大都以别出心裁、标新立异为荣，他们崇尚魏晋风度，极力效法"竹林七贤"的处世方式，以风流潇洒、不拘礼节作为自己的行事准则。他们常常以"畸人"自命，并借以称呼自己的同类——"畸人"，大抵是指怀有异端思想，且不同流俗的"异人"。而对于当时的文人士大夫来说，"畸人"云云，既是一种人品风格的追求，又是一种确认自身存在的价值标准。徐渭自称"畸人"，汤显祖称李贽为"畸人"，冯梦龙称汤显祖为"畸人"，冯梦龙自称"东吴畸人"，大率如此。

毫无疑问，冯梦龙的确是一位不折不扣的"畸人"。如果说"畸人"大都有一些共同的特点，那么，无论是才情轻艳，还是放诞不羁，比之徐渭、李贽等人，冯梦龙可谓有过之而无不及。尤其在不务正业方面，冯梦龙走得更远，他的一生执着于小说、戏曲与民歌之类的杂学，在学而优则仕的时代，可谓不务正业的典范。而且冯梦龙和大多数"畸人"的命运相似，在科举应试的道路上步履维艰，屡试屡败，功名止步于生员。尽管当时的文人已经有了更多的选择，但冯梦龙念兹在兹，直到晚年依然难忘入仕，最后以贡生的身份出任丹徒训导，进而升任寿宁知县，才最终完成了他的角色转换。

冯梦龙，字犹龙，又字子犹、公鱼，号龙子犹、墨憨斋主人、顾曲散人、吴下词奴等，他出生于明代万历二年（1574），卒于清代顺治三年（1646），一生贯穿了晚明万历、泰昌、天启、崇祯四个朝代，并目睹了朝代的更迭。冯梦龙是南直隶苏州府吴县籍长洲人，家境应该不错，在这个盛产才子的地方，冯氏兄（冯梦桂）弟（冯梦熊）三人俱有文名，并称"吴下三冯"。尤其是冯梦龙，早年即博览群书，富有才名，并为世人所知，他本人也曾这样追述自己的读书生涯："不佞童年受经，逢人问道，四方之秘莢，尽得疏观。"

广泛涉猎稗官野史、戏曲小说之类的杂书，虽然开阔了冯梦龙的眼界，却也让他日渐沉溺其中，荒疏了学业与功名。冯梦龙自青年时期考中秀才，即开始屡困场屋，尽管他少负大志，一直向往着建功立业，想努力在仕途上有一番作为，但既不能考取功名，也就阻断了他在政治上的进取之路。多次科举不顺，尤其是看到昔日的好友多已平步青云，更使冯梦龙备受打击，苦闷无聊之余，他益发狂诞傲僻，索性"逍遥艳冶场，游戏烟花里"，频频流连于青楼酒馆之间，在浅吟低唱和偎红倚翠中消磨着自己的另类人生。

对于彼时遍布于苏州的青楼和妓院，冯梦龙并不陌生，他从少年时代起就深受李贽的影响，以"情痴"著称，对朋友急公好义，对美女一往情深，甚至到了"见一有情人，辄欲下拜，或无情者，必委曲以情导之"的地步。相传冯梦龙的朋友袁无涯与吴中名妓王生冬交好，本来已经相约婚嫁，不料王生冬为家中生计所迫，又被转卖到杭州。袁无涯也是一个情种，他不仅千方百计地找到了王生冬被卖的地方，还准备好行装去探访王生冬。冯梦龙有感于袁无涯的深情，专门写了中吕曲《送友访妓》来纪念此事。另外，冯梦龙还以知情密友的身份，写过南吕曲《为董遐周赠薛彦生》，记录友人董遐周与歌伎薛彦生之间的恋情。

冯梦龙曾经为多位妓女立传，像收录在《情史》中的《张润传》《爱生传》等，均出自冯梦龙本人的笔下。这两篇都是悲悼妓女不幸命运的作品，字里行间，对女性的爱意和怜惜之情溢于言表。另外，还有一篇《万生传》则是颂扬同性恋的文字，写的是楚黄秀才万生与郑生要好，万生不仅为郑生择妻，甚至分割三分之一的房子给郑生住，还接来郑生的父母供养。万生后来被相面先生的话所迷惑，以为自己会客死他乡，于是，留下了死后要与郑生同穴而葬的遗嘱。对此，冯梦龙的评价是，天下沉溺于情海之人，有像万生与郑生那般情真意切的吗？只要情真意切，同性恋与异性恋又有什么区别呢？

作为文人，冯梦龙总是对用情至深的人充满敬意，他也总是不吝笔墨，在自己的文字中一而再，再而三地对那些有情人加以赞叹与颂扬。至于冯梦龙本人，则更属用情至深之人，他自称"余少时从狎邪游，得所转赠悦甚多"，在青楼和妓院多有红颜知己。而令冯梦龙终生难忘的，则是一位名叫侯慧卿的妓女。冯梦龙与侯慧卿结识于何时、如何结识，已不可考，但冯、侯二人曾经情意绵绵，真心相爱，在冯梦龙的文字里却有着确凿的记录。

从冯梦龙留下的部分文字资料中，可大致梳理出冯、侯二人交往的过程。应该是在冯梦龙的壮年时期，他与侯慧卿结识，冯梦龙才华横溢，侯慧卿色艺双全，二人很快成为无话不谈的同道知己。在风华正茂的年纪，遇到了倾心相爱之人，这对于冯、侯二人来说，都是十分幸运的事情。但悲剧的种子毕竟还是埋下了，首先，侯慧卿的命运并不掌握在自己手里，她必须听从鸨母的安排来决定自己的终身大事，而鸨母显然是不会看上冯梦龙这个穷书生的。其次，彼时的冯梦龙穷困潦倒，"落魄奔走，砚田尽失"，只是勉强维持生活而已，为侯慧卿赎身则需要花费一大笔银子，他怎么可能做得到呢？

而且冯梦龙与侯慧卿之间的性格差异也是非常明显的，他们二人的境遇不同，对未来生活的看法有着很大的分歧。冯梦龙是一介文人，在爱情方面追求的是激情和浪漫，很容易意气用事，却常常罔顾现实；与他相比，侯慧卿则冷静得多，她清醒地认识到自己应该寻找一个怎样的归宿，这样的归宿依靠怎样的男人才能够实现。热恋中的冯梦龙与侯慧卿曾经有过一次对话，冯：卿辈阅人多矣，内心不会很乱吗？侯：不乱。我心中自有一张考卷，谁的情薄，谁的情厚，都按顺序排列得井井有条，知道孰轻孰重，内心又怎么会乱呢？这样的回答让冯梦龙感叹不已。

可见侯慧卿是有心之人，她的心中早有一张秩序井然的图表，她所接触到的每一个客人，都在这张图表中占有着不同的位置，而且随着这些客人情分和财力的变化，他们在图表上的次序也会得到相应的调整。冯梦龙固然是风流才子，对侯慧卿也是一往情深，但限于其他条件，他在侯慧卿列出的图表中的综合排名却未必太高。几乎没有任何悬念，冯、侯之间的爱情故事以喜剧始，以悲剧终。侯慧卿背约另嫁，冯梦龙大病一场，正所谓"哀莫大于心死"，冯梦龙自此"遂绝青楼之好"，再也不愿踏进妓院半步。

直到分别一年之后，每每想起侯慧卿，冯梦龙犹自感觉心痛难抑。他这样写道："五月端二日，即去年失慧卿之日也。月远日疏，即欲如去年之别，亦不可得。伤心哉！行吟小斋，忽成商调。安得大喉咙人，顺风唱入玉耳耶？噫！年年有端二，岁岁无慧卿，何必人言愁我始欲愁也！"五月端二，乃是去年失去慧卿之日，转眼一年过去了，想如去年离别时亦已难得，真是伤心欲绝啊！独坐书斋，写出一首悲伤婉转的曲子，如果让大嗓门来唱，能够让慧卿听到多好啊！以后虽然年年有五月端二，却再也没有慧卿陪伴了，人间暌隔，无异于生离死别，不等别人说愁，我已经愁肠百结了！

冯梦龙还曾写下三十首情诗，追忆与侯慧卿在一起度过的美好时光，这些情诗多已散佚，唯有一首保存在《挂枝儿》的批注中，得以保留下来："诗狂酒癖总休论，病里时时昼掩门。最是一生凄绝处，鸳鸯冢上欲招魂。"读来可谓字字泣血。

晚明青楼文化发达，尤其苏州，乃是当时中国最大的工商业城市，青楼妓院不仅环境优雅，而且妓女中多有才艺双全的妙人，最是一般文人的流连之地。较之寻常女子，妓女拥有更多的自由，而文人失落的爱情，似乎也只有在这里才能得以实现。应该说冯、侯之间并不是一般的男欢女爱，冯梦龙其实是把侯慧卿当作红颜知己看待的，他对侯慧卿念念难忘的，首先是侯慧卿的慧眼识人，尤其在他落拓江湖之时，侯慧卿的爱情就显得更加可贵。如果说女人是男人心灵的归宿，那么，冯梦龙沉醉在侯慧卿温暖的怀抱里，他获得的并不仅仅是情感的慰藉，同时也是一种价值的体认。

经历了失恋的打击，告别了流连多年的欢场，冯梦龙自此心无旁骛，他的创作也进入了一生的高峰时期。检点冯梦龙的文学成就，除去已经散佚的作品，冯梦龙一生编辑、创作了一千多万文字，其中最为后世所知的即是白话短篇小说集《喻世明言》、《警世通言》和《醒世恒言》。另外，同样可称不朽之作的还有《智囊》《古今谭概》《情史》等书。冯梦龙以编辑和出版成名，但他与晚明时期许多编辑家和出版家一样，多是借编辑、出版历代先贤的著作为名，行表达自己的思想、发表自己的观点之实。事实上，晚明批书、评书之滥觞，大抵都可视作借题发挥，亦即"借他人之酒杯，浇自己之块垒"。

《喻世明言》《警世通言》《醒世恒言》合称"三言"，收录了宋元旧篇、明代新作和冯梦龙的拟作。这些小说题材广泛，淋漓尽致地展示出中国古代社会的世俗百态与人间万象，塑造了一系列包括官吏、文人、富商、小贩、妓女等在内的性格鲜明的人物形象。鲁迅先生所说"极摹人情世态之歧，备写悲欢离合之致"，将这些小说统称为"人情小说"，当是此谓。另外值得注意的是，这些小说还较多涉及市民阶层的经济活动，而随着这种经济活动的深入，人际交往的机会逐渐增多，信息传播的速度日益加快，人们越来越渴求着种种新事物的刺激，从中不难看出明代商品经济的发展给当时社会所带来的各种变化。

"三言"之外，冯梦龙其他的重要作品当首推《情史》。所谓"情史"，就是为有情人修史，"情"之一字，并不局限于男女之情，情之大者，只要是人情人性的真实流露，均可列入其中。那么，冯梦龙为什么要编辑这样一部书呢？用他本人的话说，是为了"择取古今情事之美者，各著小传，使人知情之可久，于是乎无情化有，私情化公，庶乡国天下，蔼然以情相与，于浇俗冀有更焉"。可见《情史》的意旨非常明确，就是借古今情感之事，实现"情教"之理想，以之对抗"礼教"，其目的是弘扬至情至性、舍生忘死的境界，并借以移风易俗，使那些备受压抑的人性得到释放。

编辑一部古往今来的情史，一直就是冯梦龙的心愿。他结合自己与侯慧卿的悲情经历，一方面慨叹"缺陷世界，可憾实繁"，以致"才子佳人不两全"；另一方面盛赞女性敢于与世俗抗争的道德勇气。冯梦龙这样说道，当豪杰丈夫沦落风尘中时，一般须眉男子并不能识，只有女子能识；当豪杰丈夫身处窘迫急难时，富贵有能力的人不能帮助，只有女子愿意伸出援手……在冯梦龙眼里，痴情女子自有一种无畏的姿态，尤其对于那些落难中的豪杰丈夫，痴情女子的浪漫爱情能够让他们忘掉官场的失意，摆脱现实的失落感。所以，他们把痴情女子看作自己的同类，把她们视作"情"的象征。"情"之一字，既体现了《情史》的核心价值，毋宁说也是研究冯梦龙的思想，乃至晚明文化的枢纽。

如果说冯梦龙编辑《情史》，弘扬的是"情"，那么，冯梦龙编辑《山歌》，弘扬的则是"真"。开宗明义，冯梦龙首先在《山歌》的题记中言明，编辑《山歌》乃是"言田夫野竖矢口寄兴之所为，荐绅、学士家不道也"。正因为诗坛不重视，荐绅、学士不屑为，山歌不必承担载道的责任，反而得以任情适性，率性而为。所以，"但有假诗文，无假山歌，则以山歌不与诗文争名，故不屑假，苟其不屑假，而吾借以存真，不亦可乎。"

冯梦龙坦言，编辑《山歌》是为了"借男女之真情，发名教之伪药"，他在其中所选的也大多是毫无奇思、宛如口语的"天地间自然之文"。比如这首《偷》："结识私情弗要慌，捉着子奸情奴自去当。拼得到官双膝馒头跪子从实说，咬钉嚼铁我偷郎。"偷情暴露，被人告上了官府，但女子不论受到怎样严酷的刑罚，却把所有的责任统统揽到自己身上，情愿一个人担当，无异于是一篇偷情宣言！正所谓"礼失求诸野"，汉民族的文明程度越高，人性受到的禁锢反而越大，倒是在民间歌谣中保留了人性天然、本真的一面，将人性天然、本真的一面发扬光大，正是冯梦龙搜集这些民间歌谣的初衷。

无论创作，还是编书，冯梦龙的个人旨趣一以贯之，无不显示出他积极用世的良苦用心。像《智囊》收录了最具社会政治特色和实用价值的故事，用以总结"古今成败得失"；像《古今谭概》"罗古今于掌上，寄春秋于舌端"；像《古今笑》集古今笑话之大全，让人读后一笑解千愁，对世间所有的不如意之事一笑置之……但是，尽管冯梦龙把平生的主要精力放在了创作与编辑上，他的身份焦虑却一直不能消除，通过科举，步入仕途，仍然是他一生难以割舍的情结。

冯梦龙五十七岁那年，机缘终于出现了，经过友人的斡旋，冯梦龙以贡生身份出任丹徒训导，三年后，升任福建寿宁知县。虽然只是担任边远地区的一个小官，但冯梦龙还是非常高兴，他觉得这毕竟为他提供了一个一展抱负的机会。他已经六十岁了，来日无多，他必须抓紧时间做点实事。虽然他已经著作等身，但那毕竟与经世致用无涉，修身、齐家、治国、平天下，才是士大夫的立身之本，冯梦龙一度甚至产生了迷途知返的感觉。

但理想归理想，真正走上从政之路却完全是另外一回事。冯梦龙到寿宁履任后，很快发现即便是这个"地僻人难到，山多云易生"的小县城，亦已府库空虚，寅吃卯粮，平民百姓早已沦落到一贫如洗的地步。更让冯梦龙感到难堪的是，不仅他提出的合理的变革方案，均被上司驳回，他甚至还遭到了上司的训斥。冯梦龙处处碰壁，补天无术,只能徒然慨叹"寿民之艰""寿令之苦"。在迎来送往、苦于应酬之余,冯梦龙能够做到的,不过是"以勤补缺,以慈补严,以廉代匮。做一分亦是一分功业,宽一分亦是一分恩惠"而已。只有身在其中,冯梦龙才真正感受到王朝的腐烂已经到了积重难返的境地。

四年任满,冯梦龙在寿宁留下了"政简刑清,首尚文学,遇民以恩,待士有礼"的美誉,他重新回到家乡苏州,度过平生最为安逸的岁月。但仅仅六年之后(1644),天崩地裂的时代骤然降临,此时的冯梦龙虽然已经进入古稀之年,却不甘于被清廷奴役的命运,他频频往来于松陵、吴兴和杭州之间,联络故旧,暗中进行反清复明的活动。

1646年春夏之际,七十二岁的冯梦龙突然谢世,死因不明。联想到彼时的苏州已为清兵占领,冯梦龙的去世当与清兵的残暴脱离不了干系。据说清兵占领苏州之后,冯家曾遭洗劫,存留在此的冯梦龙诗文原稿就此散佚。值得庆幸的是,冯梦龙的大部分作品已经付梓刊行,正是通过这些作品,我们才得以窥见这位"东吴畸人"的一生。

一蓑烟雨任平生

——奇人徐霞客

对于晚明的划分，学界向无定论，有人认为应该以隆庆时期作为晚明的起点，此时王阳明的心学得到了官方的认可，从而获得了广泛的传播；有人认为应该以万历十年作为晚明的起点，这一年独揽大权的首辅张居正去世，就此拉开了明朝衰亡的序幕。如果将万历十年视作晚明的起点的话，那么，毫无疑问，从万历十四年（1586）出生，到崇祯十四年（1641）去世，奇人徐霞客的一生基本上涵盖了整个晚明时期。

徐霞客，名弘祖，字振之，号霞客。据说"霞客"二字，是大画家陈眉公为他起的，意指徐霞客总是在朝霞和晚霞中出没，是具有仙风道骨一流的人物，而当徐霞客以这个大名鼎鼎的别号驰骋江湖时，时年已经三十九岁了。徐霞客出生于南直隶江阴（今江苏省江阴市）的一个富庶之家。江阴，地处大江之阴，乃是富甲一方、人文荟萃之地，徐家，乃是江阴望族，江南富豪，世代都是读书人的家庭。另类的是，徐家虽然世代都是读书人，但真正通过科举步入仕途的却并不多，说起个中原因，不仅涉及徐霞客的先祖徐经，还牵扯到姑苏才子唐伯虎。

那是发生在弘治年间的事情，徐经进京赶考，遇到了姑苏才子唐伯虎，二人一见如故，大有相见恨晚之感。徐、唐二人才华横溢，且都在年少轻狂的年龄，唐伯虎更是口出狂言，自称已提前押题，对会考的内容了如指掌，徐经则表示认同，二人都做出一副胜券在握的姿态。会考结束，试题果然跟唐伯虎预测的相差无几，于是，一条"唐伯虎和徐经贿赂考官，提前拿到试题"的小道消息迅速传开，最终的结果是，徐、唐二人双双被黜。不是简单的被黜，而是终生不允许他们再参加科举考试。经过这次打击，唐伯虎从此放浪形骸，诗酒癫狂，度过余生；徐经则是心灰意冷，赍志而殁。他生前一再告诫家人，今后尽量另谋出路，不必在科举入仕的险途上一条道走到黑。

秉此传统，徐家人对科举入仕一直抱持着相当冷漠的态度，徐霞客的祖父和父亲均以布衣终老，但"富人之名殆不虚"。到徐霞客出生时，徐家尚有一万多亩良田，且开办着一家纺织白细布的作坊。想想也是，即便不入仕，徐家人照样过着自给自足、丰衣足食的生活，又何须仰人鼻息，自讨苦吃呢？徐霞客被时人称作"古今第一奇人"，他对科举应试不感兴趣自然是应有之义，他的"奇"，首先就奇在他从小对《山海经》《水经注》《搜神记》《梦溪笔谈》之类山川地理、方志物产与鬼神怪异的书籍充满了兴趣，就是在私塾上课时，他也会把这些书夹带在经书下面偷看，乃至"神栩栩动"，心思早已被这些书籍带去遥远的地方了。正因为喜欢这些书籍，幼小的徐霞客许下了这样的志愿："大丈夫应当走遍天下，朝临烟霞而暮栖苍梧，怎能限于一地终老此生？"

时当晚明，因为商品经济的发达和市民阶层的崛起，士人的旅行生活已然成为一时风气，毋宁说这也是晚明思想解放的一部分。诚如明史学者张嘉昕所说的那样，晚明士人的旅行生活，"是一种历史现象，而非单一的历史事件"。徐霞客应该是深受这种时代风潮影响的，他从内心排斥科举入仕之路，更希望过一种走在路上的生活。所以，徐霞客虽然参加过一次童子试，却基本上属于虚应故事，一方面是对自己的私塾生活有个交代，另一方面则是"恐违两尊人意，俯就铅椠",对自己的父母有个交代。事实上,徐霞客的父亲徐有勉本人即喜欢游山玩水,而对于儿子的爱好,徐有勉非但不加干涉,甚至还颇显得意。徐霞客的母亲也是同样,她不仅从不约束徐霞客,强迫他参加科举考试,反而任其自行发展,并时时加以鼓励。

有了这样的家族传统和家庭氛围,再加上徐家坚实的经济基础,成人之后的徐霞客"以布衣得交当时名士,多藏奇书,出游四方,自给旅资,未尝有求于人",才终于成为可能。当然,徐霞客在成为大旅行家之初,也只是小打小闹地到处走走,他的行踪局限在江阴周边,且并没有十分明确的目的性。徐霞客第一次"问奇于名山大川",是在他二十二岁那年,此时他的父亲已归道山,他这次出行的目的地是太湖,母亲王氏亲自为他做了一顶远游冠,以壮行色,自此正式开始了他的旅行家的生涯。

在徐霞客的旅行生涯中,以万历三十五年(1607)为起点,大致可以划分为三个时期。前期从万历三十五年(1607)到天启三年(1623),徐霞客先后游历了太湖、泰山、曲阜、珞珈山、天台山、雁荡山、白岳、黄山、武夷山、南京、扬州、宜兴、庐山、九鲤湖、嵩山、华山、太和山等地。中期从崇祯元年(1628)到崇祯六年(1633),徐霞客先后游历了罗浮山、京师、盘山、天台山、雁荡山、五台山、恒山等地。后期从崇祯九年(1636)到崇祯十三年(1640),徐霞客自江阴出发,经浙江、江西、湖南、广西、贵州,最终抵达云南,成就了他平生时间最长、范围最广的一次壮行。

在徐霞客的行迹抵达之处,有些只是走过一次,有些则是一而再,再而三地反复游览,像天台山、雁荡山和黄山,徐霞客就不止去过一次,而每次登临,对这些地方的山川地貌都会有更加深入的认识,都会有完全不同的发现。比如,徐霞客第一次登黄山,沿袭志书中记载的"天都峰居群峰之首",认为天都峰乃是黄山最高峰。然而当他再次登临黄山,并亲自攀上莲花峰时,却发现"其巅廓然,四望空碧,即天都亦俯首矣",原来莲花峰才是黄山的最高峰,从而纠正了他的沿袭旧说的错误。正是从那时起，徐霞客不再盲从古代的经典著作，因为他发现即便是经典著作，其中也不乏谬误之处，而他的旅行也开始有了比较明确的目标，那就是撰写游记，以游记的形式印证事实，辨明是非，达到经世致用的目的。

晚明士人将旅行视作了一种时尚，但对于大多数士人而言，旅行毕竟是一种野客闲情，而出门旅行一般不外游历考察、求学问道，即便是单纯的游山玩水，旅行的时间也不会太长，以不影响正常生活为限。徐霞客却完全不同，他其实把旅行当作了一种生活方式，当作了一种生命的追求。对于徐霞客的旅行，他的朋友陈函辉是这样描述的：不问路程，不计时间，旅泊岩栖，探幽凌险。以天为被，以地为席，可以采摘野果充饥，可以几天不吃饭，能与山鬼野魅交流对话，衣被单夹均能忍耐寒暑。尤其异于常人的是，上天赐予他矫健的双脚，不必借助舆骑车轿，即可轻松地走出上百里。每天向晚抵达住处，或倚靠在枯树下，或独坐在破屋中，燃脂拾穗，写作游记。

徐霞客游庐山石门涧，攀缘过一条被称为"百丈梯"的雄奇古道，时人以为，自古至今，由此登上天池者，除了徐霞客之外，并无第二人。直到二十世纪三十年代，有个外国登山客，仰慕徐霞客之壮举，欲循其旧迹重新攀登一次，但到了"百丈梯"，仍然望而却步，徒呼奈何。有人把徐霞客称作犍牛，有人把徐霞客称作飞鼯，有人把徐霞客称作大青猿，因为徐霞客能在绝壁上攀缘，能在岩洞里倒悬而上，能吊着粗藤荡过峡谷……是的，这就是徐霞客，不问得失，不计功利，不管别人怎么说，不管别人怎么看，走进陌生的环境，生活在别处，只是以自己喜欢的方式活着。摆脱庸常，摆脱烦琐，旅行之于他，既是心灵的大解脱，又是生命的大解脱。

崇祯九年（1636），时年五十一岁的徐霞客开始了他平生最后一次远行。徐霞客的这次旅行自江阴出发，经浙江、江西、湖南、广西、贵州抵达云南，其间或舟行，或骑行，或舆行，或步行，遇山

47

翻山，遇水涉水，风餐露宿，披星戴月，持续了将近四年的时间。就三百多年前的晚明而言，没有发达的交通设施，没有舒适的旅行工具，尤其是深入到西南地区的人烟稀少之地，虎狼出没，语言不通，更是旅途凶险，危机四伏。长达数年的旅行涉及衣食住行的方方面面，对于已过知天命之年的徐霞客来说，无疑既是一次"自虐"的过程，又是一次生存能力的考验。

这次远行，徐霞客的同行者是一位法名静闻的和尚。他们先是在浙江和江西一带盘桓数日，然后进入湖南，在湘江，他们遭遇强盗，静闻为了保护经书，被刺两刀，身负重伤，不久就告别了人世。徐霞客跳入江中，逃过了一劫，但随身所带的行笈却被洗劫一空。这时有人劝他，前途凶险，干脆回去算了，徐霞客的回答是："吾荷一锸来，何处不可埋吾骨耶？"在贵州渡河时，徐霞客被挑夫所骗，又一次濒临绝粮的绝境，只是靠了当地友人的帮忙，他才终于摆脱了困境。

崇祯十一年（1638），在经历了千辛万苦、备尝孤独凄凉之后，徐霞客终于抵达了云南。在鸡足山，徐霞客亲手奉上静闻和尚刺血抄成的《妙法莲华经》，并埋葬了静闻的遗骨。随后，徐霞客即赶赴丽江，谒木知府，返游大理、永昌、腾越等地，徐霞客本来还想出境去缅甸游览，却因罹患足疾而不果。在金沙江畔，徐霞客溯本求源，否定了《尚书·禹贡》中关于"岷山导江"的说法，第一次提出金沙江是长江正源。在云州城，徐霞客纠正了《一统志》上所说的澜沧江"从景东西南下车里，而于元江府临安河下元江"的观点，阐明了澜沧江往南流入南海的论点。在腾越州，徐霞客详细描摹了火山地貌和火山浮岩的形态，勾勒出地壳变化的生动画面，揭示出地热与火山之间的密切关系……

崇祯十三年（1640），徐霞客的足疾症状加重，病情渐笃，丽江木知府专门延请名医为他治疗，亦未有明显的效果。以是，木知府在征得徐霞客的同意之后，派了五个身强力壮的舆夫，"转侧笋舆者百五十日"，至楚江换乘舟楫，将徐霞客送回了家乡。仅仅一年之后，徐霞客即因病重不治，遽归道山，时年五十五岁。徐霞客去世三年之后，大明王朝黯然谢幕，徐霞客的家乡江阴因为抗击清军惨遭屠城，史称"江阴三日"。徐霞客本人虽然没有亲历这惨烈的一幕，但他的游记原稿却多有散佚，剩余部分只是通过亲戚好友的辗转传抄才得以保存下来，成为后世系统考察中国地貌地质的珍贵资料和散文名著。

中国古人常说："读万卷书，行万里路。"徐霞客一生最重要的时光，即是在旅行中度过的。突破古典地理学的束缚，描绘出地理地貌的形态特征，他是优秀的地理学家；以雄伟绮丽、高旷超逸的文字，描绘出千姿百态的山水胜景，他是优秀的文学家；不同流俗，特立独行，一生走在路上，乃至"高而为鸟，险而为猿，下而为鱼，不惮以生命殉"，他是优秀的旅行家。对于徐霞客来说，身处黑暗的时代，旅行，既是对专制皇权的自觉疏离，又是一种价值观念的更新。徐霞客正是以一个真正独立的个人的面目走进我们的视野，为中国文化史留下了一个特异的身影。

徐霞客对于古代中国地理科学的贡献自然是无须多言的，然而，我最看重的还是他在中国文化史上特异的人格魅力。在学而优则仕的时代，仕途与功利原本就是牢不可分的，科举入仕即意味着获得了做人的尊严，意味着进入了特权阶层。另外，科举入仕又是传统文人施展才学的经世致用之所。对于他们来说，如果这条路走不通，即是一事无成、无所依托，那种怀才不遇的失落感，那种郁郁不得志的精神状态，将会如影随形般伴随着他们生命的始终。

所以，不管是否情愿，入仕与否都是传统文人无法摆脱的心理情结，因为他们在为学之初就已经陷入了一条狭窄的不归路，除了依附统治者以换取生存权之外，他们很难再有别的选择。而当所有的文人都纷纷扰扰地拥挤在科举入仕一条道上时，这样的社会就变成了僵化可怕的社会，这样的人生就变成了庸常无趣的人生。这就益发凸显出徐霞客的难能可贵，他的人生已不再是一个由士而仕的单一过程，他的人生有了新的可能。是徐霞客让世人知道，人生在世，除了入仕，还有别的乐趣；除了功名，还有别的选择。

中国历代都不缺少各种各样的隐士，有不愿当国王而逃，且"义不食周粟"，最终饿死在首阳山的伯夷与叔齐；有义不帝秦的鲁仲连；有垂钓于富春山的严子陵；还有"采菊东篱下，悠然见南山"的陶渊明……但我宁愿把徐霞客看作真正的隐士，因为他既不执着于入世，也不执着于出世，他只是听从内心的召唤，不矫情，不做作，不勉强，任情适性，挥洒自如。徐霞客以他一生的经历与作为昭然于世，这是无法以任何障眼法作秀于后人的。

万里来寻圣叹书

——记一代才人金圣叹

清顺治十八年（1661）四月，因吴县县令任维初监守自盗，刑讯催逼钱粮，并造成人命，一百多名吴县士子偕千余民众，到文庙孔子牌位前痛哭抗粮，并鸣钟击鼓，向苏州府衙进发。其时巡抚朱国治等人正在府衙祭奠顺治皇帝灵位，当即下令镇压，拟"罪大恶极""不可逭者"之罪名三条，逮捕多人，是为江南"哭庙案"。

六月二十日，圣旨下，十八名士人被判"斩立决"。七月十三日，"哭庙案"及"无为案"的人犯，被斩于江宁（今江苏省南京市）三山街，一时间"炮声一震……披甲乱驰，郡官皆散，法场上唯有血腥触鼻，身首异处而已"。在这十八个被杀的苏州士子之中，即有一代才人金圣叹。

金圣叹，名采，字若采，明亡后改名人瑞，圣叹是他的别号。金圣叹出生于明万历三十六年（1608），他的祖父和父亲虽然都是布衣，但他幼时家境尚可，十岁入私塾，于"稗官野史，无所不窥"，独不喜"四书五经"的枯燥乏味。尝自谓："自古至今，止我一人是大材。"其放诞不羁，溢于言表。因恃才傲物，讥讽考官，游戏科场，金圣叹多次被黜，明亡时年三十七岁，以文学批评开始了他后半生的生涯。金圣叹盛推《庄子》《离骚》《史记》《杜诗》《水浒传》《西厢记》为天下才子必读书，并打算逐一评点，因突遭大祸，

51

只完成了其中的两部，即《水浒传》与《西厢记》的评点。

金圣叹所处的时代，正是一个社会激烈变革之后而加以整合的时代，被正统社会视作异端的晚明"启蒙思潮"已临近尾声，一个大一统的"康乾盛世"即将到来。身处在这样一个时代环境中，在金圣叹的身上，既沾染着晚明士人自由放任的思想气质，同时也不乏天崩地裂后遗民处境的尴尬与困惑。金圣叹虽然以玩世不恭的人生态度面世，但在本质上仍然未脱儒生气质，他安身立命的最高理想也仍然不出"暮登天子堂"的人生向往，而以金圣叹的历史观又决定了他不可能成为亡明的殉道者，决定了他不可能执着于遗民的形式而一以贯之。金圣叹能够以非常清醒的目光看待清廷入主中原这一现实，所以他对清朝统治者一直抱着一种欲迎还拒的矛盾心理。

事实上，在明清易代的时代大环境中，有着这种人生困惑和心理危机的士人远非金圣叹一人，只不过每个人的表现各异罢了。金圣叹的一首小诗最能表现他此时的复杂心境："头毛稀少灯亲见，心事迷离酒不知。一枕两行千点泪，三通鸡叫五更时。"其辗转反侧，耿耿不寐之状如在眼前。

金圣叹自幼聪慧，至壮年天地易色，以金圣叹的才华，评点文章并非他的人生初衷，当他最终将文学批评当作了自己的事业时，实在有着不可言说的难言之隐，饱含了他对于人生的忧愤与失望。既然无法施展自己的人生抱负，他也只好以点评古人文本来隐约传达自己内心的曲微，将自己对于人生的感受浸润在自己的评点之中，借他人之酒杯，浇自己之块垒，其中既有"世既弃我"的悲愤，也是"我亦弃世"的具体表现。故金圣叹的评点实际上是一种创作，深深打上了他自己的个性烙印和思想烙印，所以他批《水浒传》不惜腰斩，批《西厢记》则处处加以点纂，完全将它们当作了自己思想感情的承载物。

金圣叹的"我亦弃世"说穿了只是一种姿态，当他不停地哀叹"自古有才决是无命""若才子以才而终至于饥饿以死，回首思之，

52

我何逊于屠沽儿而一至于是？真不怪饥饿，怪杀有才矣！"他所哀叹的其实只是自己的"不遇"。所以当他一旦听说了顺治皇帝对他的欣赏时，他也就欣然写下了这样的诗句："忽承帝里来知己，传道臣名达圣人。""岁晚鬓毛浑短尽，春朝志气忽峥嵘。"而自喜于"半生科目沉山外，今日长安指日边"了。对于天子的垂青，金圣叹的态度本在情理之中，并不是一句"文化人格"所能轻下结论的事情。

但是，金圣叹并没有真正意识到自己的不合时宜，他的异类面目早已成为专制社会的眼中钉和肉中刺，必欲除之而后快，金圣叹的个人情怀在本质上就是与这个大时代水火难容、格格不入的。一个大一统的封建盛世所需要的并不是思想个性的自由放任，文人也只不过是这个时代的点缀，"哭庙案"的实质乃是统治阶级对于思想文化的整肃。

金圣叹对于人生基本状况的终极关怀，以及他卓尔不群的思想个性，都使他远远超过了同时代的大多数文人，使他在那个特殊的时代脱颖而出，同时，也为他自己的命运埋下了伏笔。金圣叹的命运乃是那个时代的历史宿命，既是他个人的悲剧，也是那个时代的悲剧；金圣叹之死是一个象征，它标志着晚明"启蒙思潮"的结束，标志着一个大一统的专制时代的到来。"康乾盛世"的"文字狱"的雷声已隐隐在耳了！

金圣叹对于文学批评的"灵心妙舌"自然称得上独树一帜，但在此我并不想深究他批评文字的来龙去脉，那些事情还是留给美学家们去做吧。我更感兴趣的是他批评文字背后的东西，是其精神内涵与感情内涵。

金圣叹留下的完整的批评仅有两部，即"金批《第五才子书水浒传》"和"金批《第六才子书西厢记》"。

可以把金批《水浒传》看作金圣叹对于政治的个人认识，在这里它完整地体现了金圣叹的政治理念、治世理想和社会意识。在这部书中，金圣叹首先表明了自己"民重君轻"的立场："大君不要自己出头，要让普天下人出头；好民好，恶民恶，所谓让善于天——天者，民之谓也。"同时，他公然明言"乱自上出"，官逼民反，把农民的铤而走险直接归罪于统治者的失政："天下者，朝廷之天下也；百姓者，朝廷之赤子也。今也纵不可限之虎狼，张不可限之馋吻，夺不可限之儿肉，填不可限之欲壑，而欲民之不叛，国之不亡，胡可得也！""然其实谁致之失教，谁致之饥寒，谁致之有才与力而不得自见？'万方有罪，罪在朕躬'，成汤所云，不其然乎！"

金圣叹更对尸位素餐的官僚阶层进行了痛快淋漓的揭露："关节，则知通也；权要，则知跪也；催科，则知加耗也；对簿，则知罚赎也！民户殷富，则知彼连以逮之也；吏胥狡狯，则知心膂以托之也。其所不知者，诚一无所知；乃其所知者，且无一而不知也。嗟乎！嗟乎！一无所知，仅不可以为官；若无一不知，不且俨然为盗乎哉！"直接把官与盗画上等号，借《水浒传》而为现实张目，指着秃子骂和尚，真可谓惊世骇俗之举！

"下笔者，文人之事也。以一代之大事……供其为绝世奇文之料，是文人之权矣，君相虽至尊，其又乌敢置一末喙乎哉？"金圣叹在此将言论自由超脱于封建统治之上，固然大快人心，却未免书生意气，他忘记了自己身处的环境，统治者又岂止堵你的嘴啊，他更要灭你的口呢！"祸害之伏，秘不得知，极其猝发，疾不得掩。盖自古至今，往往皆有，乃世之人，犹甘蹈之不悟，则何不读《水浒》二刀之文哉！"金圣叹并未想到，自己在批《水浒传》时所发的感慨，竟成为自己的命运之写照，自古文人以文贾祸，所以自得于人生者也正是自戕于人生者，生命系之亦足毁之，让人浩然长叹！

金批《水浒传》还表现了金圣叹对于世道人心的深切体察。所谓"公人见钱，如蝇子见血"。所谓"信乎名以银成，无别法也。嗟乎！士而贫尚不闭门学道，而尚欲游于世间。多见其为不知时务耳，岂不大哀也哉"。这里虽是感叹于书中情节，实是夫子自道，一句"名以银成"，说尽世态炎凉，而以金圣叹之口说出，自伤身世，倍觉感慨！

《水浒传》本来即是一部入世极深的社会政治大书，展现了传统社会的方方面面，其中贪官、污吏、刁民纷纷出场，封建社会的弊端，传统社会的腐烂，让人一览无余。金圣叹批《水浒传》并非偶然，除了因为它的确是文学史上的旷世奇构，更重要的还是金圣叹独具慧眼地看到了它深刻的现实意义，是他愤世、骂世、悲世、笑世的最佳张本，他正是借《水浒传》表达了自己对于世道人心的深切忧愤与深刻批判。金圣叹尝谓："吾特悲读者之精神不生，将作者之意思尽没，不知心苦，实负良工。故不辞不敏，而有此批也。"不亦宜乎？

如果说金批《水浒传》表明了金圣叹离经叛道的政治理念，那么，金批《西厢记》则无疑表明了金圣叹潇洒不羁的人生态度，包含着晚明士人高超的生命智慧。

在中国古典文学中，以毫无伪道面孔面世的《西厢记》无疑是一朵奇葩，其文辞之美艳绝伦自不必说了，其思想意义在整个道统社会亦无异于一声惊雷。是它第一次把男女之情放在了正常的人性之上去描写，以艺术的魅力去张扬人性之美，唤醒了不止一代人对于生命的肯定，对于生活的热爱。

金批《西厢记》，首先即把它等同于《离骚》《史记》《杜诗》等经典，把它放到了至高无上的地位去评价，这在当时，没有一定的胆识是根本无法做到的，即使少数文人有此见识也未必会表达出来。金圣叹首先肯定了《西厢记》的思想意义，他从一"淫"字入手，开宗明义地说道："有人来说《西厢记》是淫书，此人后日定坠拔舌地狱。"他把人欲与淫截然分开，把正常的人欲视为至善至美，公然对道统社会的"存天理，灭人欲"提出异议，借《西厢记》而为人欲正名，反映了金圣叹自己对于生命价值的尊重。他对于男女情爱的观念，在当时正是空谷足音，即在三百多年后的今天，亦不让今人矣。

金批《西厢记》，每一篇都称得上是非常可读的小品散文，金圣叹每每引申开来，另辟蹊径，抒写了自己内心的大千世界。如其《读第六才子书西厢记法》《恸哭古人》《留赠后人》，以及每折之前的题解，都可以当作独立的文章去读。这些文章既与《西厢记》有关，又游离于《西厢记》之外，谈人生，谈游历，谈趣闻，充分展示了金圣叹自己的人生向往与审美情趣，显示了与《西厢记》同样的生命价值观与生活观，是真正的金圣叹文字。

"天地生而适然是我，而天地终亦未尝生我，是则我亦听其水逝云卷，风驰电掣而去而已矣。我既前听其生，后听其去，而无所于惜，是则于其中间幸而犹尚暂在。我亦于无法作消遣中，随意自作消遣而已矣。"我读金圣叹此文，一方面读出他在那个道统社会中无所适从的精神世界；另一方面也读出了他珍惜生命，热爱生活，对生命基本状况的深切关怀。是的，人生是一个过程，生而为人最大的幸福即在于如何去充实这样一个短暂的过程，那么他首先要追求的即是自己的人生乐趣，张扬自己的个性，这既是《西厢记》的旨趣所在，也是金圣叹点评《西厢记》的旨趣所在，同时也是晚明士人追求思想解放、张扬个性的一个明显的特征。

鲁迅先生曾经把晚明社会比作一个"艳若桃花"的时代，这个时代既有着傲世独立的士人文化，也弥漫着一股末世颓废与无奈的情调。金圣叹的艺术审美和人生趣味，所反映出的正是明清之际的时代精神与生命智慧。综观中国古代各类文化典籍，最为缺少的即是个性与有趣，传统士人贤达则不必说了，成为官僚阶层的一分子，自然是官样文章，灵性全失；真正困了，又是一副悲戚与怨毒嘴脸。在漫长的封建历史中，能够称得上有趣的个性文字真是少而又少，而真正通人情、达物理、识趣味的文人，就更是凤毛麟角，屈指可数了。而金圣叹的文字，则无疑属于这少而又少的文字，而金圣叹的为人，也无疑属于那屈指可数的文人之列。

金圣叹的文字是富有生动时代气息的个性文字，脍炙人口的

"三十三个不亦快哉"即体现了他对于生命的独特把握与会心，有着高超的人生价值取向。针对于游历之乐，金圣叹这样写道："一水一村，一桥一树，一篱一犬，无不奇奇妙妙，又秀又皱，又透又瘦，不必定至于洞天福地而始有奇妙。"我们每见今日以旅游为时尚，人们对名山大川趋之若鹜，也只是为了搔首弄姿拍几张照，以为"到此一游"做个凭证而已。现代人一方面老于世故，急功近利；另一方面又爱慕虚荣，附庸风雅，如果我们不是真诚地热爱自己的生活，尊重自己的生命，"洞天福地"又岂能净化我们浮躁的灵魂？

作为一个文人，金圣叹首先是一个生活中人，他对于"头巾气"的迂腐文人是充满鄙夷且深恶痛绝的，他曾经不无讽刺地说道："从来悬梁刺股、囊萤映雪等语，俱是乡中担粪奴仰信苦学人必有如此鬼怪。其实读书只须沉潜精舍，三年不出户庭，便以极尽天下之无穷。"《清代七百名人传》记载着金圣叹这样一个传神的故事："人瑞为文，怪诞不中程法。补博士弟子员，会岁试，以'如此则动心否乎'命题，其篇末有云：'空山穷谷之中，黄金万两；露白葭苍而外，有美一人。试问夫子动心否乎？曰：'动动动……'连书三十九字。学使怪而诘之，人瑞曰：'只注重四十不三字耳'……"

如果说这样的传说附会在金圣叹身上，代表了士人一种卸去枷锁，任情适性的人生向往，那么，《清刻才子必读书序言》中的记载，就应当是金圣叹生活的真实写照了："圣叹性疏宕，好闲暇，水边林下是其得意之处，又好饮酒，日辄为酒人邀去，稍暇又不耐烦，或兴至评书，奋笔如风，一日可得一二卷，多逾三日则兴渐阑，酒人又拉之去矣。""盖圣叹无我与人，相与则辄如其人。如遇酒人，则曼卿轰饮，遇诗人则摩诘沉吟，遇剑客则猿公舞跃，遇棋客则鸠摩布算，遇道士则鹤气横天，遇释子则莲花绕座，遇辩士则珠玉随风，遇静人则木讷终日，遇老人则为之婆娑，遇孩童则啼笑宛然也。"这就是生活中的金圣叹，有着丰富多彩的生活情趣的金圣叹，与道统社会格格不入、特立独行的金圣叹。如果没有这样一个至情至性的金圣叹，我们也就不可能读到如此至情至性的真文字。

"夫人生世间，以七十年为大凡，亦可谓至暂也。乃此七十年也者，又夜居其半，日仅居其半焉。……在十五岁以前，蒙无所识知，则犹掷之也；至五十岁以后，耳目渐废，腰髋不随，则亦不如掷之也。中间仅仅三十五年，而风雨占之，忧虑占之，饥寒又占之，然则如阮氏所谓'论秤秤金银，成套穿衣服，大碗吃酒，大块吃肉'者，亦有几日乎耶！而又况乎有终其身曾不得一日者也！……嗟乎！生死迅疾，人生无常，富贵难求，从吾所好，则不著书，其又何以为活也。"看来金圣叹之点评文章，同他自己的生命意识，乃是合二为一的。

"读此语时，正值寒冬深更，灯昏酒尽，无可如何，因拍案而起，浩叹一声，开门视天，云黑如磬也。"当此之时，我们是在披阅文字，还是在品味人生，恐怕再也不能分开彼此了吧？"呜呼！天下之乐，第一莫若读书；读书之乐，第一莫若读《水浒》，即又何忍不公诸天下后世之酒边灯下之快人恨人也！"读了这样的文字，岂不让天下所有的读书人为之雀跃吗？

我一直认为，划分一个文人是否有趣，首先应当看他是否有着自己完整的价值体系和独特的生活方式，他能否漠视现实的压力，不以世俗的价值标准为取舍，而是注重自己的生活质量，热爱自己的生活情趣。当然，这同一个宽松、自由、富裕的社会环境是分不开的，你很难指望在一个专制，丧失了个人生活的环境找到有趣，因为只有热爱个人生活的环境，才能产生有趣，只有天真、浪漫的民族，才能产生有趣。而一个专制的社会则以扼杀浪漫、有趣为己任，它需要的乃是道貌岸然、八面玲珑，这是维护其统治的不二法门。所谓"才高造物忌，行僻世人嗤"，乃是每一位时代先行者所不免要付出的代价，金圣叹之被腰斩于那个时代，不亦宜乎？！

东西南北海天疏，万里来寻圣叹书。

圣叹只留书种在，累君青眼看何如？

这是金圣叹临终所留下的三首绝命诗中的一首。在狱中他还留下了这样一封家书:"字付大儿看:盐菜与黄豆同吃,大有胡桃滋味。此法一传,吾无遗恨矣。"这是金圣叹留在世间的最后的幽默,只是我在读这则传说时,说不出内心是轻松,还是沉重。

　　金圣叹读完苏东坡的《后赤壁赋》,这样说道:"岂惟无鹤无道士,并无鱼,并无酒,并无赤壁,只有一片光明空阔。"

　　写完这篇短文,我觉得自己的心中已然空无一物,只有一片光明空阔。

冷雨寒灯夜话时

——蒲松龄与他的《聊斋志异》

一

在山东省淄博市淄川城东七里多的地方，有一个小小的村庄，名字叫蒲家庄，这里是蒲松龄的出生地。尽管别号柳泉居士的蒲松龄把自己的家乡描述得很美，称"淄东七里许有柳泉，邑乘载之，志胜也。水清以冽，味甘以芳，酿增酒旨，沦增茗香"。但在蒲松龄生活的时代，这里其实是一个贫困的小山沟，所谓环邑皆山，"率少坦土，尽是九曲羊肠，乡皆僻径，并无百里车辙"，才更符合蒲家庄的真实面貌。

当我走进蒲家庄时，时间已经是 21 世纪的 2003 年，而我看到的蒲家庄，居然还是那个毫不起眼的鲁北山村：村中民居颇为简陋，多有土坯房，一条东西走向的小巷贯穿其中，两旁稀稀落落的摊位，摆放着花花绿绿的旅游纪念品，提醒你时间已经进入当下。蒲家庄东首是一个新建的"聊斋园"，其间亭台楼阁、奇花异卉，让人很难相信这里曾是蒲松龄常备茶水、招待路人的谈鬼说狐之地，说它是一个富商的后花园倒更显贴切一些。

走进蒲松龄故居，但见院落相连，房屋俨然，北院正房三间是蒲松龄的诞生地，亦即"聊斋"所在。室内挂有清人朱湘麟所绘的蒲松龄画像，这幅画像画于蒲松龄七十二岁那年，画像中的蒲松龄端坐在太师椅上，手捻胡须，面带微笑，引人注目的是他身穿齐整的官服，众所周知，蒲松龄一辈子没有考上举人，直至晚年才论资排辈熬成贡生，有了候选做官的资格。然而，即便有了做官的资格，贡生候选的也只是一个不入流的低级官吏，至于做不做得上，还是另外一回事。蒲松龄晚年留下这幅身穿官服的标准照，可见他对自己贡生身份的看重，由此联想到他科举蹭蹬的一生，真不知道他面对自己的标准照时，内心是喜，还是悲。

那么，回首一生走过的道路，画面中的蒲松龄究竟在想些什么呢？

二

蒲松龄出生于明崇祯十三年（1640）四月十六日，距离明朝的灭亡不过还有四年的时间。蒲松龄的祖上应该是做过一些小官的，但到了蒲松龄的父亲蒲槃这一代，早已家道中落，蒲槃开始想靠读书博取功名，但科举不利，为糊口计，最后只得弃儒经商，靠做点小生意养家糊口。蒲槃有五个儿子，蒲松龄排行老三，蒲槃虽然靠经商挣得了一些家产，及至蒲松龄成人，因为战乱、饥馑，以及各种名目的苛捐杂税，蒲家生寡食众，已经陷入了入不敷出的境地。出生在穷乡僻壤，且家境维艰，应该是蒲松龄早年生活的基本状况。

蒲松龄的悲剧首先即在于他太聪慧。据说蒲松龄幼年"经史过目能了"，从小写得一手好文章，尤其对诗词曲赋之类的"杂学"抱有浓厚的兴趣。蒲松龄十九岁参加初试，连续获得乡、县、道三场第一，他的文章受到主考官施愚山的激赏，施愚山欣赏蒲松龄的文章有见识、明世情，颇合施愚山本人通达洒脱的性格。蒲松龄以三场第一考中秀才，一时在乡里传为美谈，而他亦从此将施愚山视作恩师，并在诗文一再提及施愚山"有仁爱名"，其知遇之感，溢于言表。

命运似乎向蒲松龄开启了一条一帆风顺的坦途，而蒲松龄本人也自视甚高，大有出将入相不在话下，光宗耀祖舍我其谁的豪情与壮志。对于他来说，以科举入仕改变家境、改变命运，虽然显得十分迫切，却不存在任何阻碍。但让蒲松龄万万没有想到的是，命运并没有像它最初展示的那般美好，时隔不久，他就在第一次乡试中名落孙山，而这次失利，竟然只是刚刚拉开他一生科场蹭蹬的序幕而已。

三

事实上，蒲松龄是怀着一颗经世致用的雄心，踌躇满志地踏上漫漫应试路的，他根本不相信自己会潦倒于荒山僻隘之乡，老死于荒村僻野之中。第一次乡试失利后的数十年间，蒲松龄曾经先后参加过十几届科考，居然在科举考试的道路上屡试屡败，一试不中；再试，再试不中；三试……每次都是乘兴而来，铩羽而归。其间或因身体闹病未获终试，或因犯规而被黜，或因答卷误隔了一页而被废，无论他做出怎样的努力，却总是时乖运蹇，再也没能在科举之路上前进一步！

寒窗苦读自然是无法解决生计问题的，上有老，下有小，啼饥号寒、嗷嗷待食，家境贫寒的蒲松龄不能不面对现实。三十一岁那年，他接受江苏宝应知县孙蕙的邀请，游幕淮扬，负责衙门里的公文写作和文案处理。这是蒲松龄平生唯一的一次远游，虽然时间不长，却让他眼界大开，不仅结识了一些互相砥砺的诗朋文友，耳濡目染之间，也使他对官场有了感性的认识。但毕竟是寄人篱下、代人歌哭的营生，蒲松龄既难以融入这种迎来送往、虚与委蛇的环境，也并不适应这个傀儡一般的角色，时隔不久，蒲松龄即感到意兴阑珊，终于找了个借口返回家乡。

在蒲松龄的一生中，南游做幕只是一个小小的插曲，他人生的大部分时间都是以坐馆为生的，尤其是在淄川西铺的毕家，蒲松龄一待就是三十余年。在这三十多年间，蒲松龄一边教授弟子，一边准备应试。通过科举入仕，实是蒲松龄一生出人头地、光宗耀祖的唯一希望，又怎么可能轻易放弃呢？不过，随着入世渐深，蒲松龄遍尝世态炎凉，他对于科举的认识也逐渐发生着微妙的变化。蒲松龄不是没有看到，以他的个性和喜好，其实很难在时文制艺方面有所作为，而且将大好年华虚耗在科举应试上，也实在有点得不偿失。然而，人生的悲剧即在于，虽然明明知道前途的虚妄，却还要徒劳无功地努力追逐，这种不可名状的矛盾与纠结，让蒲松龄的内心时时充满着焦虑和彷徨。

四

人生有很多发泄孤愤、纾解痛楚的方式，蒲松龄选择的是写作。很难说他是从哪一年开始创作《聊斋志异》的，但以描述花妖狐魅的故事寄托理想，发泄孤愤，对于蒲松龄来说，应该是起意很久了。蒲松龄从小就喜欢听人讲鬼狐神怪的故事，平时也很用心地把这些故事整理、记录下来，如果说淮扬之行让蒲松龄获得了不少素材，得到了很多启发，而在淄川西铺的毕家，蒲松龄则正式着手创作《聊斋志异》。

有着绝世的才华，却只能满怀委屈地生活在社会最底层，蒲松龄的人生注定是卑微的、无奈的、落寞的。现实如此不堪，他只能在内心重构一个世界，肉体过着一种生活，精神过着另外一种生活：没有人交流，他和古人对话；没有爱情，他与狐鬼恋爱；现实中的种种失意，他以写作驱除；生活中无法得到的，他靠精神弥补……可以想象，在三百多年前的无数个昏昏黑夜，长夜漫漫，星河耿耿；

在鲁北山村的一个简陋的房间内，一灯如豆，光影熹微，蒲松龄独对青灯，以手中的一杆笔，开始他的情感冒险和爱情漫游，开始他的冷嘲热讽和嬉笑怒骂。蒲松龄以内心自由驰骋的想象力，去对抗身外的那个荒凉冰冷的社会。

蒲松龄主要生活在清初的顺康时期，此时虽然去明未晚，但清朝统治者已经多次大兴"文字狱"，对思想文化界进行了一次又一次的整肃，整个社会处在一种风声鹤唳的状态之中，所谓"晚明的文化革新运动"早已烟消云散。蒲松龄不仅生错了时间，而且生错了地点。往后看，晚明文化已经无可挽回地衰落下去，他没有赶上那个轰轰烈烈的大时代；往前看，前途渺茫，身为底层小人物，他看不到任何上升的空间。在写作方面，彼时的蒲松龄显然不可能像前辈文人那样无所回避、肆无忌惮了，他不能直抒胸臆，宣泄苦闷之情，只好沉溺于神怪的世界中，来抒写性灵，挥洒个性，曲折、隐晦地表达自己的内心世界。

五

蒲松龄在《聊斋志异》中创造出的是一个丰富多彩、绚烂多姿的世界，在这个世界中，他时而伤时骂世，讽喻现实；时而借题发挥，抨击科举。对于明朝，蒲松龄虽然谈不上有什么故国之思，但他对清朝却并无好感，他在《聊斋志异》中即写下了多篇批判现实的文字，比如：《促织》写社会黑暗，人不如虫；《红玉》写地方豪强，横行乡里；《梦狼》写吏治腐败，贪官横行；《野狗》写于七之乱被镇压的惨象，一场血腥的大屠杀留给世间的巨大阴影和难以愈合的创伤……

蒲松龄一生淹蹇场屋，屡试不第，他对科举之害自然有着更加痛切的认识。在《王子安》结尾的"异史氏曰"中，蒲松龄详细描摹了秀才入闱时的七种麻木猥琐、呆痴迷狂的状态：刚刚进入考场时，光着脚，提着篮，像乞丐；点名时，官员呵斥，小吏责骂，像对待囚犯；一旦进入号房，每个洞口都伸出个脑袋，每个门下都露出双脚，好像秋后的冷蜂；等到考完出场，则精神萎靡，感到天旋地转，好似刚刚出笼的病鸟；及至盼望捷报时，一有风吹草动，都会心惊肉跳，一会儿做中举得意的梦想，则高楼顷刻间建起，一会儿做落第失意的噩梦，则瞬息间骸骨腐烂。这时节真个是坐卧不安，如同被捆绑起来的猴子。忽然间报信人骑马传入，报条中没有自己，此时神色突然变得像个死人，就像吞下中了毒的苍蝇，弄之也没有任何感觉了……

这些当然得自蒲松龄的亲身体验，而他对科举失利后的穷途末路的感叹，则集中表现在《叶生》结尾的"异史氏曰"中：多次落榜的人，无论人身，还是文章，都会被世人讥贬得一无是处。从古至今的痛哭之人，唯有泣玉的卞和像叶生。举世贤愚倒置，能识俊才的伯乐究竟在哪里呢？怀里藏着的名片，字迹已经慢慢消磨；举目四望，四海无处安身。人生在世，不如闭上双眼，放慢脚步，顺从命运的安排踽踽而行吧。所谓"嗟呼，遇合难期，遭逢不偶。行踪落落，对影长愁；傲骨嶙嶙，搔头自爱。叹面目之酸涩，来鬼物之揶揄"，毋宁说正是蒲松龄本人怀才不遇、落拓江湖的自况！

六

《聊斋志异》中最为成功的文字，当数蒲松龄对于爱情的描写，书中近五百篇作品，泰半表现的即是花妖狐魅与落拓文人之间的爱情故事，诸如《婴宁》《莲香》《阿绣》《青凤》……均是其中脍炙人口的篇什。蒲松龄是深情之人，怀有赤子之心，他生活在穷乡僻壤，缺少与异性沟通和交流的机会，只能以想象力滋润感情的世界，来满足自己心灵的需要。蒲松龄以一支生花妙笔，塑造出"容华绝代、笑容可掬"的婴宁，塑造出"倾国之姝"莲香和"风流佳丽"

李氏……她们或者性感大方，或者温柔多情，而且总是心甘情愿地投怀送抱，恣意逢迎地积极主动。对于蒲松龄来说，虽然现实贫瘠，让人绝望，但想象力足以提供一个自由无羁的世界，能够放飞他的心灵，引领他抵达任何他想抵达的地方。

平心而论，蒲松龄的男女观的确自有其追求个性解放的进步的一面，但他的思想意识毕竟不能脱离其身处的时代环境。而《聊斋志异》的审美价值和感人力量，也往往并不在于爱情故事本身，而在于它以特殊的形式反映了那个时代文人的精神面貌与生活观念。事实上，男权文化熏陶出的男人的性幻想，多是以一种意淫的方式加诸女性的，目的就是让她们背负起男人的抱负和理想。蒲松龄笔下的那些明眸皓齿、善解人意的女人们，大多以自荐枕席的方式来到男人身边，她们召之即来，挥之即去，自觉奉献，不求回报，不仅满足了男人形而下的冲动与欲望，对于男人们来说，在形而上的精神抚慰方面，所起到的也是一种自我抚摩与自我呵护的作用。

蒲松龄生活的时代虽然去明未晚，但对于"晚明的文化革新运动"，他本人既已远离文化中心，当然也没有受到太大的影响。像所有身份卑微的男人一样，蒲松龄虽然志向远大，但他同样热衷于追求两个鲜明的人生目标，金榜题名之外，无非是美女陪伴，或者两女共事一夫。前者满足的是光宗耀祖的家族责任，后者满足的是齐人之乐的个人生活。《聊斋志异》虽然不无批判现实的指向，但其内容也只是围绕这两个方面展开，尽管蒲松龄的爱情故事写得花团锦簇，但他的爱情观却并无新意，说穿了不过是传统男人的老生常谈。在这方面，他不仅与晚明文人颇有差距，在思想意识上，甚至还有后退之嫌。

七

《聊斋志异》其实是与蒲松龄的个人命运紧密联系在一起的，

《聊斋志异》的写作过程，应该也是蒲松龄倾诉个人思想、表达个人愿望的过程。尽管蒲松龄笔下的花妖狐魅、魑魅魍魉，与现实生活之间存在着某种真真假假的关系，但如果脱离了蒲松龄的平生经历，就很难真正读懂《聊斋志异》。所以，蒲松龄才会在《聊斋自志》中强调，他并不是妄写鬼怪神祇之事，他所做的一切都有所隐喻，有所寄托。他之所以在"子夜荧荧，灯昏欲蕊；萧斋瑟瑟，案冷疑冰"的环境里"集腋为裘，妄续《幽冥》之录；浮白载笔，仅成《孤愤》之书"，是不甘沉沦，是愤愤难平，是对个人境遇不公的不满、抱怨和抗争！

命运似乎开了一个莫大的玩笑，蒲松龄一生在科举之路上孜孜以求，却始终难遂心愿，但恰恰是不入正统法眼的《聊斋志异》，最终成就了他的名山事业。当时的文坛大佬王士禛读过《聊斋志异》，信笔题写了一首七绝："姑妄言之姑听之，豆棚瓜架雨如丝。料应厌作人间语，爱听秋坟鬼唱诗。"蒲松龄的和诗是："志异书成共笑之，布袍萧索鬓如丝。十年颇得黄州意，冷雨寒灯夜话时。"王士禛虽然号称"神韵派"大诗人，但对于《聊斋志异》，他是饱汉子不知饿汉子饥，显然不得要领。蒲松龄的和诗则写得隐忍、节制，心平气和，没有一点儿火气，似乎早已接受了寂寞的现实。是啊！二人的身份与境遇不啻天上地下，让一生顺遂的王士禛设身处地地想蒲松龄所想，思蒲松龄所思，的确是太勉为其难了。

八

蒲松龄晚年写过一篇《责白髭文》，借白髭化身为"素衣丈夫"，现身说法。先是蒲松龄揽镜自照，埋怨白髭：你本来应该长在宰相与公卿的颔下，他们功成名就，你是锦上添花，而"我方抱苦业，对寒灯，望北阙，志南冥"，你又为何非跟我过不去呢？没想到白髭也是一肚子怨气：你一生蹉跎，老大无闻，人家早已成名，你还是一介寒士，不好好反省自己，反而来责备我，不觉得汗颜吗？白髭得理不让人，进一步说道：我如果生在达官贵人颔下，则"黑固炫美，白亦壮观，人美如玉，我贵如兰"，然而长在你的颔下，却是"朝沾糜粥，暮挫煤烟，呻吟午夜，即断犹拈"，简直没有一天好日子过！蒲松龄理屈词穷，心一横说道："咄！汝髭！我所以畏汝者，尚有非望之心耳。今将投毛锥，焚竹筒，匣碎琉璃，床敲翡翠。即无上官之逢迎，又无少妇之可媚。我亦何求于汝哉！"白髭终于愠怒而别。

晚年的蒲松龄似乎变得越来越幽默了，虽然这种幽默包藏着某种心酸。《责白髭文》是一种幽默，"冷雨寒灯夜话时"也是一种幽默，蒲松龄的标准照所显示的则是另一种幽默。朱湘麟画笔下的蒲松龄看似无欲无求了，但蒲松龄为这张标准照所写的"题志"，还是隐约透露出他内心的玄机："尔貌则寝，尔躯则修。行年七十有四，此两万五千余日，所成何事，而忽已白头？奕世对尔孙子，亦孔之羞。"时光虚度，人生荒芜，空有堂堂的形貌和修长的身躯又有什么用呢？看得出来，蒲松龄其实一直对他一生的"一事无成"耿耿于怀。

在这张标准照的"补记"中，蒲松龄又一次写道："癸巳九月，笃嘱江南朱湘麟为余肖像。作世俗装，实非本意，恐为百世后所怪笑也。"虽然蒲松龄声言穿这身官服并非他的本意，但他深知身份的重要，他一辈子吃亏就吃在没有身份上，所以他看重这个得之不易的贡生身份，他既无法舍弃这身官服，又怕遭后人讪笑，这种纠结、矛盾的心理，伴随了他的一生。这张身穿官服的画像是蒲松龄留在世间唯一的肖像，不妨说也是一张最符合蒲松龄的人生设计，却又与他现实的人生南辕北辙的肖像。

自是一身多缺陷

——《金瓶梅》评点家张竹坡的生命历程

一

　　每一个朝代的更迭都会有一批奇人异士走上历史的前台，明末清初也并不例外。不过，针对于张竹坡出生的年代而言，轰轰烈烈的大时代已然渐行渐远了，因朝代鼎革而带来的风云激荡也早已尘埃落定。康熙皇帝的个人统治虽然刚刚步入轨道，但清廷对于思想文化的整肃却已初露端倪，一个人生活于这个社会的主旋律业已不再是剑走偏锋、公然以另类自居，而是迅速转变为安分守己、坐享太平，晚明士人的自由放任与行为狷介也显然不再适合这个"大一统"的帝国时代——张竹坡正是在这个不合时宜的年代，开始了自己不合时宜的人生旅途。

　　按说起来，张竹坡曾以评点"天下第一奇书"《金瓶梅》而名动一时，他本人则更是在中国文学批评史与中国小说理论史上留下了属于自己的一席地位。但是，张竹坡究竟何许人也，他的家世、生平、交游，以及创作的情况究竟如何，后世却鲜为人知。张竹坡身世扑朔迷离的原因，一方面固然是他的身世卑微，另一方面，他评点稗史说部本来即是正统儒生所不屑为的事情，而他评点作为

"淫词小说"之首的《金瓶梅》，则更是为其家族和后人所不齿、所难容。以致张氏族人对他讳莫如深，一般地方史志上也很难觅到他的名姓，张竹坡的生平湮没不彰，自然就是意料之中的事情了。

这种状况直到 20 世纪 80 年代才有所改观，先是王汝梅、刘辉、叶朗、陈昌恒、蔡国梁、黄霖等一些学者对张竹坡的身世进行了深入的追踪，对张竹坡批评《金瓶梅》的内涵进行了详细的讨论，进而著名的张竹坡研究专家吴敢先生访得《张氏族谱》，并在此基础上写出了《张竹坡与金瓶梅》和《金瓶梅评点家张竹坡年谱》二书。至此，蒙在张竹坡身世上的迷雾在很大程度上得到了澄清，张竹坡作为中国古代著名文学批评家的身份也终于得到了确认，而此时距离张竹坡的离世已经整整过去二百八十多个年头了。

二

张竹坡（1670—1698），名道深，字自德，号竹坡。祖籍浙江绍兴，明代中叶迁居江苏徐州。张竹坡的祖父张垣系崇祯年间的武举人，他平生坦率旷达、轻财仗义，曾参谋南明江北四镇之一的高杰的军事，后与高杰一起为叛将诱杀，壮烈殉国。张竹坡的大伯父张胆，与张垣同年中崇祯年间武举，明亡后降清，官至督标中军副将，加都督同知，后解甲归田，蛰居故里三十七年，热心于故乡的公益事业，是为徐州著名乡贤。张竹坡的二伯父张铎，自幼能诗善书，颇具胆识，尝于幼年奉母两太夫人跋涉数百里之遥，为壮烈殉国的父亲扶柩归葬，被誉为张氏白眉。

张竹坡的父亲张志羽终身未仕，他为人通达洒脱，淡泊名利，一生怀有强烈的故国之思与黍离之情，而且这种感情在其擅长的诗文中亦多有流露。张志羽在处理家庭关系方面表现得相当开明，他不仅自己广结宾客、诗酒逍遥，同时对儿子的志趣亦不加约束，任其发展。这种自由放任的家庭氛围，再加上张氏一族深厚的家学渊

70

源，使得张竹坡自小就深受熏陶，具备很高的文学鉴赏能力，尤其对《水浒传》《金瓶梅》之类的稗史小说有着浓厚的兴趣。

不过，张氏一门虽为明朝故臣，但到了张竹坡这一代，民族之间的仇恨已经逐渐淡化，张志羽固然尚有遗民之志，且不屑仕进，但他也明知大势已去，故国早已成为明日黄花，张志羽本人建功立业的人生志向无法实现，却并不希望自己的儿子步其后尘。是按照个人的意愿自由生活，还是"学成文武艺，货与帝王家"，可以说，这种难解的矛盾在张竹坡的幼年已然注定了。

三

张竹坡的童年时代是在一种衣食无虞的状态中度过的。据说，张竹坡出生那天，其母尝梦见"绣虎跃于寝室，掀髯起立，化为伟丈夫"。这种附会之说原是古代神童降生时所常有的故事，本来不足为凭，但是，不仅张竹坡的胞弟张道渊在其《仲兄竹坡传》中大事渲染，张竹坡本人也同样引以为傲，甚至在他个人的诗文中屡屡提及，以虎寓志、闻虎兴感，一方面骄傲于个人身世的不凡，另一方面则借以预示自己志向的远大。

从《仲兄竹坡传》中即可明显看出少年张竹坡的个性张扬与绝顶聪明，在张道渊崇拜的目光下，年长自己两岁的胞兄不仅"甫能言笑，即解调声。六岁，辄赋小诗"。他甚至还具备一目十行、过目成诵的特异功能。当然，像所有那些少年聪慧的富家公子一样，此时的张竹坡心高气傲，率性而为，早早即暴露出自己喜爱交游、不甘寂寞的才子本色，他偏爱说部，讨厌时文，也正是在此时发轫。所谓"少年结客不知悔，黄金散去如流水"云云，正是少年张竹坡个人生活的真实写照。

但是，让张竹坡始料未及的是，他无忧无虑、逍遥自在的富家公子生活并没有持续多久，就在一种浑然不觉的状态下戛然而止了。

张竹坡所遭受的第一次人生重创发生在他十五岁那年，他遵循父亲的意愿第一次参加了在南京举办的乡试。对于张竹坡而言，参加这次乡试虽然带有一点游戏的性质，但在他自视甚高的内心，获取功名即便不像探囊取物那般容易，却也并非多么困难的事情。遗憾的是，张竹坡的这次乡试终于还是铩羽而归，然而更让张竹坡难以接受的是，就在他结束乡试、返回家乡后不久，对他关爱有加，且对他的前途抱有殷切期望的父亲突然谢世了。

四

如果说第一次乡试的落第让张竹坡初次尝到了人生挫折的滋味，那么，父亲的骤然去世，则让张竹坡第一次感受到了现实的冷酷与无奈。在张竹坡父辈的兄弟三人当中，张胆与张铎均曾出仕，只有张竹坡的父亲张志羽一生以布衣终老，比较而言，张志羽一门的经济条件也与两位兄长相差了不少。当然，张氏三兄弟家庭经济上的差距在张志羽在世时并不明显，张竹坡的少年时代也基本上能够满足自己所有物质与精神方面的需求，但是，在康熙二十三年张志羽谢世之后，张志羽一门的经济条件便开始每况愈下，张竹坡养尊处优的富家公子生活也很快就被一种现实的紧迫与重压所取代了。

中国民间本来即是一个"人面逐高低"的人情社会，实用主义大行其道，对于家道中落的家庭常常抱以冷眼，由富转贫更见世态炎凉，而像张竹坡这样恃才傲物的富家公子，对于人情冷暖的感受也尤其显得敏感而深刻。在这种状态下，张竹坡想继续过自己从心所欲的生活显然不太可能了，而他想要摆脱这种尴尬的生活状态，唯一的出路也仍然只有考取功名一途。对于中国古代士人来说，不管你是否具备独立的生活价值观念，也不管你是否心甘情愿，举业二字，都是人人必须去做的，因为舍此而外，并无出路可言，举业之于他们，一方面固然是精神归依，另一方面则是利禄所系。精神归依有时候倒未必需要看得太重，但吃饭穿衣却诚不可废。

以张竹坡的聪明，他自然有着自己的个人志趣与人生追求，他不但对自己一直喜欢的说部偏爱有加，很早就想评点他一生至爱的"天下第一奇书"《金瓶梅》，甚至还经常以金圣叹的传人自居。但尽管张竹坡的确不想跳入科举的樊笼，去纠缠于时文的束缚，然而现实与理想之间的差异如此之大，他又岂能置身事外？念兹在兹，张竹坡只有选择通过科举进入仕途的道路，这样的选择对于他来说虽然痛苦，但也实惠，因为他一旦应试成功，不仅能够光耀门楣，而且也能从根本上改变自己遭人冷眼的屈辱生活，个中利弊，又岂能以张竹坡个人的意志为转移呢？

五

康熙二十六年（1687），张竹坡又一次参加科举考试，也同样以失败而告终。不久，张竹坡迎娶了刘氏，正式迈入了成人的行列，而压在他身上的担子也显得更加沉重了。这种责任的压迫与失意的情绪，从张竹坡其后所写的《乌衣记》一文中即可以看得分明："矧予以须眉男子，当失怙之后，乃不能一奋鹏飞，奉扬先烈，槁颜色，困行役，尚何面目舒两臂，系五色续命丝哉。嗟乎，吾欲上穷于碧落，则玉京迢递，阊阖迥矣；吾欲下极于黄泉，则八荒杳茫，鬼磷燃矣。陟彼高冈，埋苍烟矣。溯彼流水，泣双鱼矣。思之思之。"张竹坡十九岁即写出这样的文字，固然不乏那个年龄所特有的夸张与虚饰，但他敏感的个性与慨叹世事的种种感受，却也因此文而得到了淋漓尽致的宣泄。

从康熙二十九年（1690）到康熙三十二年（1693），短短几年之间，张竹坡一直疲于应试，却又先后经历了两次考场失意。当此时，张竹坡上有老母需要奉养，下有小儿需要抚育，家庭生活已是捉襟见肘，而张竹坡考取功名的心情也显得格外急切。这样就形成了一个难以摆脱的怪圈，越想扬眉吐气，越是负才落拓；越想志在必得，越是屡困场屋。

就在张竹坡第四次落第的那年初秋，他忙中偷闲去了一趟北京，一方面是想借这个机会出去散散心，另一方面也是为了结交文友，扩大自己的影响。对于这次出游的缘起，张竹坡的胞弟张道渊在其《仲兄竹坡传》中有着详细的描述："一日家居，与客夜坐。客有话及都门诗社之盛者。兄喜曰：吾即一往观之，客能从否？客方以兄言为戏，未即应。次晨，客晓梦未醒，而兄已束装就道矣。"

六

张竹坡生活的时代承晚明文化之余绪，文人雅士大都喜欢游山玩水，结交同类。但到了张竹坡生活的年代，这种带有鲜明时代色彩的文人雅聚已经盛极而衰，临近尾声。尽管如此，张竹坡风尘仆仆所要赶赴的"长安诗社"，每次聚会的人数均不下百人，这在当时的北京城内仍然算是颇具规模的。张竹坡抵达北京不久，即在一次诗社的活动中大出风头，他不仅在极短的时间内"长章短句，赋成百有余首"，在诗人荟萃的京城拔得头筹，同时他还落得了一个"竹坡才子"的美称，这使得张竹坡一时间享誉京城，成为当时文坛的一颗冉冉升起的新星。

在以后的岁月里，张竹坡常常在自己的诗文中回顾那段昙花一现的时光，自豪于自己"廿岁文章遍都下"的声誉。身在北京的张竹坡想必真的找到了那种"天将降大任于斯人"的感觉，甚至看到了美好的前程正在向自己频频招手，他的建功立业的愿望，似乎也指日可待。但是，张竹坡在北京盘桓了半年左右的时间，却终于发现，所谓的"竹坡才子"，对于他不过是一个毫无现实意义的虚名，并不会给他的人生带来任何实质性的裨益。他依然还是那般的怀才不遇，也依然还是那般的穷困潦倒，如果说"竹坡才子"的名声为他的人生带来了怎样的影响，那也只是让他对自己的际遇更加愤愤不平而已。

北京虽好，却终非久留之地，眼看就要临近岁末了，张竹坡只好在一种怅然若失的心绪中返回了故里。不过，这次北游虽然的确没有给张竹坡的生活带来任何实惠，却让张竹坡的眼界更加阔大了，而且他的胸怀也比过去旷达了不少。张竹坡在一首名为《乙亥元夜戏作》的小诗中这样写道："去年前年客长安，春灯影里谁为主。归来虽复旧时贫，儿女在抱忘愁苦。吁嗟兮，男儿富贵当有时，且以平安娱老母。"陶醉在天伦之乐中的张竹坡似乎已经认识到命运的强大，他开始以现实的眼光看待问题，并尝试着去踏踏实实地做些事情了。

七

在张竹坡生活的时代，臭名昭著的"文字狱"虽然尚未拉开帷幕，但文网之严却也渐成规模。在这样的形势下，著书立说自然要冒很大风险，而评点前人的著述就相对安全一些。对于那个时代的文人而言，批书虽然没有著书来得直接、来得痛快，却未免不是一条借他人酒杯，浇自己块垒的渠道。张竹坡曾经不止一次流露出评点《金瓶梅》的愿望，因为家世的变故与他本人的"屡困场屋"，他已经饱尝世态炎凉，对自己身处的社会环境也有了更加深刻的了解。

据张竹坡本人坦露，他本来是"恨不自撰一部世情书，以排遣闷怀"的，但眼前既然有了《金瓶梅》这样一部现成的寓言说部，他又何必舍近而求远呢？他又何不像金圣叹那样"且将他人炎凉之书，其所以前后经营者，细细算出"呢？这样虽然他自己并没有著书立说，但"一者可消我闷怀，二者算出古人之书，亦可算我今又经营一书"，也同样能够达到"我虽未有所作，而我所以持往作书之法，不尽备于是乎”的效果。

当然，张竹坡评点《金瓶梅》的原因，一方面固然是“炎凉所激”，另一方面也未尝不是“穷愁所迫”。17 世纪的中国刻书业已经相当发达，特别是南京、苏州、杭州等地，更是占据着当时中国刻书业的中心位置。从事畅销书写作与出版的商业运作，不仅能够满足日益扩大的市民阶层的阅读需要，同时也可以最大可能地满足著书者与出版人的经济需求。

这首先就为张竹坡解决了“注书无难，天使人安居无累，有可以注书之时与地为难耳”的经济难题。面对自己“老大作客反依人，手无黄金辞不美”，甚至想要“蓝田缓种玉，且去种黄金”的困境，无可否认，张竹坡的批书既是为了借以立言，同时也是为了以之贴补家用。张竹坡自谓“小子穷愁著书，亦书生尝事。又非借此沽名，本因家无寸土，欲觅蝇头以养生耳”。即已明确说明了自己批书的经济原因。

八

据《仲兄竹坡传》所载，张竹坡的身体虽然不好，但“精神独异乎众，能数十昼夜目不交睫，不以为疲”。所以，他评点《金瓶梅》的用时极短，可谓“键户旬有余日而批成”，基本上属于一气呵成。这一方面固然可以归结为张竹坡的成竹在胸，另一方面也是因为他的一腔炎凉痛恨积于笔端，已经到了不能不发的程度。

张竹坡评点《金瓶梅》，开宗明义即将《金瓶梅》的位置放到与《左》《国》《庄》《骚》等传统经典同等的高度，他非但旗帜鲜明地批驳了《金瓶梅》是淫书一说，更是公然宣称它“纯是一部史公文字”。张竹坡认为，《金瓶梅》的写作初衷乃是“仁人志士孝子悌弟，不得于时，上不能问诸天，下不能告诸人，悲愤呜唈，而作秽言以泄其愤也”。《金瓶梅》的作者之所以要写作这部所谓的“世情书"，首先是因为他"必于世亦有大不得意之事，如史公之下蚕室，孙子之刖双足，乃一腔愤懑而作此书"。是在一种"吐之不能，吞之不可，搔抓不得，悲号无益"的状态下的泄愤之作，其目的是"以为后世知心，当悲我之辱身屈志，而负才沦落于污泥也"。

张竹坡显然是将自己当作了《金瓶梅》作者的"后世知心"，因为他们同样辱身屈志，于世有大不得意之事，也同样陷入"负才沦落于污泥"的境地而无法自拔。由此可见，张竹坡评点《金瓶梅》并不是为批书而批书，而是一种再创作，张竹坡只是将《金瓶梅》当作了一个借题发挥的张本，其评点的文字本身即具备独立的价值。

总而言之，张竹坡之所以选择《金瓶梅》作为自己评点的对象，首先是因为《金瓶梅》一书对于患难穷愁、人情世故的描摹最深，属"通身力量，通身解脱，通身智慧，呕心沥血"所写出的异样妙文。但遗憾的是，"圣叹既殁，世鲜知者"，而张竹坡之所以要"拈而出之"，就是为了"使天下人共赏文字之美"。

九

除了审美的理由之外，《金瓶梅》一书也明显披着畅销书的外衣，这就使得张竹坡的评点具备了潜在的商业价值。应该说张竹坡的判断果然非常准确，《金瓶梅》评点成书之后，张竹坡将自刊本载之南京销售，迅即在古都南京掀起了一片抢购热潮，甚至还出现了"远近购求"的盛况。张竹坡的评点非但使得《金瓶梅》一书的流传更加广泛，张竹坡本人的"才子"之名亦得以传遍天下，以至来自各地的文人名士纷至沓来，以结识这位以金圣叹传人自居的"竹坡才子"而为荣。

在南京期间，张竹坡还参加了他一生中最后一次乡试，虽然这次乡试仍然以失意而告终，但张竹坡在南京的那一段日子还是过得非常痛快的，那种洒脱的生活状态用"坐中客常满，杯中酒不空"来形容应该绝不为过。不过，虽然《金瓶梅》评点自刊本的畅销的确为张竹坡带来了相当可观的经济收入，但是，手上一旦有钱的张竹坡却也迅即恢复了自己性情中人的常态，他又开始过起自己不计后果、率性而为的富家公子生活，以致颇为丰裕的收入，也只是能够勉强支撑他的日常开销而已。

为了让《金瓶梅》评点本的销售更加广泛，张竹坡先后游历了扬州、苏州等地，结识了一大批当地的文人雅士，与他们彼此唱和，过从甚密，大有一遂平生之志的感觉。在扬州，他更是有幸结识了寓居扬州的文坛耆宿张潮，虽然二人的年龄与身份相差很多，却彼此之间引为同道，以素昧平生而结为惺惺相惜的忘年知己。这一老一少志趣相投，互赠著述自不必说，张潮且亲自为张竹坡的新书作序，张竹坡则参与了张潮的清言小品《幽梦影》的评点，他不仅在写给张潮的书信中盛赞《幽梦影》"以精金美玉之谈，发天根理窟之妙""得此，数夕酒杯间颇饶山珍海味，何快如之"。他对于《幽梦影》的批语更是达到了八十三条之多。

十

同样是一种自说自话，如果说张竹坡评点《金瓶梅》是出于一腔炎凉痛恨积于笔端而不得不发，那么，他评点《幽梦影》则充分展示了自己本色的人生志向与生活情趣。比如，张潮在《幽梦影》中说："赏花宜对佳人，醉月宜对韵人，映雪宜对高人。"张竹坡批曰："聚花月雪于一时，合佳韵高为一人，吾将不赏而心醉矣。"张潮在《幽梦影》中说："一岁诸节，以上元为第一，中秋次之，五月九日又次之。"张竹坡批曰："一岁当以我畅意日为佳节。"张潮在《幽梦影》中说："古之不传于今者，啸也，剑术也，弹棋也，打球也。"张竹坡批曰："今之绝胜于古者，能吏也，滑棍也，无耻也。"张潮在《幽梦影》中说:"文人每好鄙薄富人,然于诗文之佳者,又往往以金玉珠玑锦绣誉之,则又何也?"张竹坡批曰:"不文虽穷可鄙,能文虽富可敬。"这些批语不仅巧妙地拈出张潮清言中所蕴含的思想精髓,更将张竹坡本人不假掩饰的本色个性展露无遗。

从康熙三十五年(1696)到康熙三十七年(1698),张竹坡一直辗转在南京、扬州和苏州之间,推销他的评点本《金瓶梅》。对于张竹坡来说,这种四处奔波的日子虽然紧张忙碌,但他对自己的个人生活还算是比较满意的。然而,也正是在这个时候,张竹坡突然做出了一个让所有人都大吃一惊的举动,他决定放弃已然到手的经济收益,且将剩余的书籍全部托付给他人处理,他自己则单身一人北上效力于永定河工次,以另图进取。

十一

在清代初年,治理永定河的水患乃是清政府所面临的最为棘手的大事之一。朝廷每年都要在河工方面投入大量的人力和物力,因治理河务而出人头地者可谓不计其数,即便是张氏族人以出力河工而发迹者也不乏其人。所以,张竹坡之所以北上效力于永定河工次,在很大程度上也只不过是仿效自己的族人,实是在科举一途难以走通境况下的另辟蹊径而已。当然,张竹坡以一介文人转而效力于永定河工次,显然还另有一些更为微妙的深层原因。这一方面固然可以归结为张竹坡有着急于建功立业的心情;另一方面恐怕与他评点《金瓶梅》所造成的社会影响不无一定的关系。

从大的社会环境来看,张竹坡评点《金瓶梅》的年代,朝廷早已三令五申,严行禁止各种"淫词小说"的刊刻与传播,整个社会已然是一片风声鹤唳,张竹坡又岂能无动于衷?从张氏家族的反应来看,他们更不会容忍张竹坡这种有损家声,且极有可能会危及整个家族的行为。张竹坡自从将《金瓶梅》评点本载之金陵销售,一直到他骤然谢世为止，其间有将近三年的时间没有返回家乡，仅仅是一个忙于《金瓶梅》评点本销售的借口，还是很难解释得通的。

可以想象的是，张竹坡评点《金瓶梅》伊始即已经承担了极其沉重的精神压力，而《金瓶梅》评点本的畅销，非但没有减轻他的精神压力，反而使得他与整个张氏家族之间的关系雪上加霜，更趋紧张。张竹坡在评点《幽梦影》"凡事不宜刻，若读书则不可不刻"这一则时说："我为刻书累，请并去一不字。"此即已隐约透露出个中信息。

十二

在张竹坡客居苏州期间，他曾经写过一组名为《十一草·客虎阜遣兴》的小诗，其中有一首这样写道："故园北望白云遥，游子依依泪欲飘。自是一身多缺陷，敢评风土惹人嘲。"张竹坡既在这首诗中抒发了一种有家难归的情怀，同时也对自己"一身多缺陷"的境况充满了自怜与自嘲。所以，显而易见，张竹坡之所以匆匆做出去河工效力的决定，既是为了迎合主流社会的需要，以力图做些"正事"来改变一下自己叛逆的社会形象，同时却也未必不是为了尽快衣锦还乡，以转圜自己与张氏家族之间的紧张关系。

不过，张氏族人对待张竹坡的态度却是非常耐人寻味的，不管是在张竹坡生前，还是身后，他们不仅一直对张竹坡的著述与事迹采取讳莫如深的态度，甚至还多次对其族谱与传记进行了增删变易。例如，道光二十三年，张氏族人重修家谱，即在完全删除《仲兄竹坡传》一文的同时，对张竹坡作出了这样的评价："恃才傲物，曾批《金瓶梅》小说，隐寓讥刺，直犯家讳，非第误用其才也，早逝而后嗣不昌，岂无故欤？"此话的口气很容易让人想起清人编出故事诅咒曹雪芹断子绝孙，且死后遭到冥报的事例。比起曹雪芹来，张竹坡的命运似乎还要好些，但他的生平湮没不彰，自然也就不足为奇了！

康熙三十七年（1698）的一个秋日，正在永定河工次效力，且满怀期望以一种崭新面貌示人的张竹坡突患重病，骤然身亡，走完了他短暂而又落寞的一生，时年二十九岁，身后仅留下四子书一部、文稿一束、古砚一枚而已。

十三

关于张竹坡去世时的景况，张道渊在他的《仲兄竹坡传》中有着非常详细的描述："工竣，诣巨鹿会计帑金，寓客舍，一夕突病，呕血数升。同事者惊相视，急呼医来，已不出一语。药铛未沸，而兄淹然气绝矣。"我们由这段记录可以得知，首先，张竹坡所患的是一种急症，而此前他的身体也一直处于亚健康的状态，以至张竹坡的伯父很早以前就曾经告诫他："侄气色非正，恐不永年，当善自调摄。"但身在永定河工次的张竹坡却并不在意，照旧过着"昼则督理插畚，夜仍秉烛读书达旦"的生活，这恐怕正是诱发他急症发作的主要原因所在。其次，张竹坡的骤然谢世已在河工即将告竣之时，与家人的团圆业已近在眼前，他的这次努力即便说不上是衣锦还乡，当然也不可能完全改变世人对他的看法，但缓和与张氏家族之间的紧张关系却是可以预期的。而他恰在这个时刻骤然身亡，这样的结果未免令人扼腕叹息。

张竹坡谢世多年之后，张氏族人重修家谱，张道渊有感于胞兄著述的"随手散亡，不复存稿"，开始尽力搜求张竹坡的佚稿，并着手写作《仲兄竹坡传》。他在其中对自己的胞兄作出了这样的评价："兄一生负才拓落，五困棘围，而不能搏一第，赍志以殁，何其陋哉！然著书立说，已留身后之名，千百世后，凭吊之者，咸知竹坡其人。是兄虽死，而有不死者在也。"但令张道渊始料未及的是，自他为胞兄作传起的二百多年里，非但张竹坡的生平与著述遭到了人为的遮蔽，甚至连张竹坡的身世也一直少有人知，险些就遭到湮没不彰的命运。

　　事实上，张道渊永远也无法明白，以其胞兄恃才傲物，且锋芒毕露的个性，非但会被专制朝廷视为异端而打入另类，传统的世俗社会也同样容不得这种人物的存在。在一个不能容忍另类，且只适合官僚和商人生存的环境中，张竹坡的命运与其说是天意，不如说是人意。张竹坡的遭遇只不过是"千古才人"共同遭遇的缩影，而张竹坡的早逝也只是对他不幸人生的一种提前解脱而已。

第二辑　战　士

肯余翰墨污人间

——明末才子杨文骢的是是非非

  在孔尚任的名剧《桃花扇》中，有一个跑龙套的角色——虽然是跑龙套的角色，却并非可有可无，而是在剧中起着牵线搭桥、穿针引线的重要作用：为侯方域和李香君做媒的是他；代替阮大铖出面结交侯方域的是他；在关键时刻，帮助侯方域脱离险境，并且多次搭救李香君的是他；以丹青妙笔，点染"叶分芳草绿，花借美人红"的桃花扇的也是他……所谓："龙友处处多事，正反人物中幸有此人能两面交通，随处往来，情节因他而连缀，消息由他而张扬，从全剧针线看，此人实不可少。"这个能两面交通，随处往来的"龙友"，就是名列"崇祯八大家"之一的明末才子杨文骢。

  杨文骢在《桃花扇》中乃是一个介于正邪之间的人物，他以罢职县令的身份寓居南京；他既是大反派马士英的姻亲和阮大铖的"笔砚至交"，同时又与复社中人陈贞慧、吴应箕、侯方域等相互唱和，结为知己好友；他为人圆滑，左右逢源，既是八面玲珑的清客，又是老于世故的帮闲；他是风流才子，丹青妙手，既与旧院名姬交好，又与民间艺人保持着密切的联系……杨文骢其人因为《桃花扇》的广泛流传而饱受非议，其帮闲浮浪的形象深入人心，已然成为历史定论。

  然而，尽管孔尚任一再声言，《桃花扇》中的人物乃是"实事实人，有凭有据"，但是，这样一个杨文骢毕竟与真实的杨文骢相距甚远，尤其是孔尚任为杨文骢安排的弃官逃亡的结局，更是与杨文骢最终杀身成仁、舍生取义的史实大相径庭。杨文骢究竟是一个怎样的人呢？孔尚任在《桃花扇》中塑造的杨文骢的形象显然是不足为信的，要还原这个复杂的历史人物，还应当从真实的史料中梳理出他的人生轨迹。

杨文骢（1596—1646），字龙友，号山子，贵州贵阳人，与马士英是同乡。杨文骢出身于官宦之家，其父杨师孔是万历二十九年（1601）进士，曾任南直隶淮安府山阳县令、户部主事、国子监学正、工部都水司主事、浙江布政使司右参政等职，为官廉洁自守，颇有清誉。杨文骢少年时即富才名，他先后拜莫天麒、王思任、邹嘉生等人为师，获益良多，《黔诗纪略·杨侍郎文骢》所载："文章剑术，兼擅其能，尤耽书画。好短衣矢袀，驰恶马，逐健儿，射生，坐草间烧啖为乐。意有所会，即伸纸泼墨，如风驰雨骤，不能自休。"喜文尚武，挥洒不羁，当是少年杨文骢的真实写照。

万历四十六年（1618），杨文骢考中举人，迈出了科举入仕之路的第一步，然而，次年入京会试，却榜上无名，其后又几次参加会试，也总是名落孙山，让他倍感失落。天启元年（1621），贵州发生少数民族叛乱，前后断断续续持续九年，波及川、黔、云、桂四省。其间杨文骢跟随父亲参加了贵阳守卫战，并曾亲率一支队伍追击叛军，大获全胜。其后不久，杨文骢即随父母举家迁往南京，就此开始了他的南都岁月。

晚明的南京，既称得上帝国第一繁华大都会，更是帝国的经济和文化中心。尤其到了崇祯年间，这里成为年轻的复社士子们群聚集会、猎艳狎游的大本营，可谓绚丽已极，近于颓败；繁华将尽，近于糜烂。整座城市笼罩在一片既激情澎湃却又醉生梦死的氛围之中。杨文骢躬逢其盛，他跻身于复社成员之列，以喜交游、善风雅而闻名一时。陈子龙说他："少从其先大夫宦游中土，得以广其见闻，交天下豪杰以数十辈，其余庸人不可胜数。是以士之负才华而尚声誉者，莫不翕然归之。"史玄说他："挥金玉如粪土，气豪才壮。"杨文骢本人则自陈："结友朋为性命，说道德之文章。放浪山水，游戏名场。"颇为形象地概括了他在南京优游的岁月。

那的确是一段放浪不羁、恣意挥洒的日子。从崇祯二年（1629）起，杨文骢先后游历了江浙一带的古迹名胜、名山大川，在杭州西湖，他与夏允彝等几社诸友同游，写下"湖光山色，曲曲撩人，月影松阴，冲帷相狎，恰如读旧书，见故人，今日之游是也"。天台山与雁荡山之游，他参禅礼佛，与高僧大德清谈，记下"自括苍发足，猢狲脱布袋，望山林如饥渴。府城之侧，有南明、有白云、有好溪，余欲一游，俱以家严之官禁不敢。然志在缙云之鼎湖，如小儿见果，取其大者耳。下岭至却金馆，颇似故乡驿路，凄念久之。至县，已薄暮，残月在马首，水声葬人语，唯如游鱼向荇藻中行也"。行文闲适随意，感情淡泊悠然，字里行间，既颇得晚明小品之神韵，亦透露出杨文骢这一时期的心理状态。

杨文骢既擅长诗文，亦以书画名世，同时更热衷于与同道交游，参加复社同人的各种活动。崇祯三年（1630），以乡试为契机，张溥等人召集复社成员，召开金陵大会，其间杨文骢以东道主的身份安排社友的食宿起居、游览访问，并与他们相互砥砺、彼此唱和，一时间获得了极高的声誉。崇祯四年（1631），借一位知己好友自北京南归之机，杨文骢又联络复社同人及四方名士，共聚南都，指点江山，议论时政，彼此盘桓多日，才依依作别。

杨文骢自然也是秦淮旧院的常客，余怀在《板桥杂记》中说他与名妓马娇交好，后又得名士郭圣仆之姜朱玉耶，并得其所蓄书画、瓶研、几杖、诸玩好、古器，"复拥婉容（马娇），终日摩挲笑语为乐"。孔尚任在《桃花扇》中描述杨文骢"住六朝佳丽之场""闲陪簇簇莺花队"，殆不虚也。

另外，杨文骢还颇有识人之明，名列弘光朝"四镇"之一的黄得功就是因为遇到了杨文骢，才得以脱颖而出，成就了一番事业。据说杨文骢年轻时曾雇驴北上，中途突然遇到响马，危急时刻，赶驴人挺身而出，一手牵驴，一手提行囊，以一当十，打跑了响马。杨文骢感叹赶驴人天生神勇，即将其推荐给朝廷枢要。这个赶驴人，正是后来屡立战功，且独当一面的著名武将黄得功。《明史》评价杨文骢"为人豪侠自喜，颇推奖名士，士亦以此附之"，当是公允之论。

不过，尽管杨文骢在南京生活得潇洒快意，但他毕竟是一位少负经世之略、素怀用世之志的士人。科举不利，仕途蹭蹬，一直是他难以解开的心结，而怀才不遇的失意感，王朝危殆的家国忧，也时时让他心存忧患，难以排遣。崇祯七年（1634），已有迟暮之感的杨文骢终于以举人的身份谒选为松江府华亭县教谕。虽然只是一个小小的学官，但他"至则与其弟子明经史，习诗书，纵览古今之故，高谈帝王之略"，讲习之余，则"轻骑出郊，率诸生击剑校射，务为有用实学，以抒世难"，表现出高度的责任心和强烈的使命感。

崇祯十二年（1639），杨文骢被破格提升为浙江处州府青田县令，在青田期间，他治理水灾，敬教劝学，维持地方治安，保障百姓安全，颇得百姓爱戴。一年之后，杨文骢调任温州府永嘉知县。在永嘉期间，他监军海上，"荡平群寇"，获得了迎击海盗的重大胜利，随即奉调江宁，成为位置更加显要的江宁县令。

关于杨文骢被罢职的原因，据《明史·杨文骢传》记载："御史詹兆恒劾其贪污，夺官候讯。"也就是说，杨文骢是因为贪污被罢免了江宁知县，至于贪污的细节，今日已不可考。但时当明末，官员的贪污本来即是一个十分普遍的现象，甚至到了无官不贪的地步。可以想象，以杨文骢"侈结纳，耽声伎，一岁费常巨万"，而且为人豪爽、不矜细行的行事风格，是很容易在这方面被人抓住把柄的。而弹劾他的御史詹兆恒则素有为人耿直、铁面无私之誉，可见杨文骢的贪污已被坐实，只是情节并不严重，虽遭罢职，却没有进一步处理而已。

　　不管怎么说，崇祯末年的杨文骢已经成为一名悠闲的寓公，孔尚任所谓"狎客满堂消我闷，嫁衣终日为人忙"，既是写实，也是《桃花扇》的故事发生的时代背景。等杨文骢东山再起时，已是他的姻亲马士英当权的弘光王朝了。同样因为姻亲的关系，杨文骢的起伏升迁自然与马士英的举荐有关，他先是被起用为正六品兵部主事，后再迁正五品员外郎，赴京口监军，弘光元年（1645）升任右佥都御史，巡抚镇、常、苏、松四镇，兼辖扬州沿海地方，成为号令一方的军政大吏。

　　马士英因拥立弘光帝得以秉政朝廷，马士英的盟友阮大铖亦因此重新上位，马、阮联手，大兴党狱，开始对东林党人和复社中人展开疯狂的报复。关于杨文骢彼时的处境，《明史·杨文骢传》中的记载是"其父子以士英故，多为人诋"，可知因为马士英这个亲戚，杨文骢父子均受到时人的非议。关于杨文骢与马士英之间的关系，专为南明人物立传的未刊史籍《重麟玉册》中的记载是，杨文骢"颇不满士英所为，时有规拂"，可知杨文骢其实看不惯马士英的所作所为，并对马士英多有规劝。

　　事实上，值此马、阮与东林党、复社两个阵营之间针锋相对、阵线分明之际，杨文骢的处境是颇为尴尬的。从人事渊源的角度上看，他显然属于马、阮阵营，但从思想感情方面看，他又明显倾向于东林党人和复社中人。杨文骢的微妙身份，使他不得不周旋于两个鲜明对立的阵营之间，一方面对马士英和阮大铖虚与委蛇，另一方面对陷入危难的东林党人和复社中人施以援手，尽力营救。据清人莫友芝记载："大铖罗织善类必致死者，龙友必委曲调护，保全盖数十计。"可见杨文骢利用身份之便，的确保护了很多东林党人和复社中人免遭毒手。

　　1645年，明弘光元年，清顺治二年，清军大举南下，弘光朝廷危如累卵。杨文骢亲赴江防一线督军，不过，他虽然平素喜爱谈兵，且极富豪情，但对于江防事务却并不精通。据计六奇的《明季南略》记载，清军渡江前夕，龙潭驿探马来报："敌编木为筏，乘风而下。"又一报云："江中一炮，京口城去四垛。"清军编木为筏只是为了试探明军江防的虚实，杨文骢却不明就里，下令炮击，结果非但没有击中清兵，反而震倒了自家的城垛。而当清兵真正列阵渡江时，杨文骢却无力抵抗，在极短的时间内即已江防尽失。

弘光朝廷倾覆自然是时势所趋，固非杨文骢一人能够力挽狂澜。南京城破之日，弘光帝、马士英、阮大铖等一干人众逃之夭夭，赵之龙、王铎、钱谦益等人献城投降。马士英与阮大铖的庭院被愤怒的南京民众付之一炬，杨文骢的宅邸亦被殃及池鱼。而彼时的杨文骢已经退守苏州，他严词拒绝了清廷的招降，并派人袭杀赴苏州招降的清廷官员，随后辗转退入浙东等地，收募义勇，以图恢复。

顺治二年（1645）闰六月，唐王朱聿键在福州称帝，建元隆武。正值用人之际，杨文骢和儿子杨鼎卿率部入闽，杨文骢拜兵部右侍郎兼都察院右佥都御史，提督军务，杨鼎卿加左都督、太子太保。他们父子二人与孙临、周岐等人一道，奉命守卫在浙、闽交界的龙泉山一线，承担着拱卫福州的重任。但是，唐王朱聿键虽然称帝，朝廷大权却掌握在福建实力派人物郑芝龙手里，而郑芝龙之所以拥立隆武帝，并不是为了反清复明，他只是借助隆武帝的名声，扩张自己的势力，这就决定了隆武王朝必将覆没的结局。

顺治三年（1646），清军占领衢州，杨文骢父子率军退守闽、浙、赣三省的咽喉之地仙霞关。让他们始料未及的是，此时的郑芝龙已经暗自降清，且尽撤仙霞关守军，而清军亦已间道抢先占领了关口，杨氏父子既无法入关，又不能抵挡清军的凌厉攻势，只得率领部分残军败退至浦城，随即被清军的追骑包围，终于兵败被执。

关于杨文骢父子被执殉国的细节，各类史料的记载大抵相似，区别只在于有详有略而已。钱海岳先生的《南明史》是这样记载的："六月，清兵至，文骢、鼎卿与总兵蓝祚国移军保仙霞关。而清兵已间道先入，不能御，负创败退浦城。二十四日至建宁樟树村，与孙临同为追骑所得。说之降，不从，与麾下五百人俱死。妻妾方芷及四子四女妇仆从死者三十六人。"比较详细地记录了杨文骢父子败退被杀的经过。

孙临的好友钱澄之所作的《孙武公传》则作了这样的描述："丙戌七月，江东破，贝勒乘胜取闽，文骢闻风先入关，君（孙临）亦随之行。文骢姬妾多，舁肩舆者百数十人，日行十数里，至浦城界，兵追及之，君知不免，与妻方孺人诀曰：'吾同杨君举事，义不令杨君独死，汝自为计，觅路归报太夫人可耳。'骑至，问君为谁，君抗言曰：'我监军副使孙某耳！'遂缚去，与文骢同死。"由此可知，杨文骢乃是与妻妾子女同行，最终全家赴难。

另外还有一个重要旁证是《板桥杂记》，作者余怀在书中辟专章为名妓葛嫩立传，葛嫩与孙克咸定情，孙克咸即是与杨文骢同时被执的孙临。余怀叙及葛嫩被杀时的情节，这样写道："主将欲犯之，嫩大骂，嚼舌碎，含血喷其面。将手刃之。克咸见嫩抗节死，乃大笑曰：'孙三今日登仙矣！'亦被杀。中丞父子三人同日殉难。"余怀在后面的章节中，又对杨文骢殉难之后的情况作了这样的交代："龙友父子殉难闽峤，无遗种也。犹存老母，丐归金陵，依家仆以终天年。"

杨文骢身后，时人对他的评价大抵以正面为主，主要强调的是他大义凛然、舍身殉国的一面。比如，史玄称之为"天下经济救时奇男子也"；《黔诗纪略》说他"大节铮铮，亦可谓烈丈夫也已"；钱谦益有感于他受马士英、阮大铖之累，甚至连书画也多已不传，感叹道"即看汗血归天上，肯余翰墨污人间"；尤其是《明史》，将杨文骢传与金声、陈子龙、吴应箕、夏允彝等人合为一卷，并赞曰："然卒能致命遂志，视死如归，事虽无成，亦存其志而已矣。"可称盖棺论定。

应该说世人对杨文骢印象的突然改变，正是从《桃花扇》的一纸风行开始的。此剧既以信史传世，且剧情深入人心，观者自当剧中人物必有所本，却不知剧中的杨文骢已与史实中的杨文骢相去甚远矣。正是有感于杨文骢的形象遭到扭曲，陈寅恪先生才会在《柳如是别传》中一再为杨文骢辩诬，陈先生先说："今日因孔尚任《桃花扇传奇》，于龙友为人，颇多诬诋，遂致论人论世，皆乖史实。"后又言："自《桃花扇传奇》盛行以来，杨龙友遂为世人所鄙视。今据朝宗自述之文，则为阮圆海游说者，乃王将军。传阮氏诬构之言，促其出走避祸者，为杨龙友。戏剧流行，是非颠倒，亟应加以纠正也。"

孔尚任写作《桃花扇》的年代，虽然已距明朝灭亡达半个世纪之久，但在思想感情方面，孔尚任明显对明朝充满了眷恋。他要在《桃花扇》中探讨大明王朝的基业究竟"隳于何人？败于何事？消于何年？歇于何地？"晚明的党争之烈就是他不能不去思考的问题。然而，孔尚任的思路毕竟不脱晚明党人的樊笼，尽管他对复社士子的清谈误国多有微讽，但以马士英和阮大铖为代表的权奸与阉党，却无疑是他重点批判的对象。

或许正是因为这样，与马士英和阮大铖沾亲带故的杨文骢，在孔尚任眼中才会显得形象猥琐、形迹可疑。他甚至不惜扭曲史实，绝口不提杨文骢以身殉国事，而代之以弃官潜逃，完全颠覆了杨文骢的真实形象。我个人以为，与其说这是剧情的需要，毋宁说承继的依然是党争的余绪。壁垒森严，党同伐异，是为党人的基本立场；非白即黑，非忠即奸，是为党人评判人物的基本标准。而杨文骢则成为这种党人观念的牺牲品，乃至数百年之下，一个大节铮铮、为国捐躯的烈士，留给后人的却是一副猥琐、暧昧的形象。

读史至此，喟然一叹！

犹有吹箫击筑人

——黄宗羲：从对抗者到思想家

一

明清易代，大厦倾覆，黄宗羲将之形容为"天崩地解"。在黄宗羲的语境中，天崩地解包含着两层含义：其一，是指明王朝的倾覆所带来的血雨腥风，山河易色；其二，是指文化的倾覆，带有启蒙色彩的晚明思潮，突然遭遇来自北方的"蛮夷"的金戈铁马，以致先进文化为落后文化所取代，从而使彼时的中国不可避免地陷入了文明的倒退。

对于明朝灭亡的原因，历来有着各种各样的说法，在此我并不想就导致明朝灭亡的原因一一展开讨论。本文的意旨是，以黄宗羲为例，探讨明清易代之际文人士大夫的个人选择。如果说文人士大夫是一个民族的中坚力量与社会平衡器，那么他们的存在，首先即表现在民族危难之时的个人作为如何，而他们的选择之于时代的风气，以及一个社会的价值取向，无疑有着极其深远的影响和象征意义。

明代以忠孝名节立国，尽管在朱元璋开创的极权体制的淫威之下，文人士大夫的灵魂已经变得越来越萎缩，为人处世越来越圆滑，但在明清易代之际，依然有很多文人士大夫自觉地选择与异族统治者武装对抗的道路。他们毁家纾难，倾其所有，舍生忘死，大义凛然，显示出一种现实严酷、理想犹存的生命状态。夏完淳所谓："长安无限屠刀肆，犹有吹箫击筑人。"而黄宗羲即是一位"吹箫击筑人"。

二

黄宗羲（1610—1695），字太冲，号南雷，世称梨洲先生，浙江余姚人。黄宗羲的父亲黄尊素是万历四十四年（1616）进士，与同科进士侯恂等人同为东林党人，天启年间曾经出任御史一职。少年时期的黄宗羲跟随父亲在京城生活，彼时的黄府乃是东林党人聚会的场所，黄尊素等经常聚在一起议论朝事，抨击阉党，少年黄宗羲在耳濡目染之间，很早就有了自己对于忠奸的价值判断。黄尊素仅仅在北京任职两年，即因弹劾阉党巨魁魏忠贤被削职归乡。天启六年（1626），党祸爆发，黄尊素、高攀龙等东林党人相继被逮入狱，同年闰六月辛丑日，黄尊素受酷刑而死，时年四十三岁。一时间黄家巨祸突降，家破人亡，而彼时身为长子长孙的黄宗羲才刚刚十七岁而已。

黄宗羲早年有一件事情值得大书特书，那就是为父亲喊冤，在刑部大堂之上以袖中所藏的长锥追刺仇人。天启七年（1627），天启皇帝驾崩，崇祯皇帝登基，阉党倒台，魏忠贤自杀。崇祯元年（1628），黄宗羲再次来到北京，他这次是为指控将父亲陷害致死的直接责任人而来，指控的对象主要是曹钦程、李实、许显纯、崔应元四人。其中曹钦程官居太仆寺少卿，李实是太监，许显纯掌管北镇抚司，崔应元是锦衣卫指挥。黄尊素的案子，当初即由魏忠贤指使，由这四人分工坐实，将黄尊素迫害致死。

刑部会审许显纯、崔应元之日，许、崔二人甫一出现，早已等候在此的黄宗羲突然跃起，从袖中拔出一柄长锥，以迅雷不及掩耳之势刺向走在前面的许显纯，当场令其"血流被体"。一个月后，会审李实等人，同样的一幕再次上演，这次行刺或许遭到了阻拦，在时人的描述中只是"以锥锥之"，却并未言及刺没刺中。更让人惊骇的是，当刑部提审两个曾经对黄尊素等人刑讯逼供的狱卒时，黄宗羲与几个同难的东林党人的后人一起冲上去，以棍棒共棰之，将两个狱卒当场打死。

三

黄宗羲"义勇勃发，自分一死，冲仇人胸"的作为，让他一时名震天下，当他为父申冤之后返回故里时，四方名士纷纷赶到他即将停舟的黄竹浦，迎接他的到来，并均以做他的朋友而感到光荣。黄宗羲显然是抱着必死之心锥刺仇人的，当黄尊素慷慨赴死、黄宗羲全家陷入绝境之日，黄宗羲内心的悲愤与仇恨乃是可想而知的。甚至到了晚年，每每忆及当日情境，黄宗羲依然感到"齿发易销，斯哀难灭"，可见父亲受阉党迫害致死，对他未来的人生伤害之深、影响之大。值得庆幸的是，崇祯皇帝念及黄宗羲是忠烈之后，法外开恩，并没有追究他擅杀的责任。但自此之后，黄宗羲亦因其刚烈、决绝的个性，在士林中声名鹊起。

向有"小东林"之称的复社，无疑是明末最重要的政治和文化团体之一。复社虽然与东林党渊源颇深，但与东林党相比，复社更能得风气之先，而复社的成员则更年轻、更单纯，也更有舍我其谁、锐意进取的精神。就像那些以天下兴亡为己任的青年才俊一样，黄宗羲也加入了复社，虽然他算不上是复社最重要的人物，却也多次参加了复社重大的集体活动，诸如金陵大会、桃叶渡大会等，并与复社的头面人物诸如陈贞慧、方以智、冒辟疆、侯方域等人建立了密切的关系。

95

对于黄宗羲来说，复社的岁月虽然很短暂，却足以令他受益终身。黄宗羲的学历本来不高，他参加过四次乡试，每次都是榜上无名，最终的功名不过是"博士弟子员"，即我们所说的秀才。这一方面是因为黄宗羲喜欢杂学，平生以博览群书、独立思考为乐，与科举应试格格不入；另一方面，黄宗羲从心里看不起科举，他认为八股与学问完全是两回事，做学问是为了格物致知，而钻研八股却只能成为庸才和奴才。

不过，尽管黄宗羲去南京参加乡试一无所得，但南京的风云际会，还是让他眼界大开，尤其是与复社才子们的交往。与冒辟疆、侯方域们的张扬不羁、纵情声色相比，黄宗羲固然显得内敛持重，缺少浪漫的情调，但他从复社才子们的身上看到了一种奋发进取的力量，感受到一种内心的诉求和怀疑的精神，从而真正触摸到一个时代的律动。

四

1644 年的甲申之变，对于复社所有的成员都是一个命运的转折点。在南京建立的弘光小朝廷中，复社的死敌阮大铖成为实际的掌权者。虽然黄宗羲并非复社的首要人物，但因为他与阉党有着深仇大恨，而且他还具名参加了针对阮大铖的《留都防乱公揭》事件——一场针对阉党与阮大铖的重大事件，他也因此成为阮大铖重点追捕的对象。幸运的是，黄宗羲事先得到了消息，在公差前来抓捕他之前，他已经逃离了南京，当他结束流亡，回到家乡时，弘光朝廷已然倾覆。其后不久，他的老师刘宗周即绝食身亡，黄宗羲自此进入了"天崩地解"的年代，而他也正式承担起天下兴亡的重任，变卖家产，组织义军，踏上了武装抗清的道路。

从三十五岁到五十岁，是黄宗羲积极献身于抗清运动的十五年。在这十五年间，他先是与兄弟一起组建"世忠营"——以宋代抗金名将韩世忠的名号自励，"世忠营"战败瓦解，他又加入鲁王的政权，只是"以布衣参军事"，拒绝接受官职，与鲁王的流亡政权保持着一定的距离。从内心说，黄宗羲虽然以民族大义为重，起兵抗清，但他对明廷并不抱任何好感。自家的悲惨遭遇自然是一方面的原因，更为关键的是，此时的黄宗羲已经隐约地意识到，大明王朝早已进入死胡同，它的灭亡乃是时代的必然趋势，即便不亡于清朝，它也没有任何出路。这更像是一个死结，大厦将倾，没有人能够挽狂澜于既倒。

对于抗清的岁月，黄宗羲本人曾经作过这样的描述："自北兵南下，悬书购余者二，名捕者一，守围城者一，以谋反告讦者二三，绝气沙墠者一昼夜，其他连染逻哨之所及，无岁无之，可谓濒于十死者矣。"从"世忠营"战败瓦解，黄宗羲即成为清兵追捕的要犯。其间，他曾经两次被悬赏捉拿，一次遭到通缉，一次被清兵围困在城中，多次被人以谋反的罪名告发，最危险的一次，黄宗羲藏身在野外的一个土台上，竟然趴在那里一天一夜没有挪动地方，可谓艰苦卓绝，九死一生。

黄宗羲其实不是不明白，"以一二士子率乡愚以抗方张之敌，是以羊投虎，螳臂当车"。但对于他来说，"反清"既不是为了"复明"，而成败也已经不是最重要的问题，面对着势如破竹的清兵，他虽然不能力挽狂澜，但也必须证明一些什么，他要以一己的牺牲，让异族的入侵者看到泱泱中华并非无人，而他的行为本身，已然变成一种民族精神的坚守与象征。

五

随着鲁王政权的式微，郑成功攻打南京功亏一篑，尤其是老友兼同志的钱谦益等人先后去世，黄宗羲逐渐陷入四顾茫然的孤绝境地。多年来一直徘徊在死亡的边缘，一路血拼，苦苦挣扎，最终还是落得家国寥落，希望微茫。往前看，清朝的江山越坐越稳，异族的统治已经成为铁的事实；往后看，大明王朝已是明日黄花，再无翻身的可能。反过来说，即便大明王朝能够复国又能如何？

渐入老境的黄宗羲变得心如止水，他终于主动放弃了武装抗清，进而一个人躲进山中，离群索居。对于当时的情境，黄宗羲在《怪说》一文中这样记录道："梨洲老人坐雪交亭中，不知日之早晚，倦则出门行塍亩间，已复就座，如是而日、而月、而岁，其所凭之几，双肘隐然。"枯坐终日，看着光影渐渐移动，几乎忘记了时间的存在。离群索居的黄宗羲越来越深地沉潜于自己内心的世界，他开始从根本上反思明朝衰亡的原因，并由明朝推及历朝历代兴亡的规律。

正是从这个时期起，对抗者黄宗羲渐行渐远，思想家黄宗羲呼之欲出。

黄宗羲晚年总结平生的作为，将自己的一生划分为三个阶段："初锢之为党人，继指之为游侠，终厕之于儒林。其为人也，盖三变而至今。"所谓"党人"，应该是指他加入复社的那一段岁月；所谓"游侠"，应该是指明朝灭亡后他武装抗清的那一段岁月；所谓"儒林"，则进入了思想的层面。好像经历了一次重生，五十岁以后，一个与往昔迥然不同的黄宗羲就此诞生了。这是一个新的思想家的黄宗羲，这个黄宗羲与同时期遗民学者的最大差异，就在于他已不再满足于对明朝覆亡的表层探讨，他要知其然，更要知其所以然，他对中国传统文化进行深度剖析，将批判的矛头直指皇权体制。

黄宗羲说："为天下之大害者，君而已矣。"君为"大害"的具体表现，就是"屠毒天下之肝脑，离散天下之子女，以博我一人之产业"，就是"以为天下利害之权益出于我，我以天下之利尽归于己，以天下之害尽归于人"。把所有的好处留给自己，把所有的害处推给别人，不惜牺牲他人之生命，不惜逼人妻离子散，只为满足一个人的贪婪和欲望，是为独夫民贼。黄宗羲认为："天下之治乱，不在一姓之兴亡，而在万民之忧乐。"治乱的标准不是看一家一姓的朝廷的兴亡，而是要看千千万万的老百姓是否过得幸福，所以，应该以"天下之法"，取代"一家之法"，因为只有"公治"才能保护"公利"，而不是只保护皇帝一个人的利益。这种朴素的民主思想，在当时的中国可谓空谷足音，足以振聋发聩。

六

正是因为跳出了一家一姓的朝代兴亡的视域去看待现实的世界，黄宗羲才不会成为一个愚忠的腐儒，更不会成为一个只爱大明王朝的"爱国者"，他才会对康熙皇帝产生一定程度的好感。对比明朝的腐烂，黄宗羲既惊异于康熙朝政治的清明，对康熙皇帝本人的勤政爱民、为政宽仁，以及对知识和文化的尊重也深表佩服。

与之同时，黄宗羲也对他个人受到的善待和礼遇心怀感激。康熙皇帝下诏征"博学鸿儒"，首先想到的就是黄宗羲；清廷修《明史》，康熙皇帝命地方官亲自出面礼请黄宗羲；另外，地方政府还出资重新修建了黄尊素的祠堂，并恢复祭祀。如此种种，在黄宗羲眼里，康熙皇帝显然远远超过了明朝任何一位皇帝。

晚年的黄宗羲是在一种宽容、平和的心境中度过的。他积极投身到教育等各项公益事业中去，既不执着于遗民的身份，更不标榜气节，为遗民而遗民。虽然黄宗羲本人并不出面，但他却让儿子参与《明史》的编纂，为的是"国可灭，史不可灭"，他力求为后世尽到一位良史的责任。

康熙二十七年（1688），七十九岁的黄宗羲立下"裸葬"的遗嘱："吾死后，即于次日异至圹中，殓以时服，一被一褥，安放石床，不用棺椁，不作佛事，不做七七，凡鼓吹、巫觋、铭旌、纸钱、纸幡，一概不用。"不从流俗，丧事至简，黄宗羲似乎是以一种惊世骇俗的方式喻示后人，他既不是明朝的遗民，也不是清朝的顺民，他只是以自然人的面目走向另外一个世界。

1695 年 8 月 12 日，清康熙三十四年七月三日，黄宗羲逝世。离世前五天，他留下这样的文字："年纪到此，可死；自反平生虽无善状，亦无恶状，可死；于先人未了，亦稍稍无歉，可死；一生著述未必尽传，自料亦不下古之名家，可死。如此四可死，死真无苦矣！"自慰平生，黄宗羲感到坦然，列出四个"可死"，表示他的死而无憾。对于黄宗羲来说，有了这四个"可死"，死非但不以为苦，反而足以为乐。

犹是先朝未死人

——王夫之：为一个民族留住文脉

一

1642 年，明崇祯十五年，对于年方二十四岁的王夫之来说，实在是值得庆贺的一年。这年秋天，他与长兄王介之同赴武昌乡试，以《春秋》第一，中湖广乡试第五名，王介之亦同科中举。尽管这已是王夫之第三次参加乡试了，但他年轻，正逢青春好年华，几个月后，他就可以进京参加会试，而以王夫之的学问和才华，中个进士想来应该不是什么问题。正所谓前程似锦，未来可期，命运似乎向王夫之展示出最为美好的一面。

然而，与王夫之个人的境遇相对照，对于摇摇欲坠的大明王朝来说，1642 年却实在是一个不祥的年份。就在这一年二月，清军攻克松山，洪承畴被俘降清；七月，李自成率军进攻开封，左良玉驰援，溃于朱仙镇；十一月，清兵入塞，连破济南、兖州等山东州县达八十八城，鲁王朱以派自杀，乐陵、阳信、东原等诸王皆死；闰十一月，李自成先后破汝宁，克襄阳，明朝最后一个悍将孙传庭走上穷途末路……大明王朝的溃败已经到了不可收拾的地步，明眼人都能看出，明朝灭亡只是一个时间早晚的问题了。

如果说时当王朝鼎革之际，个人的命运与王朝的命运息息相关的话，那么，王夫之的命运当然是与大明王朝的命运紧紧联系在一起的。崇祯十五年（1642）冬，王夫之与王介之取道江西北上京城参加会试，行至南昌，却因战事纷乱，道路被阻，不得不返回衡州。仅仅一年多之后，大明王朝即在内外交困中灰飞烟灭，而王氏兄弟的功名也就此止步。王夫之的命运发生了彻底的逆转，他不仅失去了家国，也再无会试可考。从此之后，王夫之即以明朝举人的身份奔波于抗清救亡之路，救国效死在前，避退山野于后。最终隐居荒野，著书立说，矢志"为往圣继绝学，为万世开太平"，成就了一代大儒的地位。

二

王夫之（1619—1692），字而农，号姜斋，又号夕堂，湖南衡阳人。王夫之的先祖出自中古士族太原王氏一脉，他的祖上原是武将，因拥立明成祖有功，获得衡州卫指挥佥事的赏封，王家自此在衡州扎下根基，开枝散叶，成为衡州当地世族。时值太平时日，武功逐渐废弃，王家人弃武从文，开始往经术和儒学转型。然而，王家人的转型之路却并不顺遂，直到王夫之的父亲王朝聘那一代，王家也并没有出一个举人。

不过，虽然王朝聘科举不利，但他本人却以精通经史子集、天文地理闻名乡里。而且他的三个儿子王介之、王参之、王夫之都很争气，兄弟三人早早考中了秀才，其中又以王夫之聪明早慧、博闻强记，很小就跟随父亲王朝聘学习经义，跟随叔父王廷聘学习作诗，后来为湖广提学佥事王志坚所赏，荐其进入衡阳县学。

崇祯九年（1636），十八岁的王夫之第一次参加乡试，与两个哥哥一起落榜，王夫之虽然感到有点失落，但并没有太放在心上，毕竟来日方长，以后还有机会，而他也因此结识了不少湘中学子。崇祯十一年（1638），王夫之访学于长沙岳麓书院。在岳麓书院期间，他与多位志同道合的知己好友结成行社，取知行合一、学以致用之意，其中很多人成为王夫之相知一生的至交。他们彼此借力，相互砥砺，学业和见识突飞猛进。返回衡州之后，王夫之又与衡州当地士子结成匡社，既是向彼时风头正盛的复社致敬，也是为了与复社士子们遥相呼应，匡扶正义，力挽狂澜，使濒临危殆的王朝转危为安。

彼时的王夫之风华正茂，锋芒毕露，"作文，必作惊世之文；做人，誓做'至刚'之人"，显示出一种不达目的誓不罢休的精神和人格。崇祯十五年（1642），王夫之终于以湖广乡试第五名的成绩考中举人。初为举人的王夫之果然是风光无限，这届乡试，衡州考中七名举人，单是王家就占据了两席，而考中的七人也均是匡社成员。于是，报名加入匡社的人越来越多，而王夫之的文章，则成为供衡州学子研习的范文，甚至连东林党魁高攀龙的后人高世泰读过他的诗文，也忍不住批下了这样的文字："衡州有才，直追屈贾。忠肝义胆，情入诗文。微言大义，境高意阔。假以时日，国之栋梁。"

三

但遗憾的是，被高世泰期许为国之栋梁的王夫之，却再没有机会在科举入仕的道路上更进一步了，就在他考中举人的一年多之后，大明王朝落下帷幕，而王夫之的身份也定格于明朝举人。他从此开始了颠沛流离却又百折不挠的苦难人生。

当明朝灭亡的消息传到衡州时，已是崇祯十七年（1644）的夏天，王夫之惊闻崇祯皇帝已经自杀殉国，不禁大病一场，他昏迷了两天两夜，醒来后形同槁木，万念俱灰，精神和身体都在经受着难熬的折磨。真正将王夫之从死亡的边缘拉回的，是他得到了福王朱由崧在南京登基的消息，大明王朝又有了新的希望，而他也依然是大明王朝的子民。对于彼时的王夫之来说，这个消息显然比任何灵丹妙药都有效，他有了生存下去的信念，也终于重新站立起来。

然而，被王夫之寄予厚望的弘光王朝终究只是昙花一现，现实又一次给予王夫之沉重的打击。痛定思痛，王夫之决定不再消极地等待。他认为明朝之所以走到这步田地，虽然有各种原因，但士人尚空谈，不作为，想得多，做得少，显然是原因之一。所以，王夫之觉得他现在急切要做的，就是担负起一个士人的责任，或者战死沙场，或者效命君廷，而不是仅求避祸，偏于一隅。

清顺治三年（1646），王夫之赶赴湘阴，投奔正在那里率军抗清的恩师章旷。身临抗清第一线，王夫之马上发现明军存在的种种问题，诸如将帅不和，士兵畏战，各路义军之间矛盾重重、相互掣肘，人数虽然不少，却如同一盘散沙，根本无法形成统一、有效的指挥系统……针对这种状况，王夫之请求章旷出面，去调解明军两位主帅何腾蛟和堵胤锡之间的矛盾，并提出诸军协同作战和联合农民军一起抗清的建议。但出于各种考虑，章旷最终拒绝了王夫之的建议，失望之下，王夫之只好返回了衡州。

四

顺治四年（1647），王夫之与好友夏汝弼一起赴武冈投奔永历帝，中途遇大雨，被困在湘乡西南的车架山达三个多月。这年五月，清军攻破衡州，王夫之全家逃入深山避难，颠沛流离之下，父亲王朝聘、二叔王廷聘、二哥王参之先后病故。其后不久，王夫之与夏汝弼等人开始秘密筹划武装起义，准备趁清兵南下之际重新夺回衡州。但起义以失败告终，侥幸逃脱的王夫之就此南行肇庆，正式成为永历朝廷中的一名低级官吏。

虽然王夫之已经中举多年，却是第一次成为朝廷官吏。他万万没有想到，已经风雨飘摇、岌岌可危的永历小朝廷，居然还是宦官专权、奸臣当道，朝中大臣不仅不思进取，反而浑浑噩噩，结党营私，以相互倾轧与彼此攻讦为能事。大明王朝的一切痼疾都被这个小朝廷延续下来，人性的所有弱点，均在这个小朝廷中暴露无遗。即便是忠贞之士，例如号称忠直磊落、负有为之志，且被永历帝视为朝廷柱石的堵胤锡，也限于自身的性格缺陷，常常轻信自恃，专意刑赏，更遑论眼界远远低于他的何腾蛟、瞿式耜等人了。

目睹永历小朝廷的黑暗现状，初入官场的王夫之虽然颇感失望，但他依然尽心尽力、竭尽所能地为朝廷做事。当朝廷重臣金堡遭永历帝宠臣王化澄陷害且蒙冤入狱时，王夫之再也无法忍耐了，他不顾自己人微言轻，连续三次上书为金堡辩护，并弹劾王化澄结奸误国，谋害忠良。一方是不入流的小人物，另一方则是皇帝近臣，较量的结果可想而知，王夫之以"莫须有"的罪名被捕入狱，王化澄急欲将其置之死地而后快，最后还是多亏手上握有重兵的高一功出面，王夫之才得以化险为夷。

五

这次死里逃生，王夫之已然明白，永历小朝廷根本就是腐烂透顶、无可救药的，他之所以甘愿留下来，只是内心仍有恢复故国的一念尚存。1650 年，清顺治七年，南明永历四年，清兵大举进攻广西，南雄、全州先后沦陷，永历帝逃往梧州，尽管身边已经没有多少兵士可用，瞿式耜依然执意坚守桂林，王夫之本来也要跟随瞿式耜誓死守卫桂林，却被瞿式耜极力劝止。作为永历朝最后的忠贞之士，瞿式耜明白桂林已不可守，也清醒地意识到永历小朝廷必将败亡的结局，他之所以执意坚守桂林，不过是以"城存与存，城亡与亡"的方式表达自己赴死的决心而已。

但是，瞿式耜并不想因此搭上王夫之的生命，他知道王夫之的价值，他要为民族留住一缕文脉。瞿式耜相信，只要文脉赓续，民族的精神仍在，即便国已不存，但民族仍有复兴的希望。对于瞿式耜等那些依然为故国奋争的烈士们来说，国可亡，文化不可亡，这是他们基本的信念。在以后的岁月里，王夫之避迹于荒山野岭之间，虽然屡遭清廷通缉，却誓不剃发，他所做的只有一件事，就是发愤著书，留住文脉。

顺治八年（1651），王夫之离开永历朝廷，重新回到衡州。为了躲避清兵的追捕，王夫之与妻子郑氏、侄子王敉隐居于衡山双髻峰续梦庵。在此期间，永历朝廷被大西军将领孙可望和李定国控制。孙、李二人相继收复了四川、广西等地，抗清复明的形势似乎一度出现了好转。但是，面对李定国的邀约，王夫之并没有贸然应允，他只是抱着审慎的态度静观时局。事实上，此时的王夫之已经不再对效力永历朝廷孜孜以求，他的心中有了更加重要的目标——这个目标不再是守护一家一姓的江山，而是为一个民族留住文脉。

六

顺治十年（1653），湖广一带再次被清兵占领，王夫之先是避居耶姜山中，继而躲进永州云台山中，变姓名为瑶人，以躲避清兵的追捕。此时的王夫之已经真正成为一名孤臣孽子，空怀壮志，却报国无门，只能像野人一般居无定所，到处流亡。正是在这种极端困苦的条件下，王夫之开始了他的著述生涯。他写出的第一部著作是《老子衍》，他在书中痛批老子提倡的无为而治，指出正是这种不担当和不作为的思想，流风蔓延，每况愈下，才造成了今天这种亡国毁家的局面，显示出他强烈的现实关怀。

除了埋头著述之外，王夫之还应友人之邀，多次赴常宁、兴宁等地，为当地文士讲授《周易》《春秋》等儒家经典。与一般儒学者对儒家经典的照本宣科完全不同，王夫之讲授儒家经典既是为了阐发其中的微言大义，也是借以阐明自己的观点，因此引起许多腐儒的不满。顺治十三年（1656）春天，王夫之的《黄书》杀青。这是他早期的重要著作，他在书中不仅提出了民族利益高于一切的原则，同时也一再强调天下为公，而并非一家一姓的私产，既承认了改朝换代的必然性，在某种程度上也认识到家天下的局限性，在思想意识方面走在了时代的最前沿。

同样是在这一年，王夫之终于结束了他的流亡生涯，回到衡州。大明王朝已是明日黄花，清朝的统治已成定局，但王夫之却从来未曾忘记故国，他拒绝剃发易服，传说不论晴天还是下雨，他只要外出，都会手擎雨伞，足履木屐，他曾写下"鹃血春啼悲蜀鸟，鸡鸣夜乱度秦关。琼花堂上三生路，已滴燕台颈血殷"的诗句，用以表明自己"头不顶清朝天，脚不踏清朝地"的坚定意志。

七

康熙元年（1662）四月，王夫之惊闻永历帝在昆明被吴三桂绞杀，他对于明朝复国的最后一丝希望就此破灭。回首前尘往事，堵胤锡、何腾蛟、瞿式耜、方以智等人的形象浮现在王夫之的面前，作为亲历者，王夫之觉得自己有责任记录下永历朝的人和事，以史为鉴，昭示来者。他以纪传体的形式写下了《永历实录》，记录永历朝主要人物的经历，讲述从明永历元年（1647）明昭宗朱由榔登基，到永历十六年（1662）明昭宗被吴三桂弑杀之间十五年的史事，对永历朝政进行了全面的总结。

在以后的日子里，渐入老境的王夫之筑"观生居"于石船山下，并隐居于此，先后修成《春秋家说》三卷，《春秋世论》五卷，《续春秋左氏传博议》二卷，《五十自定稿》一卷，《六十自定稿》一卷，《读通鉴论》三十卷，《宋论》十五卷……可谓洋洋大观，而其中的内容更是新意迭现——他说"变通者，时也"，追求的是一种与时俱进的境界；他说"平天下者，均天下而已"，追求的是一种天下大同的境界；他说"得理自然成势""于势之必然处见理"，承认了历史发展的必然性和现实存在的合理性……

康熙十二年（1673），三藩之乱爆发。次年，吴三桂兵至衡州，王夫之避走湘乡，其后在观生居二里许的石船山下另筑"湘西草堂"，并隐居于此，继续著书立说。其间，吴三桂曾经派人邀王夫之出仕，被王夫之坚拒。康熙十七年（1678）三月，吴三桂于衡州称帝，派人求王夫之的劝进表。王夫之取出一纸，随手写下："某先朝遗臣，誓不出仕，素不畏死。今何用不祥之人，发不祥之语耶？"交给使者，命其回去交差。称帝不到半年的时间，吴三桂即病死衡州，仅仅两年之后，吴三桂建立的大周朝亦随之烟消云散。

晚年的王夫之一直生活在湘西草堂之中，在这里，王夫之写下了《船山志》，解释他的别称王船山的由来："船山，山之岑有石如船，顽石也，而以之名……赏心有侣，咏志有知，望道而有与谋，怀贞而有与辅。相遥感者，必其可以步影沿流，长歌互答者也。而茕茕者如斯矣，营营者如彼矣！春之晨，秋之夕，以户牖为丸泥而自封也，则虽欲选之而奚以为？夫如是，船山者即吾山也。"王夫之在文中自称"顽石"，把船山视作"吾山"，且将吾山当作自己的终老之地，以平静的心态面对现实，表达了余生最后的愿望。

八

康熙二十五年（1686），王夫之得了一场大病，虽然终于康复，身体却一年不如一年。依然是在湘西草堂，王夫之写下《自题墓石》，既是墓志铭，也是遗书。在这篇很短的文字中，王夫之首先强调自己"明遗臣"的身份，强调自己虽然"抱刘越石之孤愤"，却"命无从致"的悲凉，字里行间，透露出对命运的不甘与憾然。1692年2月18日，康熙三十一年正月初二午时，王夫之病逝于湘西草堂，享年七十四岁。

在王夫之去世后的很长一段时期内，他的著作或遭阉割，或遭禁毁，直到近代，船山学说方被一些主张变革的思想家发掘出来，成为本土最重要的思想文化资源之一，并深深影响了魏源、曾国藩、左宗棠、郭嵩焘，乃至孙中山、章太炎、蔡元培、梁启超等人。尤其是船山学说中涉及尊王攘夷、民族自救，以及重建中华文化正统的部分，诸如君权之"可禅、可继、可革，而不可使夷狄间之"，"夫夷狄者，诈之而不为不信，乘之而不为不义者也，期于远其害而已矣"——尽管其中不无偏激之论，却成为近世仁人志士"驱逐鞑虏，恢复中华"的思想利器，而王夫之本人，则被这些革命者尊之为精神领袖。

很难断定，如果没有清朝入主中原，以王夫之等明朝遗民思考的深度，是否能够推进中国近代史的进程。然而，可以断定的是，清朝入主中原之后所实施的思想禁锢的文化政策，阻断了晚明以降思想史的发展，封杀了王夫之等明朝遗民的思想成果，从而延迟了中国近代史的到来。历史本来是不容假设的，事实是，恰恰是明朝的灭亡促发了王夫之等明朝遗民的思考，这更像是一个悖论。当王夫之们亲身遭逢惨痛的民族灾难，目睹惨绝人寰的杀戮和榨取时，痛定思痛，反躬自省，就成为这些思想家必然的选择。

晚年王夫之写过一首《走笔赠刘生思肯》的七言绝句："老觉形容渐不真，镜中身似梦中身。凭君写取千茎雪，犹是先朝未死人。"对于晚年的王夫之来说，"先朝未死人"所表达的，其实已不仅仅是对一个消逝王朝的守护。"先朝"已经变成一个符号，成为一种象征，他守护的是一个民族，守护的是一种文化。

苍茫何处慰蹉跎

——徐枋：活着比死去更艰难

在中国历史上，每当易代之际，对于丧失了依凭的士子们来说，最大的困难就是对未来如何抉择。是甘做遗民，还是效忠新朝？而对于那些拒绝与新朝合作的士子们来说，最艰难的并不是以身殉国，而是如何活着。死，既可青史留名，亦可一了百了；然而，生，作为前朝遗民活在世间，却不像死那么简单了。他们要面对的不仅仅是新朝的迫害与打压，同时还有颠沛流离、忍饥挨饿的生活状态。如果拖家带口，更是负重而行，举步维艰，生存本身亦已成为一种沉重的负担。比如，明清易代之际，被时人称作"吴中三高士"之一的徐枋，他所面对的正是这样一种人生状态。

1645 年，明弘光元年，清顺治二年，对于时年二十三岁的徐枋（1622—1694）来说，无疑是一个面临着生死抉择的年份。就在前一年，崇祯王朝宣告覆亡，而在南京匆匆建立的弘光小朝廷，也只是苟延残喘了短短一年的时间。当清兵攻破徐枋的家乡苏州时，先是徐枋的父亲，时任弘光朝詹事府少詹事、翰林院侍读学士徐汧在虎丘新塘桥自沉而亡，继而江南名士徐石麒、侯峒曾、夏允彝等人亦先后以身殉国。徐枋本来打算追随父亲而去，却因为一场大病错过了时机，病愈后即谨遵父亲遗命，不入城市，"长为农夫以没世"，自谓："死志未遂，苟存于时，于是束身土室，与世诀绝。"以不死之身而"守身继志，所以成孝兼作忠也"。

不仕新朝，且不入城市，徐枋首先面对的就是一家老小如何生存的问题。如何吃，如何穿，如何住，如何行，都是切切实实的基本需要，根本没有任何回避的余地。身为士子，徐枋虽然是前朝举人，只要他愿意，侍奉新朝同样可以得到高官厚禄，但正像他一再申明的那样："士君子不幸生当革运之会，错趾迍邅之时，苟非怀二心遗君亲者，未有不以死为归者也。齿剑仰药，怀沙沉渊，国亡与亡，九死未悔，不以皎皎之身而试汶汶之俗，此其最也。"话说得很明白，生逢鼎革之际，无论世道如何艰难，但只要对前朝不怀二心，均应抱有视死如归的决心，一生清名决不可被污浊的世道玷污。

鼎革之初，为了逃避剃发，徐枋带领家人弃家入山，不仅昔时家产俱成灰烬，数世收藏亦尽皆化为乌有。他们隐姓埋名，避迹乡间，流离转徙四个多月，其间多次濒临危殆险境，几死者数矣，但终于还是"全发被获"。站在清兵设立的公堂之上，徐枋长立不跪，拒绝回答任何问题，最终忍受着奇耻大辱，惨遭髡刑。顺治三年（1646），徐枋草葬父亲于人迹罕至的长洲县金墅镇，并在此营建了简陋的草房，取名为"居易堂"，自此深居山林，不参加任何公开的聚会，谢绝拜访，谢绝所有亲朋好友的劝回与资助，开始了自己长达半个多世纪的"不入城"的人生。

所谓"不入城"，就是将城市视作新朝统治的象征，不进入城市，其实就是自我放逐，不进入新朝掌控的权力范围，从而刻意表达出一种疏远与游离的姿态，其实质就是拒绝承认新朝统治的合法性。而矢志不进入城市，看似履行一种很简单的生活方式，但在现实生活中却远不是那么简单。晚明时期，士人的生活基本上是与城市息息相关的，尤其像徐枋这样的官宦之家，不单纯是读书、求学与入仕，其赖以存身的各种资源也无不取之于城市。所以，对于徐枋和他的家人来说，不进入城市，即意味着完全脱离了过去的士人生活，既在很大程度上失去了生活来源，也就不可避免地陷入贫困之境。

那么，"不入城"的徐枋一家人，究竟是如何维持生活的呢？在鼎革后的前十二年，亦即在金墅镇的"居易堂"生活时期，徐家尚有祖传的"义田"六顷，虽然是家族共有，均润同宗，但有了微薄的田租收益，徐家人尚且能够得以糊口。然而，到了顺治十五年（1658），情况陡然发生变化，清政府为了打压江南士人的对抗情绪，开始以各种名目征缴江南士族拖欠的赋税，从而激起了"江南三大案"的爆发。田产，一时间竟然变成了烫手的山芋，而对于徐枋一家人来说，失去了田产，则无异于陷入绝境，"种种横逆，种种构陷"自不必说，"一家八口，尽在危地"，却是不得不急切面对的现实。

既缴不起赋税，又面临着缧绁之灾，无奈之下，徐枋只得带领着家人又一次踏上流亡之路。他们四处躲藏，辗转避迹于深山寺庙之中，徐枋本人"仅存一随身单布衣，一衣之外，荡然靡有一存"，全家陷入赤贫如洗的境地。这种到处漂泊、朝不保夕的日子整整持续了四年时间，直至康熙元年（1662），灵岩和尚在天平山上沙村为徐枋筹资修建了"涧上草堂"，徐枋一家人才总算安顿下来。

同样是从康熙元年起，虽然有了固定的居所，但徐枋及其家人已然完全失去了生活来源。对于彼时的生活状况，从徐枋与一些友人的通信中略可窥见一斑，其中不仅屡屡出现"炊则无米，爨则无薪""妻孥号寒，酷同露处"的描述，而屋漏偏逢连夜雨，如果遇到阴雨天气，室内连坐卧的地方也不能觅得，乃至常常夜不能寐，"此又是饥寒之外另一况味"。徐枋回忆鼎革之后的生活，曾经写下这样的文字："十三年来穷愁困顿，日甚一日。数年之前俯仰粗给，仅无余资以供杂事，两三年来则左支右吾，仅得三餐。至于去冬以及今夏，则日食一饭一糜而已，或并糜而无之，则长日如年，枵腹以过。"几年前尚能填饱肚子，只是没有多余的闲钱；最近两三年则穷于应付，勉强吃上三餐；从去年冬天开始，一天只能吃上一干一

112

稀两顿饭，有时连稀粥也吃不上，全家只有饿着肚子，度日如年了！

顺治十五年（1658），本来是一个风调雨顺、五谷丰登的年份，米价之廉，尤为数十年来所未有。然而，时近春节，当所有的人家都在"食精凿，制糕糜"的时候，只有徐枋一家，一直到除夕之夜，却连午饭都尚未吃上，更不用说春节的饭食去何处筹措了。彼时的徐枋危病在身，缠绵床褥，百事皆废，连祭祀祖先的糕果也无从置办。在这个萧索冷落的除夕之夜，徐家唯有"青灯荧荧，家人相对，四壁悄然"而已。

徐枋一生养育了四个儿子和一个女儿，但因为遭逢奇穷，营养短缺，几个子女均寿命不永。其中，女儿年甫三岁，罹患寒疾而终；三子尚在襁褓之中即已夭折；次子聪明绝顶，能诗善画，"见者以为神童"，却因为得病没钱买药，从而耽误了治疗，并未活过总角之年；只有长子和四子长大成人，却均在风华正茂的年龄早早逝去。徐枋尝自谓，他的一生有"五穷"：穷于命，穷于时，穷于地，穷于饥寒，穷于赋性。外部环境的恶劣加上自身的性与时违，使他难以逃避"生平多坎坷""骨肉多崎岖"的命运。

徐枋一生曾经多次罹患重疾，徘徊在死亡边缘。顺治十四年（1657），徐枋三十五岁，深冬大寒之日，因为无钱置衣，他只穿了一件被老鼠咬出了许多大洞的单衣出门送客，行至旷野，"寒风如刀，无可逃避"，第二天即引发疾病，乃至"八十日沉疴，六十日绝食"，若非遇到良医，断无生理。康熙十年（1671），徐枋四十九岁，罹患血痢两个多月，几次死而复生，虽然最终得以痊愈，却从此颓然衰瘁，耳聋眼花，反应迟钝。康熙十二年（1673），徐枋五十一岁，"反复病痛，徘徊生死"，气息微弱，翻身需要借助外力，拖延三个多月才勉强康复。康熙十四年（1675），徐枋五十三岁，突患重症，"且两病相继，至八阅月，岁底益剧，而支离委顿，竟同废人"……

对于壮年病亡的前朝遗民姜垓，徐枋一直以为，他的早逝乃是

"家冤国恤萃于一身，创巨痛深并集方寸"的结果，属"忧能伤人，不复永年"，而对于徐枋本人来说，又何尝不是如此呢？自遭逢国变，徐枋未能从父赴死，国仇家恨，郁结于心，从此陷入悲戚之中，长期忍受着贫困交迫、流离失所的磨难，忍人所不能忍，行人所不能行。正是长期的身体劳损和精神压抑，使得徐枋的后半生百病交攻、沉疴莫起，以致未及四十，鬓发斑白，齿牙摇落；年近五十，"少壮所读之书茫如隔世，宿昔所处之事转瞬遗忘"；而到了六十岁的年龄，徐枋已然须鬓如雪，看过去像七八十岁的老人了。如此种种，与其说是生理上的未老先衰，不如说是徐枋一生苦难的证明！

在生活最为艰难的时期，徐枋也曾以作画卖画为生，但他之所以作画卖画，只是为了缓解生活的压力，以之自食其力，而求不染于世，乃是不得已而为之，并不以赢利为目的。就像南朝隐士朱百年一样，以采竹砍柴为生，每次都把捆好的柴竹放在路边，买者留下钱后自行取走，"聊以苟全，非敢以此稍通世路之一线也"。所以，徐枋卖画，既不署作者姓名，且以所作书画放置箱中，于驴背驱之，带到城郊，卖者不到，买者自取，彼此互不谋面。就连这个来往于城乡之间的驴，亦被时人称作"高士驴"。

在徐枋艰难困苦的一生中，若说有快乐，那就是故友相见和山水流连了。易代之际，人生如飘蓬，生命如草芥，亲朋好友之间多的是生离死别，少的是长相厮守，一旦故友重逢，就显得格外珍重。顺治十四年（1657）春日，好友李文中驾着一叶扁舟前来拜访徐枋，二人既是同道中人，且生死契阔已有十三年之久，见面后握手互道劳苦，回顾往昔，都忍不住潜然泪下。他们在舟中谈风月，话古今，相与痛饮，浮白歌呼，甚而忘却了各自的不幸遭遇。当徐枋看到舟中满载的金石刻与宋元书画时，不禁忘情地"垂帘抚卷，婆娑意得"。徐枋自谓，数十年闭门却扫的生涯，使他很久没有看到古人墨迹了，即便是当世豪杰的书画品题与收藏精品，他也难以与他们把臂细论，今天不仅看到了古人墨迹，还得以与知己好友杯酒言欢，快何如之！

　　徐枋一生苦难，难得有悠闲的心境游山玩水，然而，一旦走进自然，他又总是情难自已，流露出少有的愉悦与欣喜。徐枋坦陈，因为酷爱邓尉山水，他每年都会打破土室之戒，赴邓尉山探幽访胜，而每每行至虎山桥附近，他也总会流连于彼处的绝佳风景，乃至沉醉其间，不忍离开。当徐枋与三五好友一起联袂登山时，他常常会卓立高处，引声长啸，聆听山鸣谷应，注目风起云涌，去享受那种"天籁吹我衣裾，松涛起于足下"的快感。徐枋有时也会主动邀约一些友人出游，比如，他邀请旧友葛瑞五月夜山会，在小札中这样写道："愿吾兄于十三日来，正当月色极佳时，今年天气少雨，新夏寒燠适宜，可坐岩石之侧，倾尊剧饮，以醉为期。酒渴则汲涧泉瀹新茗啜之，而山中老友有能吹洞箫弹鸣琴者，倩其一弄，与松风涧水互为响答……"那种期盼老友的殷殷之情，那种渴望融入自然的切切之心，情动于衷，溢于言表。

　　康熙三十三年（1694）秋，时年七十二岁的徐枋又一次罹患重疾，卧病在床。当此时，他的老伴和几个子女均已先他而去，偌大一个家庭，如今依然活在世间的只剩下他、儿媳华氏和独孙复官而已。徐枋自知不起，看着眼前面黄肌瘦的孤儿寡母，他不禁心疼难抑，悲从中来。回顾即将落幕的人生，徐枋自认恪守了"前二十年不入城市，后二十年不出户庭"的誓言，数十年来，他既多次谢绝了清廷官员的救助，也目睹了当初那些好气激、尚风义的士子们，随着时间的推移，是如何忍受不住萧索枯槁、脱离人世的孤寒，而纷纷返回俗世、归顺新朝。而他却始终"未尝有一转念，未尝萌一退心"，面对人世间的奇穷、奇困、奇病，无不处之泰然、怡然受之。

　　然而，面对仅存的孤儿寡母、他的亲人，徐枋终于还是心软了，他可以将自己的生命建立在"蹇险颠阨"之上，且生死以之，无怨无悔，却不能不给后人留条活路。思量再三，徐枋留下这样的遗书：

115

"寡媳孤孙，不可移居荡口，山居不便，入城可也。"经过半个多世纪的坚守，徐枋终于决定，把生存的机会留给亲人，为徐家的未来种下一颗希望的种子。但遗憾的是，徐枋去世后不过数年，华氏和复官亦先后谢世，遗民徐枋一门，并无子遗。

民初学人罗振玉为徐枋编写年谱，发出这样的慨叹："先生身世遭遇之奇穷，饥寒之凛溧，人事之舛迕，骨肉之崎岖，无所不臻其极。诚如先生所自述，彼苍之所以厄之者亦至矣。而先生处之泰然，先后数十年，下挫不辱，其行谊可感天地而泣鬼神，盖自生民以来，遇之穷，节之苦，诚未有过于先生者也。"而我们今天回望徐枋的一生，也依然时时面临着这样的追问：用一生为一个没落的王朝守节，心之所善，九死未悔，乃至全家陷入绝境，究竟值，还是不值？

站在实用主义者的角度去看，徐枋显然傻得可怜，明明可以过上好日子，却偏偏自讨苦吃；明明知道毫无希望，却从不轻言放弃，若以现实生活中的利害关系作权衡，难道不是一种执迷吗？然而，站在徐枋的角度去看，前朝之于他既是一个象征，也是他一生的价值归依。正所谓"最是无家成久住，苍茫何处慰蹉跎"，他坚守的虽然是一个没落的王朝，却也是他一生的理想所在。有理想，且忠于理想，求仁得仁，得其所哉，并不存在值与不值这个问题。

的确，每逢朝代更迭之际，总会有一些人因心怀故国而拒绝与新朝合作，对于他们，家国的概念远远超越了王朝的概念，他们之所以会一生殉一个消逝的王朝，他们追寻的其实是一种人生理想，他们坚守的其实是一种人生信念。他们的选择让我们知道，即便处身于一个蝇营狗苟的时代，依然有坚韧与刚毅的人格存在，只要有坚韧与刚毅的人格存在，即便王朝消亡，民族的精神却不会消亡，这个民族也依然会有复兴的希望。

一身湖海茫茫恨

——"江左少年"夏完淳的生死抉择

"江左少年"夏完淳被清朝杀害那年只有十七岁，这是按照中国传统的记龄方式计算的，算的是虚岁，他的实际年龄其实是十六岁。据目击者言，夏完淳临刑时"意气从容，一如平时"，同时被杀的他的岳父钱旃痛惜地问他："子年少，何为亦死？"他笑着回答："宁为袁粲死，不作褚渊生。"袁粲，南朝宋的忠臣；褚渊，南朝宋的叛臣。夏完淳与抗清英雄刘曙同时就戮，二人皆不跪，持刀者从喉间断之而绝。夏完淳慷慨赴死，他生前在《狱中上母书》中已经表明自己对于生死的态度："人生孰无死？贵得死所耳。父得为忠臣，子得为孝子，含笑归太虚，了我分内事。"

十七岁的年龄，正是一个人的花样年华，一般人尚且不脱青涩稚气，虽不致懵懂无知，却也难免少不经事。而这个年龄的夏完淳却已经走完了他短暂的人生之路，可谓"生如闪电，死如彗星"。他身后留下的不仅是一个烈士之名，同时还留下大量英气逼人的诗词文赋，从中透露出一个才子短暂一生的心路历程。郭沫若说夏完淳："五岁知'五经'，九岁善词赋古文，十五从军，十七殉国。不仅文辞出众，而且行事亦可惊人。在中国历史上实在是值得特别表彰的人物。"可称对夏完淳一生简约而公允的评价。

夏完淳（1631—1647），乳名端哥，别名复，字存古，号小隐，又号灵首，江南省松江府华亭县（今上海市松江区）人：云间—华亭—松江，一地三名，原本就是人文渊薮，是一个充满诗意和想象的地方。夏完淳出身于一个书香之家，其祖父夏时正只是一介生员，其父亲夏允彝却考中进士，在明末的文化圈中，夏允彝乃是大大有名的人物，他是"几社"魁首，后来"几社"与"复社"合并，他又成为松江复社的灵魂人物。夏允彝在福建长乐做知县，政绩突出，官声甚佳，因此引起崇祯皇帝的注意，在他即将被委以重任时，却因丁忧守制而返回故里，等到守制期满，明朝已经灭亡了。

夏完淳五岁讲《论语》，六岁熟读经史，七岁能诗文，九岁就印制了第一本诗集《代乳集》，被时人誉为"神童"。夏允彝在长乐任知县，将夏完淳带在身边，一方面教他各种学问，另一方面有意让他接触当地的或来访的学者文士，以耳濡目染，增广见闻。据蔡嗣襄《夏存古传》记载，夏完淳十二岁那年拜松江名士陈子龙为师，彼时的他已然生得秀目竖眉，举手投足犹如"一老成人"，拿出自己的诗赋给人看，已有厚厚的一册，与父辈同席，抵掌而谈，对烽警边事均有见地，且颇中肯綮，见者无不啧啧称奇。

既称"老成人"，显然与夏完淳的实际年龄并不相符。松江夏家与嘉善钱家结为姻亲，有一次，夏完淳去嘉善拜见岳父钱旃，正逢王朝时局动荡、内外交困之际，给岳父行过见面礼之后，夏完淳缓缓地问道："世局已是这样，不知岳父大人所阅何书？所重何事？"钱旃原本把夏完淳看作孩子，完全没料到他会这样发问，仓促间不知如何作答，只得勉强回复道："我与你父亲所学略同。"钱旃自此方知自己的女婿不可小觑，亦从此将他视作同道中人。

北都沦陷时，夏完淳刚刚十四岁，他先是致书本地四十余家乡绅，请举义兵，共赴国难，继而跟随父亲赶赴南京，拜谒史可法，商讨恢复大计。几乎让所有人都始料未及的是，建都南京的弘光朝廷不过一年即告覆灭，清兵很快进逼到松江一线，急剧恶化的局势，迅疾将生与死的抉择摆在夏氏父子面前。

弘光朝廷覆亡之初，夏完淳即与钱旃的女儿钱秦篆匆匆完婚，以求夏家早日有后，在乱世中完成一桩心愿。随即由夏允彝出面联络四方义士，并致书其门生水军将领吴志葵，准备合兵一处，攻取苏州，再图进展。初次从军的夏完淳不仅全程参与制订恢复大计，甚而亲临一线作战，虽然最终未能攻下苏州，却也锻炼了夏完淳的意志与胆略，使之迅速成长为一名坚强的战士。

　　苏州之战结束不久，松江、嘉兴、昆山等地先后沦陷，夏完淳跟随父亲会同吴志葵等与清军再战黄浦，终于全军覆没，吴志葵等人殉国，夏氏父子侥幸生还，秘密潜回松江。局势变得益发严峻，松江城内风声鹤唳，清兵四处缉拿抗清人士，苏松提督李成栋久闻夏允彝大名，许以高官厚禄，逼令归顺。夏允彝自知不免，遂赋《绝命辞》，所谓："少受父训，长荷国恩，以身殉国，无愧忠贞。"并留下遗言，让夏完淳续写他尚未完成的南明史著《幸存录》，然后"怀石沉嵩塘以死"。嵩塘水浅，不足以淹没一个成人，夏允彝实际上是把头埋入水中，直接呛肺而死的，可见他的无悔与决绝。

　　父亲的决绝赴死，显然使夏完淳的心灵受到了极大的震撼，同时也让他从此陷入孤绝之境。直到两年多以后，回顾这段孤苦凄绝的日子，夏完淳犹自写道："先文忠投渊殉节，便尔无家。湖海飘零，于今三载。风胼霜胝，捉衿短衣，倍人世之艰辛，极君亲之冤酷。穷途歧路，断梗飞蓬。"父亲投渊身亡，母亲和姐姐先后剃度，遁入空门，亡国丧家的夏完淳就像断梗飞蓬一般流落世间，背负着国仇家恨，却也就此激发出他矢志报仇的雄心。夏完淳在一首名为《鱼服》的七律中这样写道："投笔新从定远侯，登坛誓饮月氏头。莲花剑淬胡霜重，柳叶衣轻汉月秋。励志鸡鸣思击楫，惊心鱼服愧同舟。一身湖海茫茫恨，缟素秦庭矢报仇。"表达了他矢志抗清的决心。

　　吴志葵兵败之后，夏完淳再次从军，他遵从父亲的遗命毁家纾难，尽以家财饷军鲁监国，然后跟随师傅陈子龙起兵太湖，陈子龙战败，他又进入抗清将领吴易军中，受到礼遇，先后参与海盐之战与吴江之战。吴易兵败被执，夏完淳泗水脱险，仅以身免，从此流落江湖，往来于嘉定、嘉善和吴江等地，联络各地义士，秘密从事抗清活动。

以"一身湖海茫茫恨"的诗句来形容夏完淳彼时的心境，应该是非常贴切的。当此时正是风雨如晦，天地苍茫，夏完淳眼看着江南大地正在被侵略者一步步蚕食，却大仇未报，壮志难伸，他既心有不甘，又徒劳无助。这一时期的夏完淳写下了大量诗文，一来抒发压抑已久的情感，二来用以明志。他在《六哀·徐冢宰》中叹息"遗恨楚社虚，秦仇竟谁雪"；他在《即事三首》中感慨"战苦难酬国，仇深敢忆家"；他在《送驭闳蒋大南行》中发誓"沧浪渔夫长哀郢，湖海狂夫矢报韩"；他在《题曹溪草堂壁》中感喟"我今亡命沧海游，何年佩刀成报仇"。

在著名长赋《大哀赋序》中，夏完淳首先回顾了自己"揭竿报国，束发从军"，乃至"国亡家破，军败身全"的抗清历程。继而又在《大哀赋》中全面检讨了明王朝灭亡的原因，描写了故国沦亡，山河破碎，乃至"公私倾覆，天地崩离"的惨痛景象，抒发了自己"万里风尘，志存复楚"的志愿。全赋融个人身世与家国巨变为一体，字里行间，既带有深沉的忧患意识，又流露出强烈的个人使命感。诚可谓悲壮凄怆，泣尽以血，非心有至悲至痛者决不能为。

在嘉定长姊家中，夏完淳开始续写父亲的遗著《幸存录》，他秉承"不敢苟，不敢私，不敢以己意曲直"的治史原则，抛开党人立场，力求对弘光朝的人事作出一个不偏不倚的客观、公正的评价。他说"史道邻清操有余，而才变不足"，他说"士英虽有用小人之意，而无杀君子之心"，他说高杰从"跋扈飞扬"，"一变而为忠烈"，当属持平之论。回顾享国一年的弘光朝廷，夏完淳未免感慨系之，他敏锐地指出，"南都之政，幅员愈小则官愈大，郡县愈少则官愈多，财赋愈贫则官愈富"的"三反之政"，乃是朝廷没落的根本；

而"朝堂与外镇不和，朝堂与朝堂不和，外镇与外镇不和"的朋党势成、门户大起的党争之烈，乃是王朝败亡的关键。这些议论，均可称一针见血，正中要害。

清顺治四年（1647），舟山鲁王的抗清政权遥授夏完淳为中书舍人，随后不久，鲁王的使者被清兵拿获，夏完淳等人"通海事泄"，夏完淳在家乡松江被捕，随即被押解南京。据当时在虎丘石佛寺削发为僧的杜登春回忆，有一天，杜登春正在憨憨泉附近乘凉散步，忽然看到一个小沙弥同青衣数人汲水而饮。远远望去，小沙弥颇似夏完淳，杜登春走近视之，竟然真的是他。情急中夏完淳告诉杜登春："我已经就缚上道，没有路费，请速为我谋之。"杜登春倾其囊中所有付之，并亲自将夏完淳送上小舟，目送其远去。

在被押解到南京的途中，夏完淳写出了他平生的杰作《南冠草》，其中《细林夜哭》悼念其师陈子龙，有"呜呼！抚膺一声江云开，身在罗网且莫哀。公乎公乎，为我筑室傍夜台，霜寒月苦行当来"的诗句，意谓为赴国难，虽然身陷罗网也并不悲哀，请老师为他在冥间修一座房子，霜寒月冷之夜他会准时到来，从而表达了一种视死如归的慨然气概。船至吴江，夏完淳又写下了《吴江野哭》，悼念抗清义士吴易，其中有"茫茫沧海填精卫，寂寂空山哭杜鹃"的诗句，既是哭吴易，也是用以自喻，借精卫填海的故事以明心志。夏完淳其实早已抱定必死之心，虽徒劳无功亦无怨无悔。

夏完淳被押解到南京之后，受到著名降臣洪承畴的审讯。据屈大均的《皇明四朝成仁录》所载，洪承畴本来有心为夏完淳开脱，在公堂上故意说："童子何知，岂能称兵叛逆？误坠军中耳。归顺当不失官。"揆诸一般人情，作为一个尚未成年的童子，如果夏完淳此时顺风下坡似乎并无不妥，然而，夏完淳却装作不认识洪承畴，厉声说道："我听说洪亨九先生乃是本朝人杰，嵩山和杏山之战，洪先生血洒疆场，先皇帝曾亲率百官，祭其英灵。我倾慕洪先生忠烈，虽然尚且年少，但舍身报国，却不甘落后。"

这时，两边站立的差役撑不住了，他们赶紧提醒夏完淳："堂上坐着的就是洪先生。"没想到夏完淳斥之道："洪先生已经为国捐躯，天下无人不知，无人不晓。你是何等逆贼，竟敢伪托洪先生之名，以污忠魂！"于是，跳起来愤骂不已。洪承畴一时无言以对，终于神情颓丧，拂袖而去。

屈大均的记述是否属实并不重要，可以确定的是，狱中的夏完淳自知必死，早已将生死置之度外。他不仅与同样因抗清而身陷图圄的刘曙等人结为知己好友，而且一直吟咏不辍，先后写下了《别云间》《即事》《精卫》《哭吴都督》等著名篇什，从而达到他短暂一生的创作高峰，这亦成为夏完淳留给世间最后的生死绝唱。

夏完淳的这些珍贵诗文，分别写给他心目中的英雄，写给他的家人，写给他的亲友，当然，也写给他自己。对嫡母，他负疚"古道麻衣客，空堂白发亲"；对长姊，他抱愧"愧负文姬孝，深为宅相怜"；他嘱咐外甥"大仇俱未报，仗尔后生贤"；他叮嘱妻子"九原应待汝，珍重腹中儿"。夏完淳还在《别云间》中这样写道："三年羁旅客，今日又南冠。无限山河泪，谁言天地宽。已知泉路近，欲别故乡难。毅魄归来日，灵旗空际看。"抗清三年，身如飘蓬。复国无望，身陷图圄。山河支离破碎，让人不忍面对。生命行将结束，故乡依依难舍。魂魄归来之日，依然高举义旗——铮铮誓言，拳拳之心，昭示出诗人不屈不挠的战斗精神和义无反顾的爱国情怀。

在生命最后的日子里，夏完淳写下遗书《狱中上母书》，一方面感谢母亲的养育之恩，另一方面与母亲和家人依依作别，并不厌烦琐，详细交代了自己的身后事。对于死，夏完淳无所畏惧，他只是担心自己身后，家中的老小如何生活。但是，尽管如此，还是这样吧，身体虽然是父母给予的，却要为国家所用，当国家需要的时候，就应该义无反顾地贡献出自己的生命。对于有孕在身的妻子，夏完淳既叹息她余生"茕茕一人，生理尽矣"，又一再叮嘱，如果得到一个遗腹子，那当然是家门之幸，如若不然，亦不必另立后嗣。所谓：

"大造茫茫，总归无后。有一日中兴再造，则庙食千秋，岂止麦饭豚蹄，不为馁鬼而已哉！"遗书的行文既不失激越悲壮，却又百转千回，肝肠寸断，读来不禁令人潸然泪下。

读夏完淳一生最后的诗文，我时常在想，一个十七岁的少年，在何种境况下才能真正无视死亡，完全置生死于不顾呢？梳理夏完淳人生最后三年的心路历程，其实不难看出，对于生命，他是留恋的。破落的家园，无人照顾的老人，是他无法放下的系念；新婚的妻子、尚未出世的孩子，是他难以割舍的牵挂。夏完淳也曾一度有过逃秦之想，他说"四海尽风尘，桃源欲问津""应有避秦地，行人路已迷"，就是想远离杀伐，寻求一方净土，去过安宁的日子。但夏完淳最终还是选择与清朝对抗，虽然明知无望，却是尽力而为。对于夏完淳来说，生命诚然可贵，但是，当人生的信仰遭遇危机，当生命的价值遭到践踏，不畏牺牲，乃至慷慨赴死，就成为义不容辞的选择。

事实上，在明清易代之际，对于包括夏允彝、夏完淳父子在内的许多江南士人而言，所谓忠君报国，很大程度上已经转化为一种对文化的守望，转化为一种心灵的执着与信念。面对异族的入侵，他们不惜以生命为代价，前仆后继，奋力抗争，就是不甘于先进文化的湮灭与倒退。夏完淳的选择证明了这样一个事实，时至明末，中国依然并不缺少仁人志士，他们甘愿以生命殉文化，以文化挽家国，而夏完淳正是以自己年轻的生命，撑起了一个民族的脊梁，坚守了一个民族的人格和骨气。

1647年，清顺治四年九月十九日，夏完淳与钱旃、刘曙等三十三名抗清义士一起受刑。夏完淳死后，由杜登春为其收殓遗体，归葬于故乡松江昆冈乡荡湾村夏允彝墓旁。夏完淳身后，其妻钱秦篆诞下一女，却不幸夭折，而钱秦篆本人亦削发为尼，以不足十八岁的年龄，就此度过残生。夏完淳所云"大造茫茫，总归无后"，可谓一语成谶。

桃花得气美人中

——南明痛史与南明妓女

1644 年，中国干支纪年甲申年三月十九日，李自成的大顺军攻克北京，崇祯皇帝自缢身死，明朝灭亡。随之，弘光、隆武、鲁监国、永历四个南明小朝廷走马灯似的先后建立并消亡，中国南方陷入了长达二十多年的群雄争霸局面，一直到清康熙皇帝平定"三藩之乱"（1673—1681），大规模的民族矛盾方宣告结束，清朝政府才算真正坐稳了江山。

阅读南明的历史是颇让人感慨且困惑的，因为清朝入关伊始，其铁骑不过区区数万人，而南明朝廷此时尚有大量的正规军存在，在数量上无疑占有着绝对的优势。以这样区区数万清朝军队去征服古老中国并最终"入主中原"，恐怕满人起初连想也不敢去想的，当时他们的目的也无非是劫掠一番，衣锦还乡而已。让多尔衮始料未及的是，偌大中国竟然形同散沙，一触即溃，清兵所到之处，南明将士纷纷倒戈，如入无人之境，于是，清朝这个只有四十多万人的游牧民族，带着同样多的奴隶，在征服了有着三四百万人的辽河流域之后，最终征服了一亿三千万人的中国。

那么，到底是谁毁掉了大明的江山呢？《大义觉迷录》所载的雍正"上谕"透露了其中的秘密："至世祖章皇帝入京师时，兵亦不过十万，夫以十万之众，而服十五省之天下，岂人力所能强

124

哉？……其时统领士卒者，即明之将弁；披坚执锐者，即明之甲兵也。"清兵进攻南京时，仅仅江北降清的南明守军就远远超过了两路南下清兵的总和，其中包括总兵二十三员，副将四十七员，马步兵共计二十三万八千三百多名（据多铎向清廷的奏报），另外还要加上左良玉之子左梦庚部，以及黄得功手下将领田雄、马得功部，这些南明旧部为清廷征战时发挥的作用已经远远超过了清朝的军队。

明清之际的大学者顾炎武曾有"亡国"与"亡天下"之辩，他认为"仁义充塞，而至于率兽食人，人将相食，谓之亡天下"。"亡国"尚不可惧，只要人心在，仍然可以卧薪尝胆，力图恢复；可惧的是"亡天下"，人道不存，即使存国也已没有什么意义，那就一切希望全无了！应该说晚明社会所面临的正是这样一个"亡天下"的局面。

晚明社会已是一个病入膏肓的社会，明朝的灭亡也正是晚明社会各方面矛盾的一次总爆发，在此基础上建立的南明小朝廷，则延续了晚明社会所有的弊病而苟延残喘。朝廷内部绝大多数官僚仍然因袭了党争之故套，一切都是以个人和小集团的利益为出发点，"荣利禄，趋声势，私妻子"，相互拆台，自相火并，结党营私，内部倾轧。甚至包括那些"民族英雄"如郑成功，他首先考虑的也仍然只是郑氏家族的利益，而并非以国家大局为重，只有当清朝政府危及他自身的利益时，他才会站在比较软弱的南明一边，说穿了南明朝廷不过是他借以号召群雄的旗帜罢了。

在这样一种大环境之下，一旦国难当头，南明文武官员"闯至则降闯，献至则降献，一降不止则再"，公然将传统文化的道德教条抛诸脑后，也就绝不会是偶然现象了。瞿式耜在桂林城破之日曾经写下了这样的《临难遗表》："时臣之童仆散尽，止一老兵尚在身旁。夜雨淙淙，遥见城外火光烛天，满城中寂无声响。坐至鸡唱……大厦倾圮，非一木所能支也！"把那种形同末路的绝望表现得淋漓尽致，真可谓孤臣孽子，字字血泪，当此之时，夫复何言？

125

南明的历史是很值得人们去深思的，公正地说，明朝并非亡于"流寇"，更不是亡于清朝，而是亡于它自身的腐败！抛开政治的原因不说，南明的历史将中国人人性的痼疾暴露无遗，显示了他们集体做人的失败。明清之际无疑是考察传统士人文化人格的一个最佳契机，国难当头，传统知识分子首先想到的并不是精诚团结，共赴国难，而是考虑个人利益的得失取舍，鼠目寸光地囿于一己的小圈子之中；他们因循守旧，嫉贤妒能，贪得无厌，朝秦暮楚；他们反复无常，插标卖首，见风使舵，见利忘义。当一个时代滔滔者天下皆是这种人时，你就不能不把它归之于传统文化的失败了。

传统文化的士精神本来就是大文化环境下的产物，丧失了这种大文化环境，也就丧失了士精神存在的基础。晚明"启蒙思潮"的发生是传统文化即将解体时期奇特的文化心理现象，它既是个人的发现，同时也暴露了传统文化的危机。时至晚明，所谓政治早已变成了各种名节与礼仪之争，学者们空谈仁义道德，标举"行己有耻，博学于文"，"动辄叫人明心见性超凡入圣"，所注重的不是政治的实质，而是表面的虚文。在一个以道德名节为重的社会中，人们基于强权与道德的力量，不得不去自律以维护传统道德的尊严，而一旦时当末世，王纲解纽，原来用于维系世道人心的伦理道德就会失去其内在的约束力，人的自我意识与个人私欲也会急剧膨胀。

传统道德的脆弱之处就在于它的严酷与不近人情，所谓"慎独"即是对自己的不信任，越是一个人越要面临着道德的煎熬，因为这种道德本来就是做给别人看的，南明的历史提供了一次检验这种个人道德的机会，结果大家纷纷在"慎独"面前败下阵来，露出了自己的真实面目。这种对于个人的不切实际的高标准与严要求，已然禁不住现实的拷问，而彻底暴露出了传统道德内在的虚伪。南明文武官员的"随风而转"，只是从另一个层面表明了传统道德的破产，表明了传统社会的"礼坏乐崩"，以致最终"亡国""亡天下"。

晚明文化的确是一种"很怪异"的文化，它既堕落颓废，又有着令人兴奋的灿烂，犹如回光返照的最后时刻，在严谨古老的传统文化中忽然绽放出的明丽动人的花朵。一个太严肃的社会是乏味的，但一个过度沉溺于享乐的社会也同样会因为人欲横流而最终乐极生悲，晚明正是这样一个社会。这个社会宛如一幅纸醉金迷、声色犬马的末世行乐图，所有的知识分子似乎都已预见到大限将至，自知不免，且于家于国均无力申报，只好在国势危殆、前途渺茫之际，放浪于江湖之间，去醉生梦死，逃避现实。

在这种极度夸张的个人姿态下，实际隐藏着一种精神压抑的紧张，因为奇行奇节已经不是正常范围内的人情物理，所以说一个崇尚奇行奇节的时代必然是严酷的、矫情的，与举国若狂正复相似。人生健全的条件，首先需要有健全人性的政治文化环境，缺少了这样的环境，就会缺少生存的余裕，以致产生"政治文化和整个社会生活的畸与病"（赵园《明清之际士大夫研究》），士人的各行其是与放浪形骸也就是在所难免的了。

且看晚明士人之放浪狂态：

　　杨用修谪滇南，纵酒自放，尝敷粉作双鬟插花，诸妓拥之游行市中。夷酋以精白绫作械，遗诸妓服之。酒间乞书，醉墨淋漓。诸酋购归，装潢成卷。（徐𤋮《本事诗》）

　　王幼于、张孝资为俦侣，或歌或饮，或破衣狎妓。孝资生日自为尸，幼于率子弟缌麻环哭，上食设奠。孝资坐而享之。翌日行卒哭礼，设妓乐，哭罢痛饮，谓之"收泪"。又有刘会卿典衣买歌者，俄而疾卒，幼于持絮酒就其丧所哭之以诗，令会卿所狎吴姬为尸，仍设双俑夹侍，使伶人奏琵琶，再作长歌醉焉。其放浪如此。（朱彝尊《静志居诗话》）

　　……

真的是长歌当哭，竟不知今世为何世了！

颇有意思的是士人的末世狂欢总也不能离开妓女的点缀，正所谓美人名士，相得益彰，这些绝顶聪明的妓女与放浪形骸的士人一起，成为南明历史上一道美丽哀艳的风景。

无疑，南明妓女也是一个时代文化的产物，正是晚明特殊的文化环境培育了前无古人、后无来者的一代名妓。妓女在每个时代总是能得风气之先的，这不仅仅表现在她们的化妆服饰上，即使在思想意识方面也同样如此。这些美丽妖娆的女人们不仅善于轻歌曼舞，红牙拍案，而且她们还能获得平常女人根本无法想象的浪漫情调。当士人们落拓江湖"忍把浮名，换了浅斟低唱"之时，妓女就是他们惺惺相惜的红颜知己；虽然她们在社会地位上不免低人一等，但她们通文墨，能诗善画，在与士人们交往的耳濡目染之间，常常能由欲境上升至灵境，而"慢慢凝聚成不灭的诗韵"（伍立杨语）。

在实用主义的传统文化之下，妓女是一个异数，诚如前辈学人王书奴先生所言："娼妓不但为当时文人墨客之腻友，且为赞助时代文化学术之功臣"，在宗法社会中，以色事人与以才事人本来就没有本质的区别，历代文人们也只有在妓女们身上才能够寻找到自己爱情的想象，在现实中不可得者，他们也只有在苏小小、柳如是们身上去寻找感情的寄托了。

南明的历史是沉重的，如果说这个时代还有一点色彩的话，那就是我在这个时代发现了柳如是、李香君、陈圆圆等所谓的"一代名妓"。就在这个天崩地解、斯文扫地、士大夫纷纷剥下自己的伪善嘴脸望风进退之际，反而是这些为传统社会所不齿的妓女显示出她们超常的大人格；当民族矛盾处于紧要关头，当所有那些自诩为中流砥柱的男人们公然出卖自己的道德人格之时，正是柳如是、李香君、陈圆圆们为中国文化史留下了一个昙花一现的美梦，给严酷的南明历史带来了片刻的宁静、温馨与安详！当男人们仍然高高在上

128

地赞赏着她们的"巾帼不让须眉"和"女中丈夫"时，这真是对男权社会的一个绝妙的讽刺！

让我们以温柔的眼光重新注视这些美丽的女人吧。

　　葛嫩，字蕊芳。……克咸名临，负文武才略。倚马千言立就；能开五石弓，善左右射。短小精悍，自号"飞将军"。欲投笔磨盾，封狼居胥，又别字曰武公。然好狭邪游，纵酒高歌，其天性也。先昵珠市妓王月。月为势家夺去，抑郁不自聊，与余闲坐李十娘家。十娘盛称葛嫩才艺无双，即往访之。阑入卧室，值嫩梳头，长发委地，双腕如藕，面色微黄，眉如远山，瞳仁点漆。叫声"请坐"。克咸曰："此温柔乡也，吾老是乡矣！"是夕定情，一月不出，后竟纳之闲房。甲申之变，移家云间。间道入闽，授监中丞杨文骢军事。兵败被执，并缚嫩。主将欲犯之。嫩大骂，嚼舌碎，含血喷其面。将手刃之。克咸见嫩抗节死，乃大笑曰："孙三今日登仙矣！"亦被杀。中丞父子三人同日殉难。(余怀《板桥杂记》)

　　苏妓某，当乙酉国变，语所善客以死事，俱狎笑之。中秋买棹召客泛太湖，皎月空明……忽顾影感叹，置觞投深流中，不及救。(谭迁《枣林杂俎》)

　　顾横波词史，自接黄石斋先生后，有感于中，志决从良。后为明故兵科给事中龚芝麓所得。甲申流寇李自成陷燕京，事急，顾谓龚若能死，己请就缢。龚不能用，有愧此女也。(《茹园赘谈》)

　　马姬字守真，小字元儿，以善画，故湘兰之名独著。所居在秦淮胜处，喜轻侠，时时挥金以赠少年，步摇条脱，每在子钱家勿顾也。王伯谷叙其诗云："轻钱刀若土壤，翠

129

袖朱家；重然诺如丘山，红妆季布。"（钱谦益《列朝诗集》）

……

我们对柳如是、李香君和陈圆圆的事迹早已是耳熟能详的了，陈寅恪先生之所以穷十年之心力为柳如是作传，就是有感于她的民族气节与独立自由之精神："披寻钱柳之篇什于残缺毁禁之余，往往窥见其孤怀遗恨，有可以令人感泣而不能自已者焉。"这位"结束俏俐，性机警，饶胆略"的小女人"通权达变，大义凛然，苟利家国，生死以之"，与那位号称"东林泰斗"的钱大诗人形成了鲜明的对照。至于李香君"血溅桃花扇"就更是脍炙人口，真可谓桃花扇前，羞杀堂堂七尺男儿了！

我在这里无心去对比南明知识分子与南明妓女的人格高下，也不想把南明妓女抬高到非凡的高度，事实上，南明妓女和所有传统社会中的女人们一样，自古就是被排斥在政治生活之外的，所以她们接受儒家三纲之教，比男人"纯一不杂"，不受或少受复杂的政治利害的干扰。在歌舞升平的年代里本来是不需要她们去考虑政治气节问题的，但遇到国破家亡的非常时期，这个问题就会突然摆到她们面前，为她们提供了一个重新塑造自己人格形象的机会，她们既然已经做不成贞烈女，现在只有以做忠臣来弥补自己的人格"缺陷"，政治气节的荣光就成为她们慷慨赴义的精神源泉。况且，国破家亡之际，落到征服者手中，女人命运的悲惨，她们也是深知的。由此可见时代道德对她们的影响至深，所以应该说在南明妓女的气节的背后也无疑带有着根深蒂固的"贞节"的情结。

但纵观钱谦益与柳如是，侯方域与李香君，吴三桂与陈圆圆，我们仍然不能不面对一个这样的事实，那就是男人的现实实用主义心理表现得淋漓尽致，其功利之心也昭然若揭，在异族入侵、国破家亡的大是大非面前，他们可以公然抛弃自己信奉了一生的"仁义礼智信"，这些儒家文化的道德教条对他们再也没有任何说服力。而南明妓女则代表了传统文化最为纯净的一面，她们以一种女人所特有的浪漫心态，表现出了一种完美的大国民气质与个人人格！如果单从这个时代去考察，那些以道德名节为标榜的知识分子的确是远远无法与南明妓女相提并论的。

我一直这样认为，长期的宗法社会所培养出的传统知识分子不外有这样两种人：第一种人是以社会治世理想为己任，知其不可而为之，逢乱世则不惜以身殉道，如屈原、文天祥等人，文天祥的"鼎镬甘如饴，求之不可得"可以看作封建文化人格的最高境界，这种"烈士型"就是宗法社会的道德楷模。其气节与宗法社会中女人的贞节有着异曲同工之妙，都有从一而终的性质，都离不开宗法社会的长期教化。第二种人即是所谓的"风派"，这种人在治世八面玲珑，投机钻营，逢乱世则见利忘义，摇尾乞怜。越近末世，第二种人就会滔滔者天下皆是，充分暴露了中国人文化人格渗入骨髓的历史痼疾。

中国的封建末世都有着非常相似的特征，晚清之于晚明，晚明之于两宋，一直上溯，无不陷入同样的末世宿命。故鲁迅先生尝言："试将记五代、南宋、明末的事情的，和现今的状况一比较，就当惊心动魄于何其相似之甚，仿佛时间的流驶，独与我们中国无关。"正是在这样的历史环境中，益凸显出南明妓女不俗的精神人格，也使她们与所有的"烈士遗民"和"贞妇烈女"区别开来。

柳如是曾经写过这样一首小诗："垂杨小院绣帘东，莺阁残枝未思逢。大抵西泠寒食路，桃花得气美人中。"在这样一个"烂若桃花"的时代，恰恰是这些传统社会中的弱女子写下了最为美丽的时代篇章，留下了晚明社会最后的风流，是她们使南明的历史变得透明而鲜艳。我想，用"桃花得气美人中"来形容这样一个时代应该是非常合适的吧！

第三辑　玩　家

华亭尚书天人流

——董其昌的为官之道

一

1616年，明万历四十四年，对于年逾花甲的董其昌来说，实在是一个令人窝心的年份。尽管此时的董其昌已经功成名就，既以朝廷官员的身份告假休养，又是彼时的艺坛盟主，当朝首屈一指的书画大师。但毕竟是树大招风，尤其是董其昌还有着松江首富的名声，靠一手书画绝技，赚得钵满盆满，富甲一方。在贫富分化日益严重的晚明社会，富得淌油的董其昌很容易成为一般民众潜意识里"仇富"的对象，稍有不慎，就有可能惹祸上身。而这年春天发生的"民抄董宦"事件，就是董其昌平生所遭遇过的一次最大的危机。

事件的缘起是这样的，话说董其昌有四个儿子，其中次子董祖常看上了同城秀才陆绍芳家的使女，欲买为妾，被陆家拒绝。董祖常仗着自家财大势大，遂命家仆陈明等人强抢陆家使女，被陆家告上了公堂。后经郡绅出面调解，陆家选择"勉从"，亦即勉强接受了调解。本来事情已经平息下来，却有好事者将此事编成了说唱小说《黑白传》，其中不乏对董其昌及其家人诋毁与揶揄的内容，并让说书人走街串巷演唱，流布民间，一时间董家声名狼藉，董氏父子亦

135

沦为当地平民茶余饭后的笑柄与谈资。

董其昌原想息事宁人，但他的几个儿子却大为光火，他们怀疑《黑白传》出自生员范昶之手，于是派人上门质问。范昶拒不承认，为了证明自己的清白，他跑去城隍庙里指天画地，赌咒发誓，力陈自己的冤屈。然而巧合的是，范昶回家不久，突然得了重病，迁延数日，居然不治身亡了。范家认定范昶死于董家的迫害，范家女眷则穿着孝服聚在董家门前哭闹不休，双方话语不和，终于演化为一场肢体冲突。范家女眷遭到羞辱，范家以一纸"剥裤捣阴"的诉状将董家告到了官府。

官府未及审案，董家仗势欺人、凌辱百姓的消息已经传开，尤其诉状中的"剥裤捣阴"四个字，可谓触目惊心，马上在当地引起轩然大波。松江士人本来即看不惯董其昌几个儿子的飞扬跋扈，遂联名书写榜揭，四处张贴，呼吁"枭其三孽"——三孽者，董其昌、董祖常父子和家仆陈明，意欲置董氏父子于死地而后快。至此，松江民众对董氏父子的围攻愈演愈烈，适逢三月十五庙会之日，人头攒动，大家说起董家的事情，义愤填膺，群情涌动，万余民众包围了董府，局面一下变得不可收拾。

二

情绪失控的民众先是将陈明的宅院付之一炬，转而对董其昌、董祖常的府邸进行了洗劫，然后点起一把火，将董家数百间雕梁画栋的亭台楼阁尽付火海。董其昌及其家人逾垣而逃，才幸免于难。大火烧了整整一夜，所谓"四宅焚如，家资若扫"，董其昌的偌大家产多半损毁，尤其可惜的是，他积攒收藏了大半辈子的历代法书名画也随之灰飞烟灭。尽管如此，但民众的愤怒情绪还是没有得到完全宣泄，他们依然四处串联、煽风点火，又将董其昌建在松江郊外白龙潭的藏书楼焚毁，将董其昌书写的"抱珠阁"匾额投进河里，

"凡衙宇寺院，文敏所题匾额，毁击殆尽"。直到官府派出官兵武力弹压，事态才得到控制。

在明末民变中，"民抄董宦"属于规模很小的一个事件，尽管它对董其昌的个人生活影响深远。这个事件之所以发生，有着各种复杂的原因，首先，这是董家在松江当地长期积怨的结果，董家财大势大，董氏家族基本上垄断了当地所有的灰色生意，诸如赌博、放高利贷之类，为人所忌，当属必然。虽然董其昌本人处处小心谨慎，但他的几个"富二代"儿子却蛮横张扬，经常做一些不法之事，尤其他的次子董祖常"性尤暴戾"，连带家仆也依势作威，仗势欺人，董其昌无疑负有教子无方、治家不严的责任。

其次，如果放宽视界，把"民抄董宦"事件置于晚明时期的大背景下去考察，即可以明显看出，这其实并不是一次孤立的事件。明朝到了万历末年，朝廷横征暴敛，官绅强取豪夺，阶层固化、贫富分化，以及由此引发的官民对立与贫富对立，已经成为日益严峻的社会问题。而包括董其昌的家乡松江在内的江浙地区，向来是帝国的税负重地，各种苛捐杂税已经远远超出了百姓的负荷能力，民众中弥漫着一股仇官仇富的情绪。松江民众甚至喊出"若要柴米强，先杀董其昌"的口号，可见董家在当地早已成为众矢之的。而引发"民抄董宦"事件的《黑白传》不过是一个导火索，其实质乃是松江社会各阶层不满情绪的积累和爆发，从中暴露出的实是晚明时期深刻的阶级对立和社会矛盾。

三

事实上，董家虽称松江首富，但董其昌并非出身于显贵之家，恰恰相反，儿时的董其昌生活相当贫困，家里虽然有几亩薄田，充其量也只是勉强糊口而已。现在不妨重新回顾一下董其昌的生平：董其昌（1555—1636），字玄宰，号思白、香光居士，南直隶松江华

137

亭（今上海市）人。他出生于明嘉靖三十四年正月十九日，初居马桥，后因不堪恶吏欺压，举家逃籍到了松江华亭。据史料记载，那年正月，陕西、山西和河南一带发生强烈地震，遇难人数达八十多万人，乃是中国历史上有文字记载的最大的一次地震。预示着董其昌的生命刚刚开始，即已迈入了大明王朝的忧患年代。

董其昌的父亲董汉儒是一位秀才，科举蹭蹬，转而做了私塾先生。董汉儒从小即对董其昌寄予厚望，不仅每晚与他睡在一起，陪他温习功课，同时亲自担任他的启蒙老师，教给他一些应举的知识。董其昌少负才名，《董氏族谱》说他"过目成诵，出口成章，绪余所及，俱为世宝"，可知他很小即以才子之名称誉乡里。世间的才子大抵都是相似的，天生聪明，加上后天努力，而正当董其昌在科举之路上奋力前行时，他又喜欢上了书画，不禁让董汉儒大感忧虑。随着董其昌的名气越来越大，来董家求书求画的人也越来越多，眼看着儿子心有旁骛，董汉儒一气之下把客人送来请儿子题签的笺纸全部撕碎，作为对儿子的惩戒，并表达了自己的不满。

好在董其昌并没有因为书画耽误举业，他一方面拜名师，交益友，在书画艺术的道路上越走越远；另一方面励志勤学，发愤读书。虽然在乡试中也曾遭遇过两次挫折，但最终还是以南京乡试第三、北京会试第二、殿试二甲第一的好成绩连中三元，考取进士，成功步入仕途，完成了他生命中最重要的转折。作为晚明时期的艺术大师，从衣食无着的一介贫民，到位极人臣、富甲一方的地方首富，董其昌的一生其实更像是一个励志成功进而改变命运的范例。

四

在未考中进士之前，因为生活贫困，董其昌一度在当湖坐馆为生，并与一些志同道合的文士结成"陶白斋文社"，取追慕陶渊明和李白之意。就像晚明大多数才子一样，那时的董其昌深受王阳明

138

"心学"的影响，以狂士的面目示人，喜欢特立独行和标新立异，语不惊人死不休。然而，步入仕途，董其昌却显露出他性格的另一面，他变得小心谨慎，左右逢源。他在《举业蓓蕾》中说道："若要做个出头人，直须放开此心，若游九天，眼界大，局面大，一切厚我薄我，顺我逆我等状，尽行容纳，不着相色，是何等度量！"不妨视作他此后为人处世之行状。

万历十七年（1589），董其昌以新晋进士的身份进入翰林院，入选庶吉士，意味着他从此踏上了人生的坦途。然而，正当董其昌的仕途看好、前程一片光明之际，他的心态却悄悄地发生了一些微妙的变化。首先，他日益沉迷于佛学与禅学，好禅与习禅，成为他的日常功课；其次，他对官场产生了淡漠之情，不再把升迁作为孜孜以求的目标。二者互为表里，其间存在着某种隐秘的因果关系。董其昌的好友陈继儒说他"日与陶周望、袁伯修戏禅悦，视一切功名文字直黄鹄之笑壤虫而已"，可见与陶周望和袁伯修一起探讨佛理、参禅悟道，让董其昌深刻把握到"禅悦之旨"，从而对生命有了全新的认识。

从这个时期开始，董其昌在公务之余，把更多的精力和财力投入到了书画的创作与收藏之中，书画既是他涵养笔墨、修心养性的一部分，同时也成为他优游朝廷、结交权贵的社交媒介。而董其昌的艺境也突飞猛进，已然是享誉京城的大书画家。他的名声大到什么程度，略举一例即可见得：朝廷在正阳门瓮城内修建了一座关帝庙，碑文的撰文者是当朝状元焦竑，而书写者即是董其昌。据说石碑立好之后，前来摹拓董其昌书法的人络绎不绝，很多人等上几天也排不到碑前，干脆带来铺盖住在石碑附近，乃至"坐卧碑下三日不去"。董其昌的书法之精与名声之盛，由此不难窥见一斑。

五

明朝进入万历中后期，皇帝消极怠政，党争愈演愈烈，到了天启、崇祯年间，朝政愈加败坏，时局更是一天不如一天。此时在朝廷做官，可谓如履薄冰，如临深渊，时时都有可能招来灭顶之灾。董其昌虽然荣膺"讲官"之职，成为当朝太子的老师，却对朝中大臣的尔虞我诈和明争暗斗深为厌倦。通过几年的官场体验，董其昌已经深谙为官之道，他小心翼翼地周旋于朝臣之间，很少表明自己的态度，并很快调离了敏感的"讲官"职位，得以在"立储之争"中全身而退。

董其昌出任的第二个职务是南宫同考官，这是一个在乡试、会试中协同主考或总裁阅卷的官职。在他担任此官期间，曾经发生过这样一件事情，某年会试，按照资历排序，董其昌被安排为阅卷注书二房，不必负太大的责任。谁知主考官张位临时把他调到"春秋"考官第一房，属阅卷的最后一个环节，权力大，责任也不小。在揭榜前一晚，董其昌果然遇到麻烦，他拿到了他堂侄的试卷，这一下董其昌陷入了两难的境地，录取，难脱作弊之嫌；不录取，堂侄的试卷明明作得不错。董其昌知道有很多官员都在盯着自己，而他也随时都会遭到无端攻击，权衡再三，他决定请主考官张位定夺，在得到了张位的首肯之后，他才录取了堂侄。可见董其昌的小心谨慎，做任何事情都力求滴水不漏。

做南宫同考官还有一个好处，就是可以远离朝廷，去各地主持乡试，游山玩水自不必说，董其昌还经常借机返回家乡，一住就是半年以上。万历二十六年（1598）初春，董其昌与异端思想家李贽结识，"略披数语，即许莫逆"。尽管董其昌在朝中很少透露内心真实的想法，但仅此一端，即可以看出他与朝廷格格不入的思想倾向。从这一年起，董其昌虽然在官场上没有遇到过太大的麻烦，但他已经萌生退意，并开始以身体不好为理由，屡屡向朝廷请假，回家养病——并不是完全脱离朝廷，董其昌只想远离这个是非之地，但官员享受的种种特权，他仍然不想放弃。

六

万历二十七年（1599），董其昌被任命为湖广按察副使，但他并没有赴任，而是"奉旨以编修养病"，告假回到松江，开始了长期泡病号的生活。虽然是暂时离开官场，但董其昌却感受到一种全身放下的轻松。他在家乡过着优哉游哉的日子，除了与知己好友诗酒唱和之外，他还兴致勃勃地走在路上，频繁地游走于苏州、杭州等地。一方面寻花问柳，放浪江湖；另一方面走访各地书画名家，搜罗法书名画。为此，董其昌专门打造了一条"画舫"，其中不仅装载着文房用品、琴棋书画，另外还备有茶酒食品，日常所需一应俱全。他平时就居住在画舫上，既有居家之乐，又能随时流动，尽情品尝自由的滋味。

晚明时期虽然朝政败坏，乃至时局危殆，但与之形成鲜明对比的是，在经济和文化方面，却呈现出一派欣欣向荣的景象。由于商品经济的快速发展，市民阶层迅速崛起，世人的消费观念已经焕然一新。随着程朱理学的式微，王阳明的"心学"得到广泛的传播，追求人格的独立和身心的自由已然成为士人生活的目标。作为书画艺术家的董其昌可谓生逢其时，他的书画成为彼时重要的文化商品，被文人雅士和官宦商贾争相收藏，他对古代书画鉴定的知识，则确立了他在书画交易中的权威地位。依靠卖书鬻画，董其昌名利双收，很快跃居为松江当地的豪门巨富。

从万历二十七年（1599）至万历三十二年（1604），董其昌隐居家乡松江，游历江南各地，既创作了大量书画精品，也积累了巨额财富。这一时期他的身份既是书画大儒，又是精明狡猾的书画商人。作为书画大儒，董其昌的书画十分畅销，当他无以应付时，就会找人代笔。作为书画商人，董其昌也没少干过以次充好、以假充真的勾当，与那些不良商人并无两样。曾经有一次，董其昌帮好友陈继儒出售一幅颜真卿的书法作品，被同为书画鉴赏家的沈德符点破是赝品，董其昌一再请求沈德符"姑勿广言"，并最终将这件赝品以真品的价格转让给"新安富家"。

七

万历三十二年（1604）年末，董其昌被起用为湖广学政，他本来是想着"偃蹇不欲出"的，但又想不出像样的理由予以拒绝，只好勉强接受了这次任命。董其昌在湖广学政任上干了一年半的时间，因为"不徇请嘱，为势家所怨，嗾生儒数百人鼓噪，毁其公署"。也就是说，董其昌不徇私情，得罪了地方豪族，他们嗾使当地士人群起攻击董其昌，并捣毁了湖广学政的衙门公署。担任湖广学政不过一年多的时间，即搞出这么大的事情，董其昌当即"拜疏求去"。虽然得到朝廷的挽留，并严处了部分闹事者，但他去意已决，最后终于得到了辞职休养的允许。

重回家乡的董其昌依然过着卖书鬻画、寄情山水的生活，他登黄山，游徽州，频繁往来于苏州和杭州等地。万历三十七年（1609），董其昌又一次接到朝廷的诏书，这次他被任命为福建副使，但仅仅上任四十五天，他就离职而去。此时董其昌已经年过半百，"家食二十余年"，其间虽有短暂的从政经历，却也让他真正认识到自己并非官场中人。董其昌为《宋元名家画册》题跋时写下这样一句话："二十年结集之勤，亦博得闲中赏玩。人间清旷之乐，消受已多。东坡云'我薄富贵而厚于画'，岂人情哉！"可见他对自己半官半隐的生活还是非常满意的。

万历四十一年（1613），董其昌虚岁六十，进入花甲之年，随后不久，即发生了"民抄董宦"事件。对于事件的原委，巡抚应天都察院右副都御史王应麟是这样上奏朝廷的："其昌起家词林，素负时望。三月间，忽与生员范启宋并至苏州互相告讦。方行批发，而董其昌华亭之居业于此时化为煨烬矣。海上之民易动难静，难发于士子，而乱成于奸民。"对于事件的处理，万历皇帝亲自下旨："董其昌事，严查首从议处。"但毕竟事出有因，董家并不是完全没有责任，所以地方官还是本着大事化小、小事化无的原则，对此事作了相对淡化的处理：除了个别直接参与民变的危险分子被处以斩刑之外，民变发难者的士人则大多被处以杖惩、降级、革去功名不等。

而董其昌也主动请求官府"宽待生民"，值此危难之时，他已然明白，只有忍让才能纾解民众对董家的对立情绪。而经过这一番折腾，董其昌感到筋疲力尽，虽然损失惨重，他也没有力气再去严厉追责了。

八

泰昌元年（1620），万历皇帝驾崩，董其昌的学生朱常洛即位，是为明光宗。董其昌又一次官运亨通，他被明光宗任命为太常少卿，掌国子司业，奉命修《神宗实录》。天启三年（1623），董其昌出任礼部右侍郎兼侍读学士，不久转任礼部左侍郎。正值朝廷党争渐炽之际，董其昌多次上疏，恳请告老还乡，但均未获准。对于愈演愈烈的党争，董其昌抱持着视而不见、充耳不闻的态度。他既不得罪魏党，也不过于接近东林党，而是与两者均保持着若即若离的关系。正因为这样，董其昌成为魏党和东林党都能够接受的人物，官越做越大，到了天启五年（1625），他已经官拜南京礼部尚书，虽然并无实权，却是名副其实的朝中重臣了。

董其昌在南京礼部尚书任上待了一年，终于"请告归"成功，再次回到家乡，依旧过着优哉游哉、聊以卒岁的日子。彼时魏忠贤的权势已经达到了顶峰，魏党与东林党之间的恶斗亦已进入高潮，东林党人或遭削职罢官，或被残暴杀害。董其昌既对朝廷的局势洞若观火，在内心也自有孰忠孰奸的判断。但是，他不愿去蹚这趟浑水，他宁愿躲在家中，自娱自乐，静观其变。崇祯四年（1631），时年七十七岁的董其昌又一次受到朝廷的征召，"起故官，掌詹事府事"，成为崇祯朝最老的官员。

此时魏党已经彻底倒台，东林党全面复出，但朝政却并没有因此变好，反而日渐败坏，继而走向不可收拾的地步。作为艺苑的领袖人物，董其昌在朝中起到的不过是一种点缀的作用。他很少问事，更不招惹是非；他处世谦恭，对朝中所有的官员礼貌有加；他为人低调，深得同僚敬重。但董其昌毕竟已近耄耋之年，从来北京履职之日起，他就不停地向崇祯皇帝上疏，恳请致仕，直到三年之后，他才终于获准还乡，以礼部尚书诏加太子太保的身份荣归故里。

九

从三十五岁走上仕途，到八十岁正式致仕，董其昌侧身官场四十五年。其间在朝做官十八年，归隐林下二十七年，归隐的时间远远超过做官的时间。在那个险恶的年代，董其昌目睹熊廷弼、袁崇焕等人含冤身亡，也亲眼看到东林党人的惨剧和魏忠贤的结局。人在官场，董其昌想明白了一件事，那就是有所作为的官员未必会有好下场，置身事外才能明哲保身。以是，他身历四朝而不败，成为彼时为数不多的得以全身而退的朝廷重臣。

董其昌从政的过程其实就是逃离朝廷的过程。他的一生有两个醒目的标识：一个是不停地"辞官"，显示出一个士人如何与朝廷逐渐背离、渐行渐远；另一个是发生在他身上的"民抄董宦"事件，折射出底层民众如何与朝廷逐渐背离、渐行渐远。当一个王朝既失去了士人的支持，又失去了民众的支持，这个王朝离灭亡还会遥远吗？

崇祯九年（1636）十一月九日，八十二岁的董其昌去世，就此走完了他优雅、华丽的一生。诗人吴梅村在七言歌行《画中九友歌》

中对董其昌的一生进行了这样的概括："华亭尚书天人流，墨花五色风云浮。至尊含笑黄金投，残膏剩馥鸡林求。"诗人不仅把董其昌列为晚明第一画家，而且夸奖起来极尽溢美之词。就董其昌的一生来看，他的确达到了晚明士人梦寐以求的人生境界，人生能够得到的功名富贵，他都得到了。然而，作为一个与朝廷貌合神离的高官显贵，董其昌虽然与世无争，却也终究于事无补，当他迈着优雅的步子走完华丽的一生时，大明王朝也行将落幕了。

翩然一只云间鹤

——"山人"陈继儒

时至晚明，"山人"成为一个颇为时髦的称谓。所谓"山人"，一般是指隐居山野、与世无争的隐士或高人，但在晚明时期，山人的成分却有点复杂。沈德符在《万历野获编》中说："山人之名本重，如李邺侯仅得此称。不意数十年来，出游无籍之辈，以诗卷遍赞达官，亦谓之山人。始于嘉靖之安年，盛于今上之近岁。"而据《四库提要》别集存目七《赵宧光牒草》记载："有明中叶以后，山人墨客，标榜成风。稍能书画诗文者，下则厕食客之班，上则饰隐君之号，借士大夫为利，士大夫亦借以为名。"《明神宗实录》则直陈京城"奸宄丛集，游惰成风，辇毂之下，山人侠友，嘱托公行，传食郡邑者，不可驱而农耶"。可见以嘉靖朝为肇始，至万历朝以后，山人已呈鱼龙混杂、泥沙俱下之势。

晚明时期山人泛滥，首先是与这一时期的时代背景分不开的。自明朝中期之后，经济活络，市集兴旺，读书人骤然增加了不少，但能够顺利通过科举考试的毕竟有限，落第的士子也就越来越多。对于这些落第的士子来说，读书本来是为了做官，科举失败，做官无望，却又不想失掉文人的风雅与身份，只能另辟蹊径，走一条不经科举依然能够出人头地的道路。这在以往自然是不可想象的，但在晚明却成为一种可能，经济的发展为士人提供了多元的选择。比如山人，与其说是一个称谓，不如说是一种职业，不必有多大学问，不必有多少付出，只要能写几首歪诗，画一手歪画，或者有一些技艺，自可出入于官场，混迹于士林，或做做帮闲，或打打秋风，就完全能够做到衣食无忧，甚至名利双收。

陈继儒是晚明山人的代表人物之一，他虽然一生未仕，却既有着著名诗人、著名书画家和著名收藏家等各种头衔，又与众多朝廷权要、达官显贵保持着密切的关系。陈继儒的一身集合了晚明山人所有的特征，但他又并非一位山人那么简单。《明史·隐逸传》说他"工诗善文，短翰小词，皆极风致，兼能绘事。又博闻强识，经史诸子、术伎稗官与二氏家言，靡不较核。或刺取琐言僻事，诠次成书，远近竞相购写。征请诗文者无虚日"。可见他的确富有真才实学。清人蒋士铨则在传奇《临川梦》中讥讽他"翩然一只云间鹤，飞去飞来宰相衙"，可知他也确曾游走于豪门贵胄之间，为后人留下了"云间鹤"的印象。

像所有蜚声乡里的才子一样，出生于松江华亭的陈继儒（1558—1639）成名甚早，他虽然没有显赫的家世，却自幼聪颖，不仅写得一手好文，而且画得一手好画，既受到同郡大佬徐阶的器重，亦深为担任过朝廷首辅的王锡爵赏识，王锡爵甚至将他招来太仓，与其子王衡一起在支硎山读书。陈继儒早年与同乡好友董其昌齐名，但在科举应试方面，陈继儒却远没有董其昌那么好运，他自从二十二岁考中了秀才，即开始止步不前，虽然其后多次参加乡试，但每次都是满怀希望而来，满心失望而归，始终无法迈过举人这一关。

万历十五年（1587），时年三十岁的陈继儒做出了一个惊世骇俗的举动，他在大庭广众之下郑重宣布，从此不再参加科举考试，并取来平时穿着的儒生衣冠付之一炬，用以自绝后路，显示出一种义无反顾的决心。执意焚毁了儒生衣冠的陈继儒先是隐居在小昆山之南，修建草堂数椽用以栖身，又修建了一间小庙用以祭祀他崇拜的偶像陆机和陆云，然后四处访求名花异卉，种植在堂前，声言："我贫，以此娱二先生。"陈继儒还为自己的新居取了一个好听的名字"乞花场"。父亲去世之后，陈继儒移居东佘山，并在山上构筑了"东佘山居"，设置了顽仙庐、来仪堂、晚香堂、一拂轩等诸多景点。他徜徉其中，每日的功课不过是焚香晏坐，著述交游，真正过起了赏花品酒、吟诗作画的"山中宰相"的日子。

对于绝科第而归隐山林的初衷，陈继儒曾经专门写过一篇呈文，自言："窃惟住世出世，喧寂各别；禄养志养，潜见则同。老亲年望七旬，能甘晚节；而某齿将三十，已厌尘氛。生序如流，功名何物？揣摩一世，真拈对镜之空花；收拾半生，肯作出山之小草。乃禀命于父母，敢告言于师尊，长笑鸡群，永抛蜗角。读书谈道，愿附古人；复命归根，请从今日。形骸既在，天地犹宽；偕我良朋，言迈初服。所虑雄心壮志，或有未蠲之时，故于广众大庭，预绝进取之路，伏乞转申。"大意是说，入世与出世，不过只是喧闹与寂寞的区别而已；不管是吃俸禄，还是自谋生路，人生并没有本质的不同。正所谓人生如逆旅，功名如浮云，世事如此，不如归去，又何必像营营碌碌的"鸡群"一样活着呢？顾虑的只是雄心壮志未消，功名之心死灰复燃，之所以当众焚毁儒生衣冠，就是为了预绝进取之路。读之大有知迷途其未远，觉今是而昨非之慨。

或许陈继儒的本意的确是想远离功名利禄，过一种宁静致远、自甘淡泊的生活。但是，要维持优雅精致的生活水准，就需要足够多的金钱支撑。一句话说到底，想做"山中宰相"，没有一定的经济基础肯定是行不通的。而以陈继儒小有积蓄的家底，不事生产，短时期尚可维持，但长此以往，必将坐吃山空，对于他来说，当务之急并不是如何去享受优雅精致的生活，而是如何生存，如何养家——赚钱，显然已经跃居为第一要务。

作为一介书生，陈继儒别无所长，只能利用自身的资源谋求生存之道，说白了不外乎以卖文鬻画之类作为营生，舍此之外，并无他途。而陈继儒也果然将自身的优势发挥得淋漓尽致，他的诗文和书画本来即深受时人追捧，待他归隐之后，更是达到了"征请诗文者无虚日"的地步。而这些征请诗文者也大都非富即贵，陈继儒既得到他们的赏识，成为他们的座上客，自不免"问舟车于四方"，乃至"日食五侯之鲭，夜宴三公之府"。彼时盛况，与清人赵翼在《廿二史札记》中所描写的另一位著名山人谢榛颇相仿佛："不特达官贵人倾接恐后，即诸王亦以为得交为幸，若唯恐失之。"陈继儒虽然未尝入仕，但他出入于士大夫之间，不仅得到了他们的尊重，亦且产生了很大的社会影响力，而他的东佘山居，则无异于当地一道亮丽的文化风景。

另外，陈继儒还经营着一项重要产业——刻书。在陈继儒生活的时代，出版业高度发达，堪称"异书辈出，剞劂无遗"，他可谓躬逢其盛。陈继儒刻书的内容，一方面取自他本人的创作，另一方面则是由他操刀编辑的书籍。陈继儒显然熟稔时人阅读的心理，能够对症下药，对市场的需求尤其有着准确的把握。他本人的创作大多是一些格言警句之类的清言小品，或洞察世事人情的心灵鸡汤，或纵谈书画创作的艺术鉴赏，行文率意，随手拈来，诸如《妮古录》《小窗幽记》等。由他操刀编辑的书籍，则大多属于"汇选古今粹言"，或寻章摘句，或改头换面，经过重新组合剪贴而成。其中有些陈继儒只是挂名，并未直接参与编辑，但只要署上他的大名，这些书籍总能一纸风行，而他亦可坐收渔人之利。可见"陈继儒"三个字已经成为图书行业的金字招牌，有着强大的市场号召力。

陈继儒虽然终生未仕，却名满天下，钱谦益在《列朝诗集》中作过这样的描述："眉公（陈继儒号眉公）之名，倾动寰宇。远而夷酋土司，咸丐其辞章；近而酒楼茶馆，悉悬其画像。甚至穷乡小邑，鬻粔籹、市盐豉者，胥被以眉公之名，无得免焉。"不仅偏远地区的土著知道陈继儒的大名，一般通都大邑、繁华街衢的酒楼茶馆也莫不以悬挂陈继儒的画像为荣，就连穷乡僻壤的小商小贩，也会打着陈继儒的招牌招徕生意。甚至崇祯皇帝也听闻到陈继儒的才名，以至于多次征召，希望他出来做官，而陈继儒每次都坚辞不就。做山人做到这个份上，不能不令人叹为观止。

在清人编著的《四库全书总目》中，编者将陈继儒与李贽相提并论："道学侈称卓老，务讲禅宗；山人竞述眉公，矫言尚幽。"可见陈继儒影响之大，俨然成为一代人心目中的偶像。而晚明也的确是一个需要偶像的时代。只要你足够叛逆，足够另类；只要你敢于特立独行，敢于标新立异，敢于与传统社会背道而驰；你做得越彻底，态度越狂放，越有人追捧，越有人崇拜，这或许也是晚明社会的一大奇观吧。

当然，陈继儒绝意仕进，既是看透生死、看淡仕途的表现，也未尝不是出于明哲保身的考虑。除了屡次拒绝朝廷征召之外，陈继儒还拒绝过东林党大佬顾宪成让他赴东林书院讲学的邀约。尽管陈继儒对东林党人抱有好感，但他对朝廷的党争却洞若观火，他不愿蹚这趟浑水，更不想惹火烧身。陈继儒在写给友人的书信中这样说道："某尝谓临事而惧，好谋而成。所成何事？盖行有行之事，非谋与惧不成；藏有藏之事，非谋与惧不成。"他还对好友董其昌这样说过："吾与公其时，不愿为文昌，但愿为天聋地哑，庶几免于今之世矣。"处世，以谋与惧作为出发点；做人，宁愿做天聋地哑，但求无是无非，即是陈继儒的立身之本。

陈继儒在《志林》中讲过一个"颜子身讽"的故事，大意是，颜子生活清苦，但孔子却非常看重他，孔子并非看重他的安贫乐道，而是认为他有辅佐帝王的才能。然而，孔子周游列国，急于救世，身怀王佐之才的颜子却端居不动，而且有以身讽孔子之意。后来，孔子倦于四处奔波，却又一事无成，回头再看颜子的端居不动，"而后知颜子之早年道眼清澈耳，所以有感而三叹其贤也"。这个故事的重点，在于表现颜子身处乱世而能从容应对，所谓"绝不露王佐伎俩，亦绝不露三十岁少年圭角"，那种心如明镜、无动于衷的大智若愚与深藏不露，毋宁说正是陈继儒本人的人生态度。

事实上，不仅陈继儒时时抱有一种惧祸心理，唯恐一时言行不慎，惹祸上身，陷入万劫不复的境地，包括陈继儒在内的晚明文人，其内心普遍有着某种深深的焦虑感。对愈演愈烈的党争的担心，对越来越坏的时局的忧虑，如梦似魇，如影随形，使得他们忧从中来，不可断绝。而面对时局的无能为力，面对颓世的无力回天，更使得他们玩世不恭，放浪形骸，在人性的好恶与个性的张扬上无所不用其极，从而为那个时代营造出一幅末世狂欢的景象。

陈继儒将书画收藏称作"极乐国"，声称平生并无其他爱好，唯独喜欢法书名画和秦汉彝器瑗璧之属，无论世事如何变幻，只要沉溺在自己的"极乐国"中，人生的一切烦恼和忧愁都会烟消云散。陈继儒欣喜地说道，将珍爱的藏品置之几上，细细把玩，可得五种收益：一曰消永日，汰俗情；二曰分别六书宗派；三曰多识古文奇字；四曰先贤风流韵态，如在笔端，且可以搜其遗行逸籍，交游宅墓；五曰不必钩拓，日与聚首，如薰修法，自然得解……对于陈继儒来说，人生最大的幸福莫过于自由自在地活着，做自己想做的事情，过自己想过的日子。李鸿章的人生理想："享清福不在为官，只要囊有钱，仓有米，腹有诗书，便是山中宰相；祈寿年无须服药，但愿身无病，心无忧，门无债主，可为地上神仙。"其实早在二百多年前，陈继儒就已经将其变成了现实。

当然，做一个自由自在的山人，快乐而自足，确属人生之大幸。但也应该承认，即便拥有这样的生活，陈继儒依然有着各种烦恼和困惑。比如，与好友董其昌相比，他就常常感到一种莫名的压力。陈、董二人不仅年龄相仿，家境相仿，早年的经历相仿，而且同为松江才子，却因为走上不同的人生之路：一个成为显宦，一个成为隐士，他们的境遇和结局也完全不同。可以说陈继儒后半生一直是董其昌的附庸：董其昌出售书画，他充当中介；董其昌转让藏品，他充当捎客；董其昌无暇应对太多的笔墨应酬，他为董其昌代笔作画、代写文章……陈继儒既需要借助董其昌的显贵身份为自己谋利益，就不能不充当董其昌的门下清客。尽管陈、董二人交情深厚，但无论是气度，还是格局，陈继儒还是自觉比董其昌矮了一截。

最能表现出陈、董二人身份差异的，是杭州名妓王微对待他们的微妙态度。作为多年的狎友，陈继儒和董其昌像彼时所有沉迷声色、流连欢场的文人一样，本来都是混迹青楼的常客。他们经常联袂出游，杭州就是他们狎游的目的地之一，也正是在杭州，他们结识了有"美人学士"之称的名妓王微。晚明文人钱谦益曾经很自豪地将他家的柳如是和王微、黄媛介并列，称为当时女性诗坛的三鼎甲；就连一向矜持的黄宗羲也以艳羡的语气称赞："当是时，虞山有柳如是，云间有王修微，皆以唱随风雅闻于天下。"可见王微有林下风致，早已在文人士大夫中艳名远扬。

陈、董二人与王微同时结交，但王微对待二人的亲疏却是明显不同的。在他们结识的前期，董其昌与王微可谓形影不离、缠绵备至，而陈继儒则常常沦为陪衬者的角色。一个常见的场景是，他们三个人在一起品茗赏画，董其昌对王微高谈阔论，各种卖弄，王微则用崇拜的目光注视着董其昌，而陈继儒却只能在旁边频频劝酒，为他们助兴。陈继儒这样记录下当时的场景："烧灯市鱼，诗酒以外，不暇及也。"也就是说，他与王微除了品酒论诗之外，别的也就没有什么了。言辞之间，未免有点酸溜溜的味道。俗语说"三人行，必有灯泡"，说的应该正是这一时期的陈继儒吧。好在董其昌毕竟官职在身，不便久留，董其昌回京履职之后，陈继儒终于由备胎转正，如愿抱得美人归，并为王微写下了名篇《微道人生圹记》。

陈继儒为后人留下了两副面孔：一副是飘逸潇洒的真高人，一副是欺世盗名的假隐士。其实早在陈继儒生前，对他的批评之声已经不绝于耳。据说，有一次陈继儒去太仓王锡爵家中串门，碰巧遇到一位显宦，显宦指着陈问王："这位是何人？"王答："山人。"宦云："既是山人，何不到山里去？"正应了谷应泰在《明史纪事本末》中所说的那句话："昔之山人，山中之人；今之山人，山外之人。"而张岱在《自为墓志铭》中则留下了这样的记录：张岱六岁时，跟祖父去杭州，刚好遇到跨鹿而来的陈继儒。陈继儒对张岱的祖父说："听人说你的孙子擅长对句，我要当面考考他。"于是，给出上联："太白骑鲸，采石江边捞夜月。"张岱旋即对出下联："眉公跨鹿，钱塘县里打秋风。"虽然遭到调侃，但陈继儒不以为忤，大笑曰："那得灵隽若此，吾小友也。"

晚年的陈继儒声名日隆，众望所归，俨然成为一方教主。崇祯五年（1632）十一月初七日，陈继儒七十五岁寿辰，东佘山居的"晚香堂"内高朋满座，贺客云集。在前来祝寿的客人中，既有朝廷大佬，当地闻人，也包括陈继儒新收的美女弟子，诸如柳如是、林天素和王微等人。此时的东佘山居虽然被人称作世外桃源，却是真正的世间红尘之地，可谓良朋知己，诗酒流连；名士美人，相得益彰。已然微醺的陈继儒还当庭为自己的爱徒柳如是赋诗一首："少妇颜如玉，妒心无乃竞。忽对镜中人，扑碎妆台镜。"陈继儒在一片花团锦簇中度过了他七十五岁的生日，他的声誉与名望均达到了一生的巅峰。

崇祯十二年（1639）九月二十日，陈继儒以八十二岁的高龄辞世，临终前留下这样的遗训："启予足，启予手，八十年履薄临深；不怨天，不尤人，三千界鱼跃鸢飞。"让人难以想象的是，看似功德圆满的陈继儒，一生竟然是在"履薄临深"中度过的。可见山人陈继儒的内心并不像他所表现的那样潇洒出尘，其中不乏矫饰与做作的成分。这或许取决于陈继儒生存的状态，以及他生活的时代吧，当一个王朝走上穷途末路，即将败亡时，又有谁可以真正置身事外呢？

岂容以七尺殉一官也

——袁宏道在吴县做官的岁月

袁宏道担任吴县县令时只有二十八岁。那是万历二十三年（1595），晚明时期最好的年华，诚可谓四海升平，万物安宁，帝国虽然腐败已极，处处隐藏着深深的危机，却依然维持着表面的繁华，大明王朝如同回光返照一般，沐浴着绚烂璀璨的夕阳余晖。而彼时的苏州更是奢靡至极，几近于糜烂。名重一时的笔记作家王锜所谓："闾阎辐辏，万瓦甃鳞。城隅濠股，亭馆布列，略无隙地。舆马从盖，壶觞罍盒，交驰于通衢。水巷中光彩耀目，游山之舫，载妓之舟，鱼贯于绿波朱阁之间，丝竹讴舞与市声相杂。"当是苏州繁华的真实写照。而这还只是成化年间的景象，到了万历年间，苏州的繁华有增无减，甚而跃居为"红尘中一二等富贵风流之地"，看过去更像是彼时大明王朝的一个浓浓的缩影。

身为一介士子，平生最大的愿望，无非是金榜题名、出将入相。想当初凿壁悬梁发奋、十年寒窗苦读，图的不就是"朝为田舍郎，暮登天子堂"吗？但袁宏道却无疑是一个例外，在出任吴县县令之前，袁宏道已经在老家湖北公安待了将近两年时间，他于万历二十年（1592）考中进士，即告假返乡，却迟迟不愿去京城谒选。对于袁宏道来说，考取进士已经证明了自己的才华，真正做官却是一个负担，他曾经目睹大哥袁宗道在京城为官的操劳与辛苦，他更愿意留在家乡，安享名山览胜、优游岁月的日子。这既是他的价值观，也是他的人生理想。

然而，在学而优则仕的时代，做官的好处可谓人人尽知。清人欧阳钜源说："官之位高矣，官之名贵矣，官之权大矣，官之威重矣，五尺童子皆能知之。"对官本位社会做官的好处作出了精到的点评。所以，想要真正践行袁宏道的人生理想，对于彼时的他来说的确还是太早了点。因为他毕竟只有二十五岁，有着大好的时光，有着远大的前程。对他抱有殷切期望的父亲并不允许他这么早退居林下，何况他也要养家，也要糊口，他本人又岂能决定自己的行止呢？

按说吴县县令是一个不错的仕途起点，袁宏道虽然考中了进士，但成绩一般，只能外放任职。晚明时期的吴县乃是"钱谷多如牛毛"之地，能够荣任吴县的父母官，算是谋到了一份肥缺，如果没有大哥袁宗道在朝中的影响，可以想象，袁宏道显然很难有此幸运。所以，尽管袁宏道有着满腹的不情愿，甚至将官场视作压抑个性、画地为牢的樊笼，并一再声言"如何囚一官，万里枯怀抱"，但他终于还是身不由己地走马上任了。

在吴县县令任上，袁宏道做了很多好事，他是吴县历史上难得的好官，大僚申时行甚至称赞他："二百年来，无此令矣！"比如，他对吴县县衙进行了全面改革，任贤为能，裁除庸员；比如，他对吴县的赋税进行了彻底的清理，一举解决了吴县县衙遗留多年的问题，开源节流，扭转了吴县财政亏空的状况。可见袁宏道处理行政事务的能力还是非常强大的，只要他愿意，他完全能够做一名沉稳干练的地方官员。难能可贵的是，做了两年吴县县令，袁宏道竟然室无余财，这在雁过拔毛的晚明官场，尤其是在吴县这个富贵风流之地，当更属凤毛麟角。然而，与这些相比，袁宏道留给世人最深刻的印象，却是他对自己县令身份的极度反感，以及对官场陋规的深恶痛绝。

首先，袁宏道不适应每天起早贪黑、忙碌不停的生活。吴县经济发达，各种事务也多，尤其涉及经济纠纷的诉讼案非常繁重。面对着处理不完的公务和公文，袁宏道虽然勉力而为，却依然不堪其苦，疲于应付。袁宏道本质上是一个文人，他天性崇尚自由，向往不受羁绊、无拘无束的生活。然而，袁宏道在吴县所做的都是他不喜欢做的事情，虚与委蛇，迎来送往，想象着一种理想的生活，践行着另一种没有心灵参与的生活，他更像是一个精神分裂者，他在吴县的生活其实是扭曲的、错位的。

其次，袁宏道极其厌恶官场上的各种约定俗成的陋规。官僚既成体系，就有着一定的游戏规则，官场中人大都有一个最基本的生存技能，就是擅长打通各种关节。所谓"打通"，说白了就是收买，假以各种人情世故的虚伪面子，表面上是礼尚往来，实际上是行贿受贿，时时需要打点和应酬。总而言之，人在仕途，就要应对大量的人事往来，对上，要奴颜婢膝；对下，要恩威并用；对同级，要含而不露。再违心的话，要说；再恶心的人，要见。其诀窍不是致力政绩，而是平衡人际关系。这种圆滑与伪善的韬晦之术，对于袁宏道而言无疑就是受罪，他既不心甘情愿，从而显得处处被动，当然也无法真正投入其中，因为这些完全违背了他的天性。

正是因为这样，袁宏道才会在写给友人的书信中频频诉苦。他在写给丘长孺的书信中这样说道："弟作令备极丑态，不可名状。大约遇上官，则奴；候过客，则妓；治钱谷，则仓老人；谕百姓，则保山婆。一日之间，百暖百寒，乍阴乍阳，人间恶趣，令一身尝尽矣。苦哉！毒哉！"他在写给沈存肃的书信中这样说道："作吴令无复人理，几不知有昏朝寒暑矣。何也？钱谷多如牛毛，人情茫如风影，过客积如蚊虫，官长尊如阎老。以故七尺之躯，疲于奔命，十围之腰，绵如弱柳。每照鬓眉，辄尔自嫌。"说实话，做官一旦做到这种地步，实在了无生趣可言了！

比袁宏道晚生四十多年的李渔曾经说过这样一句话："乐不在外而在心，心以为乐，则是境皆乐，心以为苦，则无境不苦。"时当晚明，一代大儒王阳明倡导的"心学"风靡天下，晚明士人不仅追求物质上的享受，同时也追求心灵上的享受，这既是商品经济发展的结果，也是皇权松懈、王纲解纽的结果。袁宏道可谓得风气之先，所以尽管他明明知道"作令无甚难事，但损得一分，便是一分才。彼多事者，非生事即是不及事耳"，但他并不想委屈自己，他只想过自己喜欢的日子，他只想要自己想要的生活。亦即他本人所谓："除却袁中郎，天下尽儿戏。"一句话说到底，他只想做自己。

关于人生理想，袁宏道曾经罗列出五种人生至乐：其一，看尽世间美色，听尽世间美声，身历世间闲适，说尽世间美谈；其二，良辰美景，花前月下，宾客杂坐，放浪形骸，极尽宴饮之乐；其三，家中多藏奇书，每日群贤毕至，指点江山，激扬文字；其四，千金买一舟，舟中多置梨园歌吹之具，邀请知己好友数人，泛家浮宅，遨游江上，不知东方之既白；其五，及时行乐，趁青春年少，将家中所有资财挥霍殆尽，到老来只须拿个破碗，挨门串户，以乞讨为生。他说："大抵世间只有两种人，若能屏绝尘虑，妻山侣石，此为最上；如其不然，放情极意，抑其次也。若只求田问舍，挨排度日，此最世间不紧要人，不可为训。"

袁宏道罗列的五种人生至乐，除了其五有极端之嫌之外，另外四种其实都是性情毕现、个性张扬的表现，它们或许都能与玩物丧志沾得上边，却唯独与做官格格不入。若说人在仕途，身不由己，那么，仕途中人一旦有了与做官格格不入的想法，如何做官，显然就成为一个问题。袁宏道在吴县为官最大的快乐，恰恰是做官之外的种种：他喜欢游历山水，苏州附近的名胜，诸如虎丘、上方、天池、灵岩、西洞庭、东洞庭、姑苏台、百花洲……处处留有他的足迹。他喜欢聚饮，在吴县期间，他忙里偷闲，每每宴请宾客，竟至通宵达旦。他喜欢插花，将逼仄的居室插满鲜花，"朝看一瓶花，暮看一瓶花"。袁宏道本人并不善饮，却喜欢知己好友饮酒的氛围，尤其爱看善饮之人，他后来之所以写《觞政》，写《瓶史》，正是为了在苦境中寻找欢乐，力求将日常生活中的一切化为乐趣。

袁宏道在吴县做官只有短短两年的时间，其间尚有一件快事颇为可记，那就是发现了《金瓶梅》。袁宏道初见《金瓶梅》是在松江董其昌的府上，那是一部纸质发黄的半部书稿，很随意地摆放在董其昌的书架上。袁宏道从董府借来，当晚捧读，即以其特有的夸张语调大呼"奇书"，他马上给董其昌写信，询问《金瓶梅》从何得来，并盛赞《金瓶梅》"云霞满纸，胜于枚生《七发》多矣"。在以后的日子里，袁宏道更是对自己所有的知己好友一而再、再而三地推荐《金瓶梅》，他惊叹《金瓶梅》对现实世界的揭露，他称赞《金瓶梅》对于人情世故的熟稔，他甚至在繁忙的公务之余，将《金瓶梅》完整地抄录了一遍。可以说《金瓶梅》作为一部"奇书"为世人所知，进而流布天下，袁宏道居功甚伟。

给朋友写信，是袁宏道在吴县为官的另一大乐趣。在吴县期间，袁宏道写下了大量的书信，他在这些书信中敞开怀抱、直抒胸臆，谈人生，谈理想，谈风物，谈人情，谈对朋友的思念，谈做官的感受……袁宏道将尺牍提升为一种独具特色的艺术形式，打造成一种飘逸灵动的性灵小品文。袁宏道的朋友江盈科即这样评价他的尺牍："中郎诸牍，多者数百言，少者数十言，总之自真情实境流出，与嵇、李下笔，异世同符。就中间有往复交驳之牍，机锋迅疾，议论朗彻，排击当世能言之士，即号为辩博者，一当其锋，无不披靡，斯以奇矣。要之，有中郎之胆，有中郎之识，又有中郎之才，而后能为此超世绝尘之文。"将袁宏道的尺牍比之于李陵的《答苏武书》和嵇康的《与山巨源绝交书》，江盈科可谓慧眼识珠。

万历二十四年（1596）二月，袁宏道接到家书，得知将他抚养成人的庶祖母詹氏罹患重病，他连续两次上疏乞归，但均未获准。同年八月，袁宏道本人突患疟疾，"旬日之内，呕血数升，头眩骨痛，表里俱伤"。他缠绵于病榻之间，有时勉强起来处理各种公务，终至"心如战马，睡不贴席，坐不支床，痰嗽带血，脾气久虚"。至此，袁宏道既挂念着家乡的亲人，又忍受着病痛的折磨，他已经忍无可忍，他出任吴县县令以来的种种压抑和郁闷，终于全面爆发了。

袁宏道一连五次上疏朝廷，请求辞职。他时而在这些《乞归稿》中陈述自己"如釜中之鱼，欲活不能，欲死不可"的病况，时而以商量的口气，请求朝廷暂且允许他辞职返乡，以待病愈之日改授教职。而在写给朋友的书信中，袁宏道则直截了当地表明他做官已经进入苦境，"苦瘦，苦忙，苦膝欲穿，腰欲断，项欲落"，就像吞吃熊胆一般，全身上下无处不苦。袁宏道甚至直接将自己得病的原因归之于做官，他说："一入吴县，如鸟之在笼，羽翼皆胶，动转不得，以致郁极伤心，致此恶病。大抵病因于抑，抑因于官，官不去，病必不愈。"归根结底，他的病还是因为做官而起，事到如今，要保全性命别无良策，唯一的办法就是辞去官职。

万历二十五年（1597）正月，在先后七次上疏辞官之后，袁宏道终于如愿以偿，正式辞掉吴县县令一职。卸任之日，袁宏道首先感谢自己所得的这场病患，声言："以官得病，此官苦也；以病得归，此病乐也。"继而欣然写下《病瘳》一诗，来表达自己辞官后喜悦的心情："病合当求去，宦情非是阑。与其官作病，宁可活无官。腰膝皆相贺，妻儿亦自欢。高堂垂万里，谁与说平安。"看来袁宏道的病果然是因为做官而起，现在辞掉了官职，不仅病好了，妻儿为之欢欣雀跃，甚至连他受损的腰膝也为他祝贺。

辞掉官职的袁宏道再无挂碍，颇有乍脱尘网、巨鱼入海的感觉。过去他虽然明言自己做令吴县，是为了"五湖有长，洞庭有君，酒有主人，茶有知己"，但他多次去虎丘观景，心思却全不在此。如今再看虎丘，已与他做官时的虎丘全然不同，他不禁感慨，自己终于有时间、有心情去欣赏虎丘的月之夜、花之晨和雪之夕了。而大哥袁宗道也堪称解人，他明白二弟发病实是因其内心高傲，不堪折腰之苦，所以他在写给三弟袁中道的信中如是说道："既病矣，自宜解官，岂容以七尺殉一官也。"对袁宏道辞官的行为表达了高度的理解。

万历二十五年（1597）三月，春光正好，袁宏道告别了吴县，前去江南各地纵情游玩，就此开启了他一生中最为闲适、最为愉快的山水之行。

繁华靡丽过眼空

——玩家张岱的两度人生

明朝末年是一个严酷的时代，政治腐烂，经济崩溃，流民四起，边关告急；明朝末年又是一个奢靡的时代，从贵族到平民都充满了玩世不恭的精神。帝国的北都北京愁云惨淡，帝国的南都南京夜夜笙歌。一方面处处透露着末世败亡的气息；另一方面则是穷奢极欲、醉生梦死。满族的金戈铁马撞击帝国长城的声音已经隐隐在耳，中原流民对帝国的反叛之火亦渐成燎原之势，当此"天柱欲折，四维将裂"之时，似乎人人自知不免，却又人人无力回天，索性以繁华掩饰严酷，焦愁满身而寻片刻之欢。明朝末年又是一个才子辈出的时代，尽管格局不大，却多有全能通识型的才子。比如张岱，笔墨文字自不必说，琴棋书画、梨园歌吹，乃至博陆斗牌、斗鸡走狗也无一不精。

张岱，字宗子、石公，号陶庵、蝶庵，祖籍四川绵竹，生于浙江绍兴，自称"蜀人"。张岱出生于明万历二十五年（1597），卒于清康熙二十三年（1684），身历明清易代的全部过程。张岱出身于书香门第、仕宦之家，早年是不折不扣的纨绔公子。张家自有声色癖好的传统，张岱从小纵情于红尘俗世之中，一身兼有纨绔子弟的豪纵习气和晚明文人的颓放作风，张岱的几个叔叔、堂表亲戚也莫不如此。只是与他们相比，张岱的家境并不像外人想象的那般富有，虽然他的祖父张汝霖身居高位，但他的父亲张耀芳却科场蹭蹬，不事生计，直到五十岁之后，才在鲁王府做了一个长史的小官。张岱以为，他家得以维持富裕人家的体面，一靠祖上庇荫，祖父面面俱到的细心安排，更重要的，还是靠母亲的辛苦操持与成全。但不管怎样，瘦死的骆驼比马大，张岱从小坐享其成，锦衣玉食，却是一个不争的事实。俗话说三代出贵族，九代出望族，仅仅有聪明伶俐还远远不够，还要有钱，有闲，张岱之所以成为玩家张岱，家庭出身至为关键。

对于科举，张岱起初并不为意，他没有谋生的压力，科举之于他从不显得多么紧迫。而且彼时的张岱年少轻狂，他总是自诩聪明过人，以为如果自己真正想要，功名就像探囊取物一般容易。如同他的许许多多的爱好一样，张岱喜欢读书，只是因为读书其乐无穷，读书的快乐与功名无关，更不可能在八股文中获得，而更多的是得自灵光乍现与豁然开朗。回味自己早年的读书之乐，张岱兴致勃勃地这样写道："正襟危坐，朗诵白文数十余过，其意义忽然有省。间有不能强解者，无意无义，贮之胸中，或一年，或二年，或读他书，或听人议论，或见山川、云物、鸟兽、虫鱼，触目惊心，忽于此书有悟，取而出之。"而灵光乍现与豁然开朗最是可遇不可求的东西，或许得自途次邂逅，或许得自色声香味，有时像石火电光，忽然灼露，有时像醉梦之余，忽然相投。正所谓有心栽花花不开，无心插柳柳成荫，"其所遇之奥窍，真有不可得而自解者矣"。

学成文武艺，货与帝王家，乃是当时读书人的不二选择，张岱自然无法逃离科举的樊笼。但让张岱始料未及的是，科举并没有他想象的那般容易，读书和写作固然是快乐的，却与八股文不是一个路数。更让张岱感到难堪的是，他居然重蹈父亲的老路，他除了获得一个生员的资格之外，一直没有通过乡试。备受打击的张岱不得不重新审视他对科举的认识，他一边痛陈八股取士是"镂刻学究之肝肠，消磨豪杰之志气"，一边感叹研习八股文"心不得不细，气不

162

得不卑，眼界不得不小，意味不得不酸"，以致他的"满腹才华，满腹学问，满腹书史，皆无所用之"，他觉得，只有那种日暮穷途、奄奄待尽的少不更事之辈，才能通过这样的考试。事实上，明代才子有很多科举的失利者，张岱并不是个例。这一方面取决于他们的心思全不在此；另一方面，他们其实与科举一道格格不入，因为他们注定不能拾人牙慧，在功名利禄的驱策下去读书，去做学问。

毫无疑问，张岱精于享受，是一流的玩家——对于文人来说，晚明本来就是一个放浪形骸的时代，似乎还没有哪个时代像晚明一样，一下涌现出那么多的风流才子，纵情声色，倜傥不羁，以至于风雅与时尚，轻狂与嚣张，成为一个时代的风气。而张岱可谓适逢其盛，深受这种时代风气的熏染。张岱坦陈，他自幼"极爱繁华"，平生最喜欢漂亮的别墅、妖冶的美女、华丽的衣裳、可口的美食、高大的骏马、神奇的烟花；喜欢结着翠绿铜锈的古物、有着美丽羽毛的花鸟；喜欢藏书，喜欢品茶，喜欢歌舞，喜欢热闹……张岱在生活方面堪称食不厌精、脍不厌细，品茶，一定要品"真如百径素兰同雪涛并泻也"的兰雪；藏灯，一定要藏"有烟笼芍药之致"的名家制作——其他像操琴、舞剑、蹴鞠、斗鸡之类，张岱也都玩得尽兴、玩得投入、玩得像模像样。

张岱晚年作文，回忆前朝的纵情绮思之乐，说是有一个名为包涵所的豪客，专门打造了三艘楼船：一号楼船载歌筵和歌童；二号楼船放书画；三号楼船载侍陪美人。包涵所经常邀请友人乘船出航，哪里好玩，就去哪里，每次十天、二十天不等，号称壮游。包涵所还特意修建了一幢"八卦房"，他居住在中间，周围有八间房环绕，且各有帐帷，供他随意开阖，尽收美景。至于张岱族人，在豪奢放逸方面也并不稍让。在张岱幼年的记忆中，张家举办过一场盛大的灯会，"自城隍庙门至蓬莱冈上下，亦无不灯者。山下望如星河倒注，浴浴熊熊"，乃至"山无不灯，灯无不席，席无不人，人无不歌唱鼓吹"，真是盛况空前。崇祯七年秋，张家又邀请了七百多宾客来戴山听戏，大家携酒馔，铺红毯，在星空下席地而坐，举座豪饮，尽情狂欢，不知东方之既白——此情此景，竟令人想起发源于美国的伍德斯托克音乐节，虽然规模小了许多，但现场热闹的气氛并无不同。

张岱品藻人物的标准，是"宁为有瑕玉，勿作无瑕石"，他认为"一往情深，小则成疵，大则成癖"，疵与癖，乃是真情专注的表现，一个缺少真情、没有真气的假人又有什么值得交往呢？在张岱的笔下，记录了很多疵与癖的人物，像一生桀骜不驯、任性而为的季叔张烨芳等人，尤其是他的堂弟燕客，性之所之，更是"师莫能谕，父莫能解，虎狼莫能阻，刀斧莫能劫，鬼神莫能惊，雷霆莫能撼"。燕客钟情的事物既多且广，爱之不惜毁之，他的痴迷，常常视人间规矩如无物，所以张岱在私下里称他"穷极秦始皇"。就张岱本人而言，他既喜欢热闹，也喜欢安静。某年秋天，张岱去北方探望父亲，将船停泊在金山脚下，已是深夜，但见一轮明月映照在江面上，金山寺隐没在黑黢黢的山林间。张岱踏着月光步入寺内，不觉一时兴起，就让仆从去山下取了灯笼、道具，在寺内唱起韩世忠退金兵的戏来。听到锣鼓喧天的声音，"一寺人皆起看。有老僧以手背揉眼翳，翕然张口，呵欠与笑嚏俱至。徐定睛，视为何许人，以何事何时至，皆不敢问。剧完，将曙，解缆过江。山僧至山脚，目送久之，不知是人、是怪、是鬼。"

张岱每次去杭州小住，都会在西湖畔赏月，也特别爱看湖畔的赏月之人。尽管江南下大雪的时候非常罕见，一旦逢着大雪纷飞，张岱总是兴奋莫名。有一年，绍兴下了大雪，张岱特地带了五个伶人，陪他一起上城隍庙山门，一边饮酒，一边看雪，其中一个伶人唱曲，另一个伶人吹洞箫和之，直到三鼓，才尽兴而归。还有一次，张岱携友人雪夜游西湖，他们穿着雪笠，提着火炉，划着小船直奔湖心亭，在雾雪苍茫的湖面上，能够看到的只有上下一白，而"湖上影子，惟长堤一痕，湖心亭一点，与余舟一芥，舟中人两三粒而已"。来到亭上，竟然已经有两人铺毡对坐饮酒，看见张岱，邀来同席，张岱跟他们一起喝了三个满杯才告辞。舟子看到此景，忍不住喃喃自语："莫说相公痴，更有痴似相公者。"读书至此，当同饮一大白！

与艺妓交往，当是明末文人的一大雅好，其中自然少不了张岱的身影。张岱虽然没有生活在当时的风月之都南京，但他与时人一样喜欢流连在秦淮河畔，偎红倚翠亦属当行本色。与张岱交好的艺妓名叫王月生，王月生虽然出身低贱，流落于"朱市"，而并不是秦淮河畔的高等艺妓，但她不仅生得面若兰花，还会唱吴曲，且画得一手好画。尤其难得的是，王月生性情文雅，对喜欢的人自是一往情深，对看不上眼的凡夫俗子则连口都懒得开。因为王月生如寒冰傲霜，平素不喜欢与俗人交往，有时即便对面同坐，也像视若无睹，所以，张岱形容她"寒淡如孤梅冷月"。张岱对王月生一直念念难忘，不仅写长诗歌咏之，甚至到了晚年，张岱还在《陶庵梦忆》中撰文回忆自己与王月生的交往过程，一而再、再而三地描摹王月生气质的超凡脱俗与仪态的楚楚动人。

对于张岱来说，风花雪月的日子实在过得痛快，过得逍遥，尽管他没有功名，尽管他学书、学剑、学佛、学仙、学节义、学时文皆不成，甚至被人视为废物、败家子、蠢秀才、瞌睡汉，但那又能如何呢？享受生活、享受人生，不也是一种事业吗？如果这样的日子一直延续下去，直到终老，相信张岱一定会心满意足地离开人世，去另一个世界继续过他的幸福生活吧。但好日子终究结束了，1644年，清兵入关，天崩地裂的时代降临，一年之后，江南大部已为清兵占领，张岱的亲朋好友或者阵亡，或者自杀，或者隐逸，或者星散，偌大一个家族在极短的时间内已然凋零殆尽。

明亡之初，年近五十的张岱还是颇想有一番作为的，他主动接近人在绍兴的鲁王监国朱以海，并以"东海布衣"的身份上疏鲁王，分析时局，痛陈时弊，力劝鲁王"立斩弑君卖国第一罪臣马士英"，且自动请缨，欲亲率"一旅之师"，去捉拿马士英，其豪情壮志，溢于言表。但时隔不久，张岱就看出鲁王并不是他想象中的中兴之主，时局已不可为，遂"辞鲁国主，隐居剡中"。因为走得匆忙，张岱仅带了一些必需的日常用品，以及一部《石匮书》的书稿。而留在家中的财产，包括四十多年积累的数万册藏书，则就此尽失。张岱在《陶庵梦忆》序中描述了他隐迹山林的情景："陶庵国破家亡，无所归止，披发入山，骇骇为野人，故旧见之，如毒药猛兽，愕窒不敢与接。"张岱曾经屡次想到了自杀，而他之所以没有自杀殉国，只是因为《石匮书》尚未写完。

张岱在深山老林中度过了三年隐姓埋名、"骇骇为野人"的生活，其间"瓶粟屡罄，不能举火"的艰难困苦，自然难以尽述。只是靠了"饥饿之余，好弄笔墨"的一念尚存，张岱才顽强地生存下来。三年之后，当张岱返回家中时，房屋地产已为豪强占有，他剩余的家产，不过"破床碎几，折鼎病琴，与残书数帙，缺砚一方而已"，张岱实际上已经沦落到了"上无片瓦存，下无一锥立"的境地。回首前尘往事，张岱以为，自己如今遭受的种种磨难，或许正是对过去奢华生活的一种果报，所谓以笠报颅，以篑报踵，以衲报裘，以苎报绨，以藿报肉，以粝报粮，以荐报床，以石报枕……总而言之，他过去所享受到的，如今都以各种磨难的方式加倍回报，而张岱能够做到的，只是"遥思往事，忆即书之，持向佛前，一一忏悔"。于是，张岱在写作《石匮书》之余，又先后写下了两部忏悔之书：《陶庵梦忆》和《西湖梦寻》。

由通显之家骤然跌落为普通农户，明朝的灭亡把张岱的人生拦腰截成了两段，如果说放浪不羁的纨绔子弟是张岱的前世，那么，颠沛流离、饥寒交迫的落魄书生则是他的今生。正像张岱的好友祁彪佳自杀前所说的那样："山川人物皆属幻影，山川无改，而人生倏忽，又一世矣。"两度人生既让张岱饱尝世态炎凉，也让他对生命的本质有了更加深刻的感悟。张岱把他的前世和今生视作两场大梦，他在《陶庵梦忆》中讲述了这样一个故事，西陵脚夫为人挑酒，不慎失足，把酒坛子打破，脚夫没钱赔偿，就呆坐着思量，这要是梦多好啊！另有一个穷书生考中了举人，正准备去赴鹿鸣宴，却唯恐这不是真的，就咬了一下自己的手臂说："别是做梦吧！"后者唯恐是梦，前者唯恐不是梦，是梦也好，不是梦也罢，人生的结果总是邯郸梦断，漏尽钟鸣。张岱最终感慨地写道："鸡鸣枕上，夜气方回，因想余生平，繁华靡丽，过眼皆空，五十年来，总成一梦。"

从绚烂归于平淡，躲在快园废墟中叙说前尘旧事的张岱垂垂老矣，他已经是一个真正的乡间老翁了。张岱后悔自己早年只顾着享乐，却连杵臼也不认识，以致"在世为废人"，什么活都不会干。他声称自己活在七不可解之中，其一，过去都是从平民努力向上比肩公侯，如今却以世家子弟沦落为乞丐，如此的贵贱错乱，让他难以理解；其二，家产不及中等人家，却想追求金谷园一般的奢华富丽，世间自有许多发财的捷径，自己却甘心隐居山野，如此的贫富错乱，让他难以理解；其三，书生上战场，将军写文章，如此的文武错乱，让他难以理解；其四，面对玉帝不谄媚，面对乞丐不傲慢，如此的尊卑错乱，让他难以理解；其五，软弱时可以任人往脸上吐唾沫，强锐时可以单枪匹马踹敌营，如此的强弱错乱，让他难以理解；其六，争名夺利，甘居人后，观场游戏，肯让人先，如此的缓急错乱，让他难以理解；其七，掷骰子赌钱，不关心胜负，煮水品茶，能分辨出渑水或淄水，如此的智愚错乱，让他难以理解。这七种人生的困惑，最后归结为"自且不解，安望人解"，其实还是想以此表明自己的态度，我自是我，任人评说。

张岱曾经不止一次说过，他之所以苟活于世，完全是因为《石匮书》尚未杀青的缘故。他痛感"有明一代，国史失诬，家史失谀，野史失臆"，所以秉持"不顾世情，复无忌讳，事必求真，语必务确"的原则，积数十年之功，发奋著史。对于这部史著，张岱"五易其稿，九正其讹，稍有未核，宁缺勿书"，志在为后世留下一部明代的信史。而张岱身后更加引人关注的，则是他不经意间写下的小品文字——张岱的小品文堪称是文字中的神品，自始至终贯穿着"玩"的精神，以小品文花繁叶茂的轻柔，来叙说不堪回首的旧梦，以对前尘往事的追忆，来抒发自己的历史感和身世感。其间心灵的沉重配以料峭中的温煦，勾勒出晚明文化的落日余晖，让人悲泣，令人沉醉，既是张岱个人性情的写照，也是一个时代没落的缩影。

我常常感喟，古代中国多有正人君子，而殊少性情中人，正是因为在他们身上严肃有余而轻松不足，缺少一种举重若轻的文化个性。而晚明文人对物质享受的沉溺，则养成了他们细腻浸淫的人性生活，其逸乐精神固然是末世享乐主义的体现，同时也未尝不是个人性情的一次大解脱——正是明末的王纲解纽，才使得他们全身放下，任情适性，对传统社会的价值与生活作了一次最彻底的反动。与此同时，文化又是极其脆弱的东西，一种文化情调的培育既非常缓慢，也极有可能毁于一旦，所以，晚明文化的风流蕴藉，很快即被清朝的金戈铁马击得粉碎，最终"落了个白茫茫大地真干净"。

乞与人间作画工

——"酒色之徒"陈洪绶

1644 年岁次农历甲申，既是明朝正朔的崇祯十七年，又是清朝的顺治元年，当北都沦陷，崇祯皇帝自缢身亡的消息传到古城绍兴时，已经是这一年的春夏之交。此时正隐居在绍兴家中的大画家陈洪绶得到消息，如同晴空霹雳，悲痛难抑，他"时而吞声哭泣，时而纵酒狂呼，时而与游侠少年椎牛埋狗"——痛彻骨髓，却又放浪形骸，正所谓"哀莫大于心死"，对于陈洪绶来说，王朝灰飞烟灭，生命徒具形骸，生与死已经变得无关紧要了。

这一年，陈洪绶是在一种极度痛苦、极致癫狂的状态中度过的，他好像跌入了一个无底的黑洞，魅影缠身，无路可逃，浑浑噩噩，不知所为。弘光小朝廷的建立曾经让陈洪绶看到一丝希望，但这丝希望旋即破灭，到了清顺治三年（1646），局势益发变得不可收拾，先是两江失守，继而绍兴陷落，江南大部分地区相继落入清朝之手。江山犹在，故国已矣，时年四十八岁的陈洪绶再无立锥之地，他不得不逃入深山，从此开始了"借僧活命"的流亡生涯。

剃发为僧的陈洪绶更名为悔迟，既悔平生庸庸碌碌，一事无成，又悔一生为才艺和声名所累。他自称"未死人"，学佛参禅，不问世事，试图在青灯黄卷中打发掉生命最后的岁月。但是，陈洪绶毕竟是一位有着强烈个人情感和丰富想象力的艺术家，即便生命徒具形骸，他的内心却依然隐藏着一股愤懑不平之气——为清朝的残暴统治愤懑，为逝去的大明王朝不平。陈洪绶怎么可能这样了此残生呢？他内心的愤懑不平之气最终以一种怪诞奇崛、汪洋恣肆的绘画风格得以表现，又以一种醉卧花丛、纵酒狂歌的个人风格得以释放，而陈洪绶本人，则为后世留下了一个恃才傲物、狂放不羁的奇士身影。

陈洪绶（1599—1652），浙江诸暨人，字章侯，号老莲，晚号老迟、悔迟。陈洪绶出身于官宦世家，但到他父亲那一辈，业已家道中落。据说陈洪绶出生时，来了一位身穿氅衣的白发道人，道人将一颗莲子送给陈洪绶的父亲，并说："吃了这颗莲子，得到的孩子就像这颗莲子一样。"以是，陈洪绶幼名莲子，及其老也，又名老莲。陈洪绶果然天生颖异，他很小就博览群书，有用世之志，尤其在艺文书画方面，表现出非同寻常的超人异禀。

陈洪绶四岁时在已经定亲的岳父家读书，发现室内粉刷一新，却少了一点装饰。于是，陈洪绶自作主张，爬上叠架的桌椅，在墙上画了一幅长约十尺的武圣关公像。画面惟妙惟肖，威武逼真，他的岳父看到后，不但没有责怪他，甚至还对着画像跪拜，将这个房间专门用以供奉神圣。陈洪绶十岁时拜著名画家蓝瑛为师，学画花鸟，但当蓝瑛看到陈洪绶所画的人物画时，却自叹不如，以至终其身不再画人物画。蓝瑛评价陈洪绶是天才，其画艺乃"天授也"，并不是人间的画师所能够传授的。到十四岁那年，陈洪绶已经成为绍兴当地颇有名气的画家，只要他的画出现在画市，总会被人抢购一空。

少年陈洪绶初露锋芒即颇负盛名，尽管他的家境并不宽裕，而父亲留下的财产也尽为兄长所得，但他还是早早养成了脱略小节、轻财好施的豪荡习气。不过，像众多才华横溢的才子一样，陈洪绶的科举之路却是蹭蹬蹉跌，屡试屡败，其功名最终止步于一介秀才。究其原因，乃是才子别有胸怀，他们善于挥洒性情，却不愿囿于绳墨，读书是为了求知，而并非为了单纯博取进身之道，因此也就很难在八股制艺方面有所突破。这当然不是陈洪绶一个人的问题，同时也是时代与社会的症结所在——陈洪绶不过是又一个才子不愿俯就绳墨的个例而已，像声名显赫的冒襄、侯方域、张岱等人，也无不在八股文面前败下阵来，可见八股取士之戕害才华，的确会让很多才子徘徊歧路、止步不前。

不过，陈洪绶虽然无缘通过科举步入仕途，但他的个人生活却足够丰富多彩，极尽声色犬马之乐。与富贵和功名相比，应该说酒与女人，才是陈洪绶生命中的最爱，对于陈洪绶来说，美酒乃是人间佳酿，岂有不喝之理？美女乃是世间尤物，焉有不爱之理？陈洪绶平生喜爱杯中物，以一双醉眼看世界，追求的是一种微醺的境界；陈洪绶不吝钱财，常常一掷千金，耽于游乐，追求的是一种随心所欲、得失不惊的快意人生。

成人之后的陈洪绶师从大儒刘宗周，习性理之学，刘宗周既是一代博学鸿儒，又以直言敢谏、疾恶如仇蜚声政坛。陈洪绶即深受刘宗周的影响，他喜欢为寒士作画，借以帮衬贫困，扶助艰难，乃至"贫士藉其生者数十百家"。陈洪绶不喜欢为达官贵人作画，即便他们开出天价，他也不予理睬。有一次，一位官宦以鉴定书画为名，将陈洪绶骗上自己的豪华游轮，及至游轮离开码头，此官宦马上拿出绢素，准备强行索画。自觉上当的陈洪绶骂不绝口，甚至想跳水自杀，纠缠很久，才得以脱身而去。

如果说陈洪绶在为人耿介方面深得刘宗周真传，但在私生活上，陈洪绶却与古板严正的乃师相去甚远。萧山毛奇龄为陈洪绶作传，即以一种略带艳羡的语气这样说道，陈洪绶平生喜欢美女，每逢酒宴，没有美女在座不饮；晚上睡觉，没有美女在怀不睡；只要有人携美女一起去求画，陈洪绶总是来者不拒，有求必应。很多求画者正是摸清了陈洪绶的个人喜好，才常常摆上酒宴，招来名姬，然后恭请陈洪绶饮酒狎妓，而陈洪绶喝到半酣之际，也总是毫无悬念地自索笔墨，纵情挥洒，虽"小夫稚子无勿应也"。陈洪绶将青楼妓院当作自己的画室，以至于想得到他的画作的人，"争向妓家求之"。

最绝的一次是在明亡之后，流离失所的陈洪绶为清军捕得，首领固山闻听大喜，命人将陈洪绶带到自己的府邸。于是，出现了下面这个颇带喜感的画面："急令画，不画；刃迫之，不画；以酒与妇人诱之，画。"固山命令陈洪绶作画，被他坚拒；把刀架在陈洪绶的脖子上，他依然拒绝；以酒与美女引诱他，陈洪绶欣然画之。果然是"英雄难过美人关"啊！不过，这个故事还有一个大反转的结局，说陈洪绶借口为画署名，大饮而醉，夜里抱着这些画酣然入睡，等到固山派人过来收画时，陈洪绶早已带着这些半成品逃之夭夭了。

说陈洪绶喜欢美女，并不意味着他的家庭生活不和谐。事实上，陈洪绶一生娶二妻一妾，他的原配夫人来氏乃是大家闺秀，不仅善解人意，还擅长作诗填词。陈洪绶与来氏感情甚笃，来氏早逝，陈洪绶悲恸欲绝，写下多首深情的悼亡诗怀念她。二十七岁那年，陈洪绶娶杭州韩氏为续弦，韩氏同样是知识女性，两人婚后琴瑟好合，陈洪绶北上京城期间，二人诗书往来，抒发彼此之间的思念之情。

明崇祯十六年（1643），四十五岁的陈洪绶在扬州短暂停留，与扬州名妓胡净鬘一见钟情。胡净鬘容貌秀丽，工诗善画，让陈洪绶情不自禁，他一连作了九首《桥头曲》来纪念这次艳遇，其中一首这样写道："所欢在何处，江水荡漾来。为欢惜身命，有船不敢开。"陈、胡二人缠绵缱绻、难分难舍，终于携手还乡，他们在彼此唱和之余，以合作花卉册页为乐，被时人传为佳话。

美酒与美女，的确是陈洪绶一生的所好，但也不能否认，陈洪绶纵然多情，却也对每一个喜欢的女人爱得真诚，爱得炽烈——有些人天生就是多情种子，他的人生就是为了不停地恋爱，他的生活就是为了去爱不同的女人。尤其是在明末的时代背景下，所谓"天柱欲折，四维将裂"，文人士大夫苦无出路，同时自知无力回天，于是，逃于禅，逃于酒，逃于情，逃于女人的怀抱……如此种种的逃避，既是一种无奈的选择，也是人生最后的寄托。有人说"江山不幸诗家幸"，对于艺术家而言，这些逃避虽然意味着某种幻灭与虚空，却也未尝不是他们艺术创作的源泉。

在明朝灭亡之前，应该说陈洪绶个人的小日子过得还是相当滋润的，饮酒狎妓，买笑寻欢，是为他的日常功课。尽管陈洪绶没有任何官职。曾经有过一次机会，他以国子监生的身份被召进宫中，成为内廷供奉，负责临摹历代帝王像。但这与陈洪绶平生的志愿大相径庭，他进京的目的，并不是打算去做一个几同玩物的宫廷画家，而是想通过朝廷征召进入仕途，不负平生所学，一展胸中抱负。

在京城期间，陈洪绶的恩师刘宗周因直言进谏被黜还乡，让他倍觉心灰意冷。然而更令陈洪绶难以忍受的，还是朝廷内部的相互排挤与倾轧，他自由散漫惯了，哪里受得了这种鸟气呢？在愤懑与绝望中，陈洪绶已然萌生退意，他重新思考了自己的人生定位，随即毅然辞归，从此不再向往步入仕途，去匡扶社稷，而是准备安下心来，真正做一个快乐逍遥的民间画师了。

在时人的笔记史料中，留下了很多有关布衣陈洪绶的有趣细节，事实上，那才是真正的陈洪绶，性情挥洒的陈洪绶，摆脱了一切桎梏与束缚的陈洪绶。

在好友张岱的笔下，陈洪绶是这样的：有一次，张岱与陈洪绶共游西湖，当小船行至断桥附近时，岸上有女郎命童子致意，希望借他们的小船搭载一程。张岱答应后，女郎欣然来到船上，"轻纨淡弱，婉瘿可人"。美女当前，陈洪绶自然不愿放过这个难得的机会，他一面奉承女郎是如同红拂女一般的女侠，一面自称虬髯客，邀请女郎同饮一杯。没想到女郎竟然痛快地答应了，当女郎到达目的地时，已是二更时分，而船上的酒，已被他们喝得一干二净。陈洪绶试着打探女郎的住处，女郎却笑而不答，陈洪绶悄悄地跟在女郎身后，但见女郎走过岳王坟，一眨眼的工夫就不知所踪了。这是一次如同《聊斋志异》一般的艳遇，不知是现实，还是梦里？

同样是在美丽的西子湖畔，陈洪绶还留下了这样一个香艳的故

173

事：话说当年，人艳如花的名妓董飞仙骑着桃花马，带着自己亲手剪制的生绡，在岳王坟前追寻到陈洪绶，乞求他在生绡上画一幅莲花，陈洪绶欣然命笔……事情过去很久，陈洪绶依然念念难忘，回味不已，并随口吟出一首小诗："桃花马上董飞仙，自剪生绡乞画莲。好事日多常记得，庚申三月岳坟前。"人到中年，陈洪绶在京城又一次梦见董飞仙，且再次写下一首小诗："长安梦见董香绡，依旧桃花马上娇。醉后彩云千万里，应随月到定香桥。"可见董飞仙留给他的印象是如此刻骨铭心。

张岱在《陶庵梦忆》中还记录了一次包括陈洪绶在内的文士雅集。那是金秋十月的天气，张岱和朱楚生一起去看红叶，行至定香桥，与陈洪绶等八人不期而遇。张岱留他们饮酒欢聚，陈洪绶携带丝绢为赵纯卿画古佛像，曾波臣为赵纯卿画肖像，杨与民弹三弦子，罗三唱曲，陆九吹箫，杨与民又拿出一寸大的界尺，倚着木架，用北调说唱《金瓶梅》。他们意犹未尽，夜以继日，彭天锡与罗三、杨与民演本腔戏，又与朱楚生、陈素芝演调腔戏，陈洪绶唱起村落小曲，张岱取琴伴奏，赵纯卿舞剑助兴……其间男女杂坐，履舄交错，直至通宵达旦，才尽欢而散。这事发生在明崇祯七年（1634），虽然距离陈洪绶从京城辞归还有一段漫长的日子，然而，这才是陈洪绶真正想要的生活啊！

做一个快乐逍遥的民间画师，把日子浓缩成精华，人生在世，不过读书、作画、饮酒、艳遇，乃至"愿得黄金三百万，交尽美人名士"。平生只做想做的事，只过想过的日子——正像陈洪绶在一首小诗中写到的那样："病夫二事非所长，乞与人间作画工。"对于年近五十的陈洪绶来说，如果不出意外，他就打算一直这样过下去了。然而，甲申之变的骤然来临，却将陈洪绶后半生的人生规划击得粉碎。

对于大多数普通人而言，说到底朝代兴亡只是皇帝家事，干卿底事？朝代亡，也就亡了，普通人还要继续过日子，继续吃喝拉撒，继续传宗接代，继续面对柴米油盐酱醋茶的日常琐碎。但对于那些以忠孝节义为信仰的文官集团就不同了，他们从小接受儒家正统思想的教育，深信孝悌忠信、礼义廉耻乃是一个人的立身之本，做人就应该"食人之禄，死人之事"。然而，事实是，明代以忠孝立国，却将文人士大夫的人格与尊严剥夺殆尽，将专制主义的淫威发挥到极致。在严酷的现实面前，文人士大夫的灵魂越来越猥琐，处世越来越圆滑，他们已经彻底沦为皇权的附庸与奴才。当文官集团没有了责任与担当，丧失了主人翁意识，他们又怎么可能会与皇家同生死、共进退呢？

搞笑的是，在时代的巨变面前，那些自称正人君子的官僚大佬们大都识时务者为俊杰，公然撕下自己道貌岸然的面具，纷纷降清了。反倒是陈洪绶这样从来不被世人看好的"酒色之徒"，尽管朝廷于他并没有施与任何恩惠，但他却顽固地恪守着大节，甘愿为逝去的王朝充当守夜人。

1645 年，是为明弘光元年，清顺治二年。南京弘光朝廷土崩瓦解，杭州潞王不战而降，对时局已然绝望的刘宗周绝食而亡。得到消息的陈洪绶将老师的遗像悬挂在正室中央，每日祭拜，并写下这样的字句："但存君父心，得升先生堂。"陈洪绶本人也做好了随时赴死的准备，他奔走于浙东起兵的鲁王和闽粤起兵的隆武政权之间，为他们排难解纷，并对他们取财饷军、恣行拷掠的行为多有规劝，被时人目之为鲁仲连。

同年，鲁王在绍兴监国，命张岱和陈洪绶侍饮，君臣间谐谑欢笑，如平生老友。鲁王酒量大，大犀觥可一饮而尽。陈洪绶喝不了大杯酒，直接在御座旁呕吐不已，鲁王让陈洪绶现场作画，他居然醉得拿不起笔了。可见陈洪绶虽然平生好饮，喝的却只是性情酒，并不以酒量见长。由两位绝代风华的才子侍饮，疲于奔命的鲁王度过了难得快乐的一天，酒阑歌罢，鲁王兴奋地大呼："爷今日大喜，极君臣之欢。"而无论对于彼时雄心未泯的鲁王，还是对于渴望有所作为的张岱和陈洪绶，这都是命运留给他们最后的快乐时光了。

清顺治四年（1647），陈洪绶结束了"借僧活命"的流亡生活，从深山老林中返回绍兴。陈洪绶栖身在前辈才子加狂士徐渭的青藤书屋之中——昔年徐渭在这里"狂歌大叫倚藤树"，今日陈洪绶在这里"解衣醉卧呼不起"。回首前尘，恍然如梦，陈洪绶随手写下了"佛法路茫茫，儒行身陆陆。酣身五十年，今日始知哭"的诗句，意味着无论是佛，还是儒，都不能把他从不可名状的痛苦中解脱出来了。

陈洪绶晚年陷入贫困之境，但只有到了断炊之时，他才会作画易米，且绝不以画艺事权贵。督学使者李际期看到陈洪绶家境困难，强留下三百金周济他，他却列出朋友中的贫困者，计其缓急，以为厚薄，顷刻间将这些钱分得一干二净。不过，当手中一旦有一点闲钱时，陈洪绶依然纵酒狎妓如故，只是醉后言及身世离乱，常常痛哭不已。

清顺治九年（1652）的一天，没有任何预兆，正"日与昔时交友，流连不忍去"的陈洪绶，突然"跌坐床箦，瞑目欲逝"。家中妻儿环绕在他的身边大哭不已，他平静地告诉他们，都别哭，不要动了我的牵挂之心。过了一会儿，陈洪绶即口中喃喃念着佛号，安然而逝，时年五十四岁。

陈洪绶去世数年之后，一个雷电交加的夜晚，青藤书屋中那株古老的藤树，突然"为风雷所坏"——或许是藤树有灵吧，它见证了两位才子的多难人生，目睹了两代才子的先后离世，如今生无可恋，追随自己的主人绝尘而去。

温柔乡里度残生

——"风流遗民"冒辟疆

17世纪上半叶的南京是一座帝制时代"非典型"的城市，这里不仅山水明秀，甲于天下，同时还集衣冠文物与文采风流之盛，引领着一个时代的潮流与风骚。用李洁非教授的话说，明末的南京有两个最鲜明的关键词：一个是"革命"，一个是"爱情"；而明末南京的秦淮河畔，则令人不自觉地想起"世纪末"时期巴黎的塞纳河左岸：同样沉溺在一种张扬不羁乃至纵情声色的情绪中，同样充斥着从精神到肉体的自我放逐。

在明末的政治和文化舞台上，前有东林党，后有复社，一脉相承，均为影响深远的政治团体。东林党人中多有朝廷重臣，复社成员则大多是一些初出茅庐的年轻人，他们以南京作为自己的根据地，指点江山，激扬文字，乃至"东南一带，文脉尽为所控"。而同样引人注目的，还有秦淮河畔的名姝佳丽，她们虽然是身份低贱的妓女，却个个才华横溢、光彩照人；她们与复社才子们打成一片、水乳交融，彼此之间惺惺相惜、相得益彰。因为她们的存在，秦淮河畔的旧院成为复社才子们流连忘返的"花柳繁华地，温柔富贵乡"，同样是在这里，传统的才子佳人式的爱情故事被注入了全新的内容。

在频繁流连于秦淮河畔、穿梭在花柳丛中的复社才子中，冒辟疆无疑是出镜率最高的人物之一。

冒辟疆（1611—1693），名襄，字辟疆，号巢民，江苏如皋人。冒辟疆出生于官宦世家，他天赋异禀、自幼聪颖，曾经被当时的文苑领袖董其昌比作初唐时期的王勃，期望他"点缀盛明一代诗文之景运"。但是，冒辟疆的科举之路却并不顺遂，他先后参加了六次乡试，却仅仅中了两次副榜。不过，尽管南京的乡试之行并没有为冒辟疆博得功名，然而对于他来说，只要能够造访歌楼舞榭，结交雅士美人，是否博得功名，完全无足挂齿。

冒辟疆是复社的重要人物之一，早年与陈贞慧、侯方域、方以智齐名，并称"明末四公子"。他们四个人都是官宦子弟，且均以"出则忠义，入则孝悌，爱宾客，广交游，风流倜傥，冠绝一时"。据冒辟疆的朋友陈瑚所记："冒子饰车骑，鲜衣裳，珠树琼枝，光动左右。予尝惊叹，以为神仙中人。"在陈瑚的印象中，正值青春年少的冒辟疆衣着华丽，肥马轻裘，如玉树临风一般光彩照人，当是彼时冒辟疆真实的写照。

17世纪三四十年代的南京，暗流涌动，骚动不安，空气中始终弥漫着一股荷尔蒙过剩的气息。明崇祯三年（1630），复社同人在这里举行金陵大会，复社领袖登高一呼，从者云集，自此之后直到弘光朝廷黯然谢幕，南京都是复社成员集会与冶游的主要场地。甚至到了耄耋之年，冒辟疆依然念念不忘南京的激情岁月，他在一篇文章中写道："余庚午与君家龙侯、超宗，追随旧院。其时名姝擅誉者，何止十数辈。后次尾、定生、密之、克咸、勒卣、舒章、渔仲、朝宗、湘客、惠连、年少、百史、如须辈，咸把臂同游，眠食其中，各踞一胜，共睹欢场。"其中提到的都是当时的风云人物。由此可知当年冒辟疆在南京生活时的放纵与恣意，而与他一起共睹欢场、把臂同游者，每一个都是在中国文化史上熠熠生辉的名字。

据说，有一个名叫姚瀚的富家子弟，平生爱凑热闹，尤其喜欢讨名人欢心，他曾经在秦淮河上搞了一次规模宏大的聚会。"不特海内名人咸集，曲中殊艳共二十余人，无一不到"，可谓英才毕至，美

178

女如云，载酒征歌，极一时之盛。仅仅一次聚会，就花光了姚潆所有的家底——为了结交雅士美人，不惜搞得自己倾家荡产，这样的事情好像只有在明末的南京才能发生。

无论对于南京这座城市，还是对于冒辟疆本人，明崇祯九年（1636）都是一个值得大书特书的年份。这一年是大比之年，学子们依然早早地赶到南京，温习功课，准备应试。然而，对于彼时青春年少的冒辟疆来说，应试固然重要，但与之相比，同样重要的还有朋俦高会与声色流连——事实上，后者的诱惑远远大于前者。

在温习功课之余，冒辟疆也的确把更多的时间和精力用在了挟妓啸游、宴饮唱和上——以冒辟疆的天资聪颖，他之所以屡困场屋，恐怕与他的心有旁骛不无关系。就在这一年的乡试结束之后，冒辟疆依然榜上无名，但他并不为意，反而租赁下桃叶渡附近的数间庭院，尽邀被阉党杀害的东林党人的遗孤，来此纵谈国事，宴饮聚会。大家品藻公卿，臧否人物，无所不言，每日食客多达百余人，这就是闻名遐迩的"桃叶渡大会"。

关于"桃叶渡大会"，无论当时还是后世，都是人们热议的话题。有幸参与者总是不厌其烦地津津乐道，绘声绘色地描述每一个细节；无缘错过者则大都怅然若失，且终生引以为憾。其中有一个引人瞩目的场景是，隐居在南京的阉党余孽阮大铖为了讨好复社名士，当冒辟疆宴客时，特地派出了他的私家戏班前去捧场，演唱由他亲自填词作曲的《燕子笺》等剧。

在阮大铖想来，这本来应该是一件锦上添花的好事，但让他万万没有想到的是，冒辟疆等人纵酒放歌，淋漓酣畅，他们怀想惨遭阉党杀害的先人，一边欣赏着阮大铖刚刚写就的新剧《燕子笺》，一边交口痛骂身为阉党余孽的作者，乃至"悲壮激昂，奋迅愤懑，或击案，或拊膺，或浮大白，且饮且诟詈"。面对这种几近失控的场面，阮大铖派去的伶人们只能缓歌停拍，收拾离场，回去将现场发生的事情如实转告给阮大铖。自此之后，冒辟疆等复社中人与阮大铖结下了梁子，积怨越来越深。

如果说"桃叶渡大会"埋下了冒辟疆等人与阮大铖之间仇恨的种子，而真正将他们之间的矛盾推向激化的，是两年后发生在南京的《留都防乱公揭》事件。事件的起因是，闲居在南京的阮大铖并没有老老实实地面壁思过，而是"思接纳后进以延誉，乃蓄名姬，制新声，日置酒高会，士雅游者多归之"。在复社中人的想象中，阮大铖本来应该像一条丧家犬一样夹起尾巴做人，而他非但没有这样做，反而以美酒妇人为诱饵，刻意拉拢那些不明他底细的年轻人，以图将来为他所用。

阮大铖的上蹿下跳必然引起复社中人的公愤，他们以为，阮大铖频频抛头露面、大肆活动，必有所图。于是，由复社的头面人物吴应箕捉刀，他们共同起草了一份讨伐阮大铖的檄文，冒辟疆等复社一百四十多人共同签名，进而复制多份，在南京城内的大街小巷广为张贴。此《公揭》一出，阮大铖立马威信尽失、颜面扫地，他只得灰溜溜地躲到了南京郊外的牛首山上，再也不敢轻易踏入南京城半步。

如果不出意外，事情也基本上到此为止了，复社中人获得完胜，阮大铖很难再有翻身的机会。但世事总是那么难以逆料，转眼到了明崇祯十七年（1644），先是北京沦陷于李自成之手，崇祯皇帝自杀身亡，继而清朝铁骑杀入关内，弘光朝廷匆匆建立……一系列惊天的巨变，几乎发生在一夜之间，既让人目不暇接，更让人瞠目结舌。

与时代巨变密切相关的，还有每个人的命运，恐怕没有人能够料到，刚刚还像落水狗一般垂头丧气的阮大铖，一转眼成为南京弘光朝的兵部尚书。此后的故事自然没有什么悬念了，阮大铖对冒辟疆等人的报复不遗余力，陈贞慧、侯方域等人先后被捕入狱，只是靠了史可法的荫庇，冒辟疆才得以幸免。不过，弘光小朝廷并没有维持太久，随着清军的大举南下，刚刚成立一年的弘光朝廷烟消云散。在大时代面前，冒辟疆——当然也包括阮大铖，他们的命运亦已由不得自己做主，只能像飘蓬一般变幻不定、随波逐流了。

关于冒辟疆最广为人知的故事，自然是他与秦淮名妓董小宛之间的爱情故事了。早在冒辟疆频繁流连于秦淮河畔时，他与董小宛之间已经互相有所耳闻，但他们的第一次见面却是在苏州——此时，董小宛已经移居姑苏半塘。这次见面，董小宛对冒辟疆一见钟情，当冒辟疆离开苏州时，董小宛已经备齐行装，"随路祖送"。其后二十七天，冒辟疆一再劝她返回，董小宛只是"坚以身从"，铁了心地跟定了冒辟疆。虽然董小宛最终返回苏州，但她自此茹素杜门，一直等待着冒辟疆的到来。

在苏州等待冒辟疆期间，董小宛难耐相思之苦，为了去南京与冒辟疆相聚，她曾带了一名老仆，租了一条小船溯江北上。不想途中遇到强盗，船家将小船隐藏在芦苇丛中，船舵受损，难以行动，忍饥挨饿达三日。为了追寻去见父亲的冒辟疆，董小宛又曾雇船在江上追踪，中途遇到大风，"几复罹不测"。如此反反复复，最后还是在钱谦益和柳如是的斡旋和资助下，董小宛才得以摆脱经济困境，成功脱籍，如愿以偿地嫁入了冒家。

嫁入冒家的董小宛和冒辟疆度过了一段神仙伴侣的日子。对于董小宛来说，冒辟疆既是高明的艺术家，也是最好的家庭教师；对于冒辟疆来说，董小宛既是勤俭持家的贤妻良母，更是优秀的烹饪师和护理师。董小宛去世多年后，冒辟疆这样回忆他们的一次出游，董小宛身穿西洋布轻衫，洁如白雪，薄如蝉纱，仪态姿容之美，比之身着桂宫霓裳的张丽华毫不逊色。当他们二人登上金山时，山中数千游人一直跟随着他们，环绕着他们，把他们视作神仙中人；凡是他们二人驻足之处，则龙舟争赴，回环数匝不愿离去。虽然时隔多年，冒辟疆写来依然不胜唏嘘、情难自已。

可惜的是，冒辟疆与董小宛的好日子并没有持续太久，随着明朝的灭亡，他们也进入了忧患岁月。入清之初，冒辟疆正是在董小宛的陪伴下度过了最为艰难的日子。1645 年 5 月，清军南下，弘光朝廷覆亡，冒辟疆携家带口，开始逃亡。他们先是辗转于深山密林之中，或一月换一个地方，或一天换一个地方，或一天换几个地方。有一天，在马鞍山突然遭遇清兵，杀掠奇惨，冒家"仅以俯仰八口免，维时仆婢杀掠者几二十口，生平所蓄玩物及衣贝，靡孑遗矣！"

继而流落海陵，在海陵，冒辟疆心力交瘁，终于病倒。在其后的半年时间里，董小宛仅铺一卷破席，睡在冒辟疆的床边——冒辟疆冷，她用身体为他取暖；冒辟疆热，她不分昼夜为他执扇；冒辟疆疼，她亲自为他按摩……乃至"汤药手口交进，下至粪秽，皆接以目鼻，细察色味，以为忧喜"。在董小宛的悉心照顾下，冒辟疆终于慢慢康复，在回忆董小宛的《影梅庵忆语》中，他动情地写道："余五年危病者三，而所逢者皆死疾。惟余以不死待之，微姬力，恐未必能坚以不死也。"冒辟疆与董小宛在一起生活了九年，董小宛因劳累过度而英年早逝，冒辟疆悲伤之余，哀叹自己"一生清福，九年占尽，九年折尽"。

晚年的冒辟疆隐居在家乡如皋，彻底断绝仕进之心，他多次拒绝了清廷的征召，以先朝遗民的身份超然物外。与金陵骂座时的心壮气豪不同，冒辟疆的隐居生活是在一种宁静安闲的气氛中度过的，他将自家的园林水绘园更名为水绘庵，每日只是与园林花鸟、法书名画为伴。冒辟疆还召集十几个童子，亲自传授他们歌舞声乐的技艺，并邀请四方名士前来观赏他们的演出。同为遗民的杜首昌观看了冒辟疆的家伶演剧之后，写下这样一首小诗："主人到老更风流，只解为欢不解愁。惯把珍珠乱抛撒，等闲哪惜锦缠头。"所谓"只解为欢不解愁"，即准确描绘出晚年冒辟疆的生活状态。

清康熙四年（1665）三月初三日，冒辟疆经过三个多月的准备，组织了一次著名的水绘庵修禊，共邀请王士禛、陈维崧、冒禾书、冒丹书等多位名士参加。时值"天色明霁，桃花未落，春泥已干，风日满美，微云若绡，舒卷天际"之时，大家在一起品茗赏花，挥毫泼墨，宴饮吟诵，消磨永日。此次修禊共得诗三十八首，结集为

《水绘庵乙巳上巳修禊诗》付梓行之于世，在文坛引起广泛的关注。据时人刘体仁记载："时，士之渡江而北，渡河而南者，无不以如皋为归。"可见彼时的冒辟疆已然成为遗民世界的一面旗帜，而他的水绘庵则成为一般士人的朝圣之地。冒辟疆以自己的坚守，维系着遗民世界的一缕文脉。

与傅山、阎尔梅等众多艰苦卓绝的著名遗民相比，冒辟疆的生活显得既风雅又自足。据史料记载，冒辟疆的妻妾除了正妻苏氏之外，尚有董小宛、吴扣扣、蔡含、金玥等人，其中董小宛和吴扣扣擅长写诗，蔡含和金玥擅长作画，冒辟疆身边多有丽人簇拥，一生尽享齐人之福，被时人称作"风流遗民"。虽然被人称作"风流遗民"，但在明心守志、与清政府不合作的态度上，冒辟疆与傅山、阎尔梅等人并无二致，余怀评价他"拥丽人，非渔于色也；蓄声乐，非淫于声也；园林花鸟，饮酒赋诗，非纵酒泛交，买声名于天下也。"这就像信陵君之饮醇酒、近妇人，嵇康之打铁，刘伶之荷锸，米芾之拜石。冒辟疆只是借这些来发泄胸中"感愤无聊不平之气"，说穿了其实是自我放逐的一种方式。

随着时间推移，冒辟疆毕竟还是渐渐老去，风华不再了。进入耄耋之年的冒辟疆散尽家财，生活困顿，房产尽为豪强夺去，甚至达到了"四世一堂不能团聚，两子罄竭，并不能供犬马之养"的地步，他最后不得不卖掉仅存的庭院，赁居陋巷之中。为了生活，冒辟疆每夜在灯下书写数千个蝇头小楷，白天用来换取米酒，或者让他亲自教导的私家戏班出门演出，所得收入用以调剂生活。但即便如此，冒辟疆依然自足自适，不改其乐。

1693年，清康熙三十二年，冒辟疆以八十三岁的高龄离开人世——此时距明清易代已经过去了整整四十九年，秦淮河畔的歌台舞榭早已化为瓦砾，昔日的才子佳人、新声明月亦如枕上梦幻。韩菼在为冒辟疆所作的墓志铭中这样概叹："自先生殁，而东南故老遗民之风流余韵，于是乎歇绝矣！"在韩菼看来，无论是为人处世，还是著书立说，冒辟疆依然属于那个过去的时代，象征着那个过去时代的风流余韵；而冒辟疆的离世也并不仅仅只是一个遗民的离世，他同时也带走了晚明文化最后一抹落日余晖。

传奇原为消愁设

——清客李渔的幸福生活

一

在明末清初的文人中，李渔有着多重身份，他是著名的戏剧家，又是著名的戏剧理论家；他是著名的小说家，又是著名的出版家；他是著名的美学家，又是著名的园林设计家；他是著名的美食家，又是著名的养生家……李渔，是晚明文化熏陶出的百科全书式的全能型才子，在文化、生活、艺术等多个领域均称行家里手——他深谙处世之道，在各个阶层都能左右逢源、游刃有余；他精通生活的艺术，一生多享齐人之福；他经营的芥子园书铺声名远扬，他的私家戏班唱红大江南北；他的《闲情偶寄》被林语堂称作"中国人生活艺术的指南"……李渔其人，虽然生逢乱世，且一生不曾做官，但小日子却过得有滋有味，他本人更有着独特的艺术理想和生活追求。

不过，在时人眼中，李渔除了是一位颇有人气的畅销书作者和精明能干的书商之外，他更像是一位专门攀附结交达官贵人、为富贵人家帮闲凑趣的清客。李渔平生奔走于权贵之家，为官僚文人润饰文稿，出版文集，为朝廷大佬设计园林，传授房中术与养生经验，为上流社会的女眷们讲述美容和穿戴方面的知识，以此博取丰厚的馈赠。更令人非议的是，李渔还经常携带女乐，四出游幕，以家庭剧班的名义到处巡演，并让女乐捧觞行酒，他不仅"善逢迎"，而且"性龌蹉"，喜作"极淫亵"的词曲小说，还写过一部名为《肉蒲团》的淫书，以"止淫风借淫事说法"为名，行宣淫导淫之实。

那么，李渔究竟是一个怎样的人呢？他是风华绝代的艺术天才，还是道德堕落的"名教罪人"？我们不妨细致考察一下李渔生平的作为。

二

李渔，原名仙侣，字谪凡，又字笠鸿，号天徒，又号笠翁。李渔生于明万历三十九年（1611），卒于清康熙十九年（1680），他祖籍浙江兰溪，自幼生长在江苏如皋，少年时即以文名誉满乡里。李渔出生于商人之家，虽非大富大贵，却也家境殷实、生活优裕。李渔八岁进入私塾学习，他迷上的第一部书是《史记》，他为司马迁笔下的英雄人物沉迷不已，甚至连他本人也想投笔从戎，效命疆场，去建功立业。李渔迷上的第二部书是李贽的《藏书》，时当晚明，李贽以抨击纲常名教、主张绝假还真、抒发己见、提倡个性解放和思想自由而广为人知。尤其是李贽批判重农抑商、阐扬商贾功绩、倡导功利价值的观点，对于李渔世界观之形成，可谓意义重大，影响深远。

明崇祯八年（1635），已经重返原籍且已成家立业的李渔前往金华参加了他平生的第一次科举考试。这次考试使他获得了生员资格，而他的试卷则受到主考官许豸的高度赞扬，许豸甚至把李渔的试卷刻印出来，作为范文分发给参加考试的儒生们去欣赏。但令人大跌眼镜的是，李渔接下来的表现就不那么尽如人意了，四年之后，李渔在杭州参加乡试，名落孙山。明崇祯十五年（1642），李渔又一次赴杭州参加乡试，受乡民暴乱的影响，再次无功而返。其后不久，李自成进京，崇祯皇帝自缢，清廷入主中原，偌大的中国进入了天崩地裂的时代。

明清易代把李渔的生活拦腰截为两段，如果说生活在明代的李渔奋发努力、积极进取，试图通过科举考试的方式出人头地，改变自己的命运，那么，生活在清代的李渔已绝意科举，以完全不同的方式开拓自己的人生——应该说真正意义上的李渔，是从入清之后才进入自己的角色。

三

明亡之初，李渔也曾参加反清复明的活动，但目睹南明小朝廷腐烂的现状，他很快就感到心灰意冷，遂带着家人避乱金华山中，直到清廷的统治大局已定，才重新返回故乡夏李村。李渔返回故乡之日，他的旧宅已被焚毁，于是他亲自设计、修建了一栋"伊山别业"，准备长期隐居山里，不问世事。搬进新居后，李渔写下了这样一首诗："但作人间识字农，为才何必擅雕龙。养鸡只为珍残粒，种橘非缘拟素封。酒少更栽三亩秫，花多添饲一房蜂。贫居不信堪舆改，依旧门前看好峰。"李渔把自己称作"识字农"，打算过着种橘养鸡、栽秫饲蜂的生活了此残生，而且他还给自己起了一个别出心裁的别名"笠翁"——做一个头戴竹笠、与世无争的垂钓者。

一切看起来就是这样了，李渔为自己安排好一个隐居避世的未来，在李渔的想象中，这个未来"绝意浮名，不干寸禄"，夏天不见客，也没有客人打扰，不仅再不需要书生的头巾，且连长衫、鞋子一并可废，乃至经常裸处于乱荷之中，妻孥觅之不得；或者仰卧在长松之下，猿鹤过而不知……实在算得上"极人世之奇闲，擅有生之至乐者矣"。然而，一旦进入了这样的生活，李渔却发现自己无法忍受这种与世隔绝的日子，尤其是当李渔再次走进城市、感受到都

187

市生活的气息时，李渔才恍然大悟，他真心向往的其实还是繁华、热闹的都市生活，他怎么可以在世间偏僻的一隅了此残生呢？

对于明朝的灭亡，李渔从未感到过度的悲伤，他曾经目睹了明廷的糜烂与腐败，他对明朝并无好感，当然也不值得为之守节。清顺治六年（1649），三十九岁的李渔作出一个大胆的决定，离开故乡，带领全家（当时他已经有了三个妻子和两个女儿），去杭州寻找新的生活。客观地说，在李渔生活的年代，三十九岁已经是一个过气的年龄，在这个年龄放弃既往，从头再来，无论如何都需要慎之又慎。事实上，到杭州如何生活，李渔本人也觉得心里没底，彼时他所拥有的，除了卖掉"伊山别业"所得的部分现金，剩下的只是一杆秃笔而已。

四

初到杭州的李渔正是凭借这杆秃笔生活的，他将新家安置在城乡接合部，可以减少一些租房的费用，然后足不出户，沉下心来埋头于小说与戏剧的创作。李渔是最早靠稿酬生活的自由撰稿人，在经济上没有退路，只有破釜沉舟、奋力一搏。凭借对市场需求的准确把握，李渔先后创作了《无声戏》《十二楼》等小说和戏剧作品，这些作品故事精彩，构思巧妙，既带有鲜明的李渔特色，又迎合了市民阶层的喜好，同时也为李渔带来了不菲的经济收入。两年之后，李渔已经在杭州稳稳站住了脚跟，他不仅诗赋文章样样在行，而且妙语连珠，出口成章，精通各种娱乐享受，在杭州的文化圈内如鱼得水，成为广受欢迎的社交明星。

初尝成功喜悦的李渔重新萌生了入仕的念头，然而就在这时，由清廷主导的政治风向悄悄发生了变化，清朝以武力定鼎中原，自认为已经坐稳了江山，转而更关注意识形态领域内的对抗，一场针对知识分子的文化整肃随即拉开了帷幕。首当其冲的是庄廷铙的

"明史案"，接踵而至的是"哭庙案"、"通海案"和"江南奏销案"，它们最大的特点就是惩处严，株连广，借题发挥，杀人无算。李渔身边的朋友多受牵连，李渔在惊恐之余，不得不深敛锋芒，绝意仕途，为自己寻找新的出路。

清康熙元年（1662），李渔决定再次迁移，这次迁移的目的地是南京，他准备去南京开办一家书店。之所以选择去南京开办书店，李渔有两方面的考虑，一方面是因为南京是当时江南的文化中心，有很多书业同行和书肆书坊；另一方面，南京也是当时江南的出版中心。李渔熟悉出版行业，对于书籍的营销与利润了然于胸，他想自产自销，减少中间渠道，以获取更丰厚的利润。这年夏天，李渔带领全家离开杭州，搬迁到了南京，他们买下武定门附近的一套住宅，略作装修，并改建成前店后宅的样式，李渔和他的家人住在后院，临街的门面充作书店，鼎鼎大名的芥子园书店就此开张。

五

在书店的经营上，李渔充分发挥了他经商的才能，他不仅亲自主持编写、排印和发行，还策划出版了许多实用性的畅销书，诸如用来指导写作的《四六初征》，书信范本《尺牍初征》《尺牍二征》等。这套书主要靠征集当时名人和官员的文稿成书，征集名人的文稿是为了提高书籍的知名度，征集官员的文稿则是为了让官员看到自己的文章印成书籍行世，以满足他们的虚荣心。当然，为官员出书并不是无偿的，而是需要他们交付一定数目的出版费用，这些名人和官员是李渔的目标顾客，通过他们，李渔可以获取不菲的赞助款，这是李渔靠"打秋风"生活的开始。

因为芥子园书店出品的书籍太畅销了，所以，它们一上市就常常遭遇盗版。为了维权，李渔经常奔走于南京、苏州和杭州之间，不惜与书商对簿公堂。不过，尽管到处奔走维权实在是一件让人头疼的事情，但此时的李渔还是意得志满，他实现了做撰稿人兼出版人的梦想，更重要的是，他得到了一条获取财富的捷径。据史料记载，李渔客居南京期间几乎走遍了大江南北，他每到一地，都会接受当地官员的馈赠，而他则会向这些官员提供各种各样的服务。比如，润饰文稿、编辑文集、设计园林、提供咨询，等等。把文化做成一项产业，李渔可谓先行者，而他当年的所作所为，已为今世之滥觞矣。

清康熙五年（1666），李渔开始了他的第一次北京之行，他在北京拜访了许多当朝大佬，受到礼部尚书龚鼎孳等人的欢迎。李渔使出浑身解数，努力讨好这些大佬们，他与他们谈文学，谈戏剧，讲笑话，讲园林设计，极力称颂他们立下的功绩，而这些朝廷大佬则回报给李渔很多金银财宝。李渔在北京停留了半年时间，收获满满，意犹未尽，经朋友介绍，李渔又开始向西北进发。他先是在太原盘桓数日，被当地官员视作贵宾，然后一路西行。在平阳，当地知府为了讨好李渔，购买了一个乔姓女子送给李渔；在兰州，当地士绅购买了一个王姓女子送给李渔。乔、王二姬正逢豆蔻年华，虽出身贫寒，却冰雪聪明，尤其在戏剧演唱方面，可谓过耳不忘。李渔本来就准备组建一个家庭戏班，于是亲自指导二人唱曲演剧，乔姬扮演旦角，王姬扮演小生，竟然是一对绝妙的搭档。

六

李渔的这次出行长达两年多的时间，他先后游历了北京、太原、平阳、西安、咸宁、兰州、郑州、开封等地，最远抵达甘肃甘泉，颇有点乐不思蜀的意思。在这两年多的时间里，李渔收获了大量金钱，同时还写出艳情小说《肉蒲团》，虽然是以"止淫风"为意旨，但其中展示的却完全是一种风月无边的快活人的姿态。李渔在徐州度过了康熙七年（1668）的新年。在这里，乔姬和王姬第一次登台表演即大获成功，从此之后，李渔的家庭戏班声名远扬，成为李渔手中又一项重要的文化产业。

北方之行不仅为李渔带来了声誉和金钱，同时还为他带来了两个妙龄的女子，满载而归的李渔再也不能坐下来安心经营他的书店了——与经营书店相比，"打秋风"显然来钱更快，让他感觉更爽。而他现在也的确需要更多的收入，才能支撑他的越来越庞大的家庭。于是，李渔想趁热打铁，再去南方碰碰运气，他这次出行的目的地是广东，因为龚鼎孳的引介，李渔已与多位广东军政要员相互慕名，他的广东之行正是奔着他们去的。虽然与北方之行相比，李渔的广东之行多少有点不尽如人意，但他抽空写作了一本名为《闲情偶寄》的小书，举凡词曲、演习、声容、居室、器玩、饮馔、种植、颐养等内容无一不备，成为集李渔声色犬马之好之大全的作品。

康熙十年（1671），李渔带领他的家庭戏班赴苏州，参加由尤侗和余怀发起的私人聚会。尤侗和余怀均为一时名家，也各有自己的戏班，他们的聚会既是一种交流，同时也是一次高手之间的过招。三家戏班的演出安排在晚上，地点是尤侗的别墅亦园。时当夜深人静，亦园里却是高朋满座，热闹异常，主人尤侗端坐中央，其余人等分坐左右，众人一边品茶闲聊，一边耐心等待着即将开始的演出。少顷，余怀的戏班率先登场，一时间凤箫声动，丝竹绕梁，余怀的演员只是几个十岁左右的孩子，她们虽然年龄不大，却个个身手不凡、唱功不俗。最后登场的是李渔的戏班，演出的是《凤求凰》，乔、王二姬甫一亮相，即引起满堂喝彩，整场戏一气呵成，看得众人如醉如痴。直到多年以后，尤侗犹自念念难忘，他不仅多次撰文记述这次宴乐之欢，还一再称赞乔、王二姬"疑为神仙中人"。

七

亦园欢会既标志着李渔的家庭戏班进入鼎盛时期，同时也意味着盛极转衰的节点已经来临。清康熙十一年（1672），李渔带领他的家庭戏班来到武汉，他们在武汉受到汉阳知府纪子湘的热情接待。然而，正当他们兴致勃勃地一边演出一边游览时，一场突如其来的变故降临了，乔姬居然一病不起，在很短的时间内香消玉殒。乔姬的突然离世使李渔深受打击，几年以来，李渔与乔、王二姬建立了深厚的感情，在乔姬生病期间，李渔用尽了各种办法希望挽回乔姬的生命，他重金延请武汉最好的医生为乔姬诊治，他虽然不相信巫术，但还是请来几位道士为乔姬祈禳……

李渔是守护着乔姬的灵柩返回南京的，他情绪低落，很久都无法从失去乔姬的悲伤中缓过神来。在乔姬去世半年之后，李渔终于打足精神赶赴北京之约，他是应礼部尚书龚鼎孳和东阁学士陈学山的邀请赶赴北京的，此时是清康熙十二年（1673）的夏天，李渔已经过了耳顺之年，他希望这是他最后一次远行，再为自己挣足一笔养老钱，他就准备正式收手了。一直以来，李渔虽然以"打秋风"获利颇丰，但同时也招来很多流言蜚语，有人说他用不正当的手段赚取了大量钱财，有人说他经常带着几名幼妓与涉世不深的官宦子弟交往，做一些伤风败俗的事情。更令李渔难堪的是，在一些高官显贵的眼中，他不过是一个看人脸色吃饭的高级玩物而已，根本没有任何人格可言。

李渔的这次北京之行伊始就笼罩着一种不祥的气息，抵京不久，促成李渔北京之行的龚鼎孳突然病故了，使得李渔失去了一个最重要的支持者。接踵而至的是，王姬罹患重病，随即撒手人寰。一年前，乔姬去世时十九岁，一年后，王姬去世时依然是十九岁，虽说世事难料，生命无常，但在老泪纵横之余，李渔还是想不通，两个花季女子的生命为何那般脆弱。李渔分别为乔、王二姬撰写了小传，记录他与乔、王二姬共同生活的片段，描述与她们生离死别的场景，行文情真意切，感人至深！

八

回到南京的李渔一下变成了一个白发苍苍的老人，他感到身心俱疲，再也不是那个怡然自得、踌躇满志的李渔了。就在这年初冬，清帝国发生了一件大事，手握重兵的平西王吴三桂与平南王尚可喜、靖南王耿精忠遥相呼应，打出"兴明讨虏"的旗号，先后树起了反清的旗帜，世称"三藩之乱"。李渔与吴三桂虽未谋面，却有过书信往来，而且吴三桂也是李渔的重要撰稿人之一，有人即拿李渔与吴三桂的关系大做文章，说李渔与吴三桂、耿精忠等人来往密切，使李渔陷入了尴尬的境地。为求自保，李渔不得不四处奔走请托，力求撇清这些不实之词，并毅然作出了再次搬家、返回杭州的决定。

清康熙十六年（1677），六十七岁的李渔卖掉了他心爱的芥子园，将书店交给他的女婿打理，然后告别南京，重返杭州。受战乱的影响，李渔的书店已经今不如昔，而他要养活的，却是一个越来越庞大的家庭。这时的李渔在经济上已经显得捉襟见肘，以致当他离开南京时，竟然需要卖掉妻、妾、女儿的簪珥，才能勉强还清债务。回到杭州的李渔隐居湖山，足不出户，真正进入了老年的生活。

晚年的李渔依然不忘笙歌，但日子却过得日趋贫困，他在病榻上向北京的老友们写了一封公开信《上都门故人述旧状书》，乞求他们伸出援手，"各助以力""拯此艰危""则湖上笠翁尚不即死"。尽管李渔如此留恋这个有美女、有美食、有美景、有各种声色犬马的红尘世界，但上苍留给他的时间毕竟不多了。清康熙十九年（1680）正月十三日，杭州城大雪纷飞，七十岁的李渔寿终正寝，结束了极富传奇色彩的一生。

九

李渔身后褒贬不一，其中最为人诟病的是他做清客、"打秋风"

的生活方式——所谓"打秋风",原指假借各种名义或关系向人索取钱财,有骗吃骗喝的意思。清人梁章钜在《归田琐记》中列举了清客必备的十种才品:"一笔好字,二等才情,三斤酒量,四季衣服,五子围棋,六句昆曲,七字歪诗,八张马吊,九品头衔,十分和气。"可见做清客原是一门高深的学问,并非等闲之辈可为。然而纵观李渔的一生,他被人看作清客,十种才品或许是有的,但李渔并非无功受禄,因为他有知识产权,不是吃白食。李渔其实更像是一位先行者,他只是以他的生活,践行了一个文人应该如何谋生而已。

在李渔生活的年代,一方面,文人受官本位社会之挤压,不能入仕,就没有独立人格;另一方面,身处政治大一统的环境中,独立思考失去存在的空间。当李渔将文学创作定位于"传奇原为消愁设,一夫不笑是吾忧",将个人的生活方式定位于"遂把平生之学问,奔走势利之门"时,他或许已经清醒地意识到,只有享受人生,娱乐大众,才是一个文人最好的选择。

头白操觚话板桥

——余怀与《板桥杂记》

上　篇

　　清康熙三十二年癸酉（1693），时年七十八岁的余怀写出了他平生最后一部重要著作《板桥杂记》。此书尚未付梓，即已在遗民世界引起广泛的关注——有人叫好，将其目为一代信史；也有人诟病，将其称为"狭邪"之书。但不管是叫好，还是诟病，这部小书却是不胫而走，广为流传，尽管余怀的作品多有散佚，《板桥杂记》却一直保持着顽强的生命力，余怀本人也因为这部小书的流传而声名日显，终于成为后世研究南明历史乃至秦淮文化绕不过去的关键人物。

　　秦淮而成其为一种文化，显然是与位于南京秦淮河畔的江南贡院和青楼旧院密切相关的——贡院与旧院隔河相望，才子与佳人遥相呼应，时当乡试之际，南京城风云际会，士子云集，交游唱和，名士美人，相与为乐，文采风流，极一时之盛，《板桥杂记》即是一部记录明末南京秦淮河畔的长板桥一带青楼诸名妓的情况以及相关见闻的小书。虽然在余怀之前，类似题材的作品已经出现不少，诸如《北里志》《教坊记》《青楼集》等。但与这些作品颇有不同的是，《板桥杂记》并不是一部单纯记录秦淮名妓以及相关见闻的小

195

书，它同时更是一部"有所为"的作品，余怀所谓："一代之兴衰，千秋之感慨所系。"而余怀之所以写出这样一部"寓史家于说家"，以红粉美人寄托禾黍之伤、黍离之悲的小书，自然是与他特殊的个人经历分不开的。

余怀（1616—1696），字澹心、无怀，号曼翁、广霞，又号寒铁道人、无怀道人、老树道人，别号壶山外史、广霞山人，晚年自号鬘持老人。余怀生于福建莆田黄石，幼年即跟随父母移居南京，晚年则定居苏州，再未返回家乡，因此他又自称江宁余怀、白下余怀。生活在"欲界之仙都"的南京，且适逢纸醉金迷的明末，少年时期的余怀本是家境富裕、纵情欢场的纨绔子弟，他风流倜傥，多才多艺，诗词歌赋之外，琴棋书画，茶道杂艺，亦无所不精。余怀尝自陈，少年时代喜欢做铺张、奢华的事情，喜爱读怪异、冷僻的著作，在追求奢华与个人享乐方面，可以说少年余怀与早年的张岱堪有一比。

像所有渴望出人头地的年轻士子一样，少年余怀也曾发愤苦读，而且以他的聪明颖悟，很早就在江南文坛上占有了一席之地，他不仅受到当时的文坛大佬诸如吴梅村、王士祯等人的赏识，且与杜浚、白梦鼎二人同时享誉文坛，被时人称作"余杜白"。但是，尽管余怀在当时的文坛上已颇有些名声，他的科举之路却并不顺遂。崇祯十五年（1642），二十七岁的余怀参加南都乡试，竟然名落孙山，这对于信心满满、志在必得的余怀无疑是一次非常沉重的打击，他甚至因此愤郁成疾，在南京城外的栖霞山寺调养了将近一年时间，才得以慢慢康复。

不过，余怀虽然没有通过科举进入仕途，但他却以布衣之身被寓居南京的东阁大学士范景文招揽入幕，负责接待四方宾客，处理一些文案事务，就此成为范氏智囊团中的重要成员。余怀原本即有用世之志，进入范幕，一方面说明身为东林党人的范景文对他个人才华的欣赏，另一方面也与余怀本人的政治倾向相关。虽然目前尚没有确切资料证明余怀是复社中人，但余怀参加了复社在苏州举行的虎丘大会，而且他与众多复社名人过从甚密，却是不争的事实。

对于南都的青春岁月，晚年余怀留下了这样的记录："余时年少气盛，顾盼自雄，与诸名士厉东汉之气节，挟六朝之才藻，操持清议，矫激抗俗。布衣之权重于卿相。"从中不难窥见余怀慷慨激昂的少年意气。当然，与陈贞慧、冒辟疆等复社著名人物相比，彼时的余怀尚且只是一个配角，他并不处在舞台中央，更不是被大众瞩目的焦点人物。也正是因为这样，余怀虽然始终与复社中人同休戚、共进退，但他同时也游离于党派之外，保持着某种群而不党的独立个性。

甲申之变，北都沦陷，崇祯皇帝自缢身亡，福王朱由崧在南京即皇帝位，建立了南明弘光政权。这个苟延残喘的小朝廷继承了大明王朝所有的痼疾，弘光帝形同傀偏，朝廷大权掌握在奸相马士英和阉党余孽阮大铖手中，对东林党人和复社中人的迫害与清洗再度掀起高潮。彼时的余怀不仅积极参加了反对马士英和阮大铖的斗争，同时也参与营救被马、阮禁锢的复社巨魁周镳和雷縯祚。但是，尽管余怀等人尽力营救，周、雷二人还是没有逃过马士英与阮大铖的毒手，余怀所谓："阉儿得志，修怨报仇，目余辈为党魁，必尽杀乃止。余以营救周、雷两公，几不免虎口。"当时局面之复杂，情势之危急，由此可见一斑。

弘光朝廷垮台之后，面对清朝的残暴统治，对于陷入危难的同道中人，余怀曾经多次施以援手，参与营救。尽管彼时的余怀已经破产丧家，流落江湖，但对于那些身处危殆的抗清义士，他却从来不吝心力，予以积极帮助和支持。鉴于资料的缺失，入清后余怀活动的具体细节已多不可考，但通过余怀的文字和时人的诗文所透露出的蛛丝马迹，我们依然能够看出，从顺治年间到康熙初年，余怀一直奔走于南京、苏州、嘉兴等地，名义上说是游山玩水，却与各地抗清义士多有联系，陈寅恪先生据此推断余怀"必为复明运动中之一人"，想来应该不是空穴来风。

随着复明运动渐趋式微，余怀复国的希望变得越来越渺茫，眼看着岁月蹉跎，年华老去，年届五十的余怀痛苦地写道："余今年四十九，身既老矣，穷犹未死，追想平生，六朝如梦。"字里行间，已然有万念俱灰之慨。尽管如此，余怀依然坚守遗民的身份，拒绝与清政府合作。他在《三吴游览志》中评价六朝人物，历数陆机、陆云、石崇、潘岳、谢朓、鲍照、沈约、王俭等人之行状，指出他们各自的弱点，只是为了借古讽今，辛辣地讥讽当世文人之无行，士风之沦丧，但在那个此辈滔滔者天下皆是的时代，余怀最终只能无奈地感叹："悠悠斯世，其谁与言！"

局势江河日下，国事已不可为，万念俱灰的余怀颓然自放，他打算归隐山林，以诗酒自娱了此残生，"从今后，及时行乐，逍遥而已"。在《三吴游览志》中，余怀写及诸多他隐居山林之后读书、招饮、游历的细节。其中有这样的记录：余怀曾于苏州卧龙桥边焚一炉香，煮一壶茶，几上放置一册《楚辞》，边读边哭，被路人视为狂生。还有一次，余怀在华亭与数十位红男绿女在街头轰饮喧歌，大多数人喝得酩酊大醉，只有余怀躲在无人处，一个人面对着沿河垂柳，泪流满面……对于余怀来说，虽然只有醉生梦死才能逃避现实，但家国之痛、故国之思，又何尝一日不萦回在他的心头呢？

余怀始终对素有"天堂"美称的苏州充满了向往之情，大约在康熙八年（1669）前后，余怀终于隐居苏州，开始了他晚年卖文为生的生涯。在苏州，余怀与尤侗等人结为知己好友，"望衡对宇，朝夕唱酬"。余怀喜欢收藏古砚，及至老境，则将他平生所藏分赠给内外诸孙，最后只剩下泓玉、鲜云两枚古砚，与他朝夕相伴，再也不舍得出手，即便家人告诉他即将断炊，亦掉头不顾，可见余怀晚年穷困潦倒之窘状。

在余怀八十岁那年，尤侗作《余曼翁八十帐词》，称余怀"系出莆阳，为三山之文士；侨迁白下，似六代之词人"。又说他"俨成耆旧，雅号隐居。溯及汗血之年，老空千里；当尔挥毫之日，名满三都。造门则宾客班荆，入座则公卿倒屣。酒旗歌扇，到处逢迎；艺苑骚坛，同时唱和，岂不壮哉"！给予余怀极高的评价。

康熙三十二年（1693），余怀的《板桥杂记》完稿，为了谋求出版，已近耄耋之年的余怀多次往返于苏州和扬州之间。余怀去扬州是为了与出版家张潮见面——张潮既是著名文学家，又是著名出版家，曾经刊刻过许多畅销一时的大中型丛书。余怀请求张潮帮忙出版《板桥杂记》，张潮一口答应了余怀的请求，但因为资金匮乏，只能等待时机。康熙三十四年（1695）冬，余怀冒着风雪最后一次赶赴扬州，适逢张潮外出未遇，随即因"年老畏寒，不能久留邗水"而匆匆返回苏州。两年后，张潮果然不负所托，将《板桥杂记》收录在"昭代丛书"中予以刊刻，"借以报知己之雅"，只是付梓之日，余怀已经去世整整一年了。

下　篇

如果站在后人的角度去看，余怀平生最为成功的事业，无疑是在青楼旧院中得以成就的；为余怀带来显赫名声的，也无疑是《板桥杂记》这本薄薄的小书。的确，余怀一生不曾入仕，少有禁忌，而且家境优渥，有足够的经济实力支撑他寄情风月，醉卧花丛。而余怀本人亦向以"赢得青楼薄幸名"的杜牧自诩，自称"平安杜书记"，并一再声言"生平半为情痴苦"，只有美人在旁，才是人间至乐。时当明末，士大夫竞相以"嫖妓不忘忧国，忧国不忘宿娼"为标榜，虽然不免带有一丝调侃与自嘲的成分，但对于余怀来说，嫖妓与忧国确乎成为他一生最醒目的身份标识。

余怀写作《板桥杂记》，首先是将昔日南都的繁华、旧院美姬的命运，与朝代鼎革的民族悲剧紧密联系在一起的，这既是余怀写作的时代背景，也是《板桥杂记》的主题。《板桥杂记》一开篇，余怀就极写南都秦淮河畔的繁华风貌，所谓公侯戚畹，甲第连云；妓家鳞次，比屋而居；肩摩毂击，车水马龙；万家箫鼓，灯火楼船；乃至宗室王孙，翩翩裘马；杂技名优，梨园歌吹……金陵之富庶，南都之靡丽，无不渲染得美轮美奂、尽善尽美，这样一种和平、安乐、繁华的景象，果然是"只应天上，难得人间"。

　　而与这种繁华景象相对应的，则是王朝鼎革之后的萧瑟与荒凉：所谓一片欢场，鞠为茂草；瓦砾遍地，满眼蒿藜；楼馆劫灰，美人尘土……昔日的良辰美景，已为今天的断井颓垣所取代。在这里，余怀又以浓情的笔墨，写及同人社诸人在南京城外的牛首山松风阁饮罢归来时的情景，名士与名妓联骑入城，红装翠袖，跃马扬鞭，乃至观者如潮，把沿途的道路都给堵塞了。那正是余怀等人风华正茂的岁月，彼时的他们不仅有挥斥方遒的豪情，而且有各种声色犬马的喜好，另外，还有民间艺人柳敬亭、丁继之、张燕筑辈点缀其间……昔日的景象越美妙，与鼎革后的对比越强烈，落差越大，越能显示出余怀无尽的怅惘与忧伤。

　　《板桥杂记》最有价值的部分，当然是余怀对于那些闻名遐迩的秦淮名妓个人命运的描述——不仅仅是因为余怀身为亲历者，其笔下人物命运的可信度非常高，而通过这些秦淮名妓的个人命运，余怀同时也写出了一个时代的终结与一种文化的凋落。其中的代表人物如寇白门，娟娟静美，识曲善画，十八九岁时为保国公朱国弼买得，贮以金屋。弘光元年（1645），南都沦陷，保国公降清，旋即遭清廷软禁。寇白门以千金为自己赎身，然后重返秦淮，筑园亭，结宾客，天天与文人骚客相往还，每当酒酣耳热之际，或歌或哭，自叹美人之迟暮，嗟红豆之飘零。后倾慕文人韩生，却为其所弃，遂一病不起。

　　余怀笔下的秦淮名妓多有林下风，像卞玉京、董小宛，前者"知书，工小楷，善画兰、鼓琴。喜作风枝袅娜，一落笔，画十余纸"；后者天姿巧慧，容貌娟妍，"针神曲圣、食经茶谱，莫不精

200

晓"。余怀笔下的秦淮名妓多有豪侠气，像王小大、李三娘，前者既生而韶秀，且工于酒事，酒量大，善周旋，能为酒客排解纠纷，每逢酒宴，常被主家授予女将军酒正印，被时人称作"和气汤"。后者长身玉色，鬓发如云，饮至百觥而不醉。某次酒宴，众人皆醉，衣履狼藉，横卧地上，惟三娘独醒，斜倚桂树……

在余怀写及的秦淮名妓中，最令人感佩不已的是那些不畏强暴却命运凄惨的奇女子：葛嫩，长发委地，双腕如藕，眉如远山，瞳仁点漆。鼎革之后，跟随丈夫孙克咸进入福建抗清，后与丈夫一起兵败被执。清将欲侵犯葛嫩，葛嫩先是骂不绝口，继而咬断舌根，含血喷其面，被当场斩杀。王月，珠市名妓，颀身玉立，名动公卿。后嫁于四川举人蔡如蘅为妾，蔡为安庐兵备道，携王月赴任。崇祯十五年（1642），张献忠破庐州，蔡如蘅遇害，王月被张献忠霸占，后"偶以事忤献忠，断其头，蒸置于盘，以享群贼"。写及此处，余怀有感于佳人命薄，忍不住再三感叹，其痛心疾首之状，溢于言表。

与余怀本人相交好的是一位名叫李十娘的名妓。在余怀眼中，李十娘是一位脉脉含情、面带微笑的姣好女子，她生而娉婷，肌肤玉雪，不但能鼓琴清歌，而且略通文墨。李十娘的秦淮居所是文人墨客的流连忘返之地，这里有曲房密室，帷帐尊彝，院内有长廊，长廊左边种植一株老梅，右边种植两棵梧桐，几丛修竹四处散落，宛如闹市中的世外桃源。余怀每有同人诗文之会，都会召集在李十娘的居所中，这里不仅环境清幽，而且每位客人都配有一名美丽的侍女环伺左右，磨墨焚香，递茶送果。与其说这里是供人寻欢作乐的风月场所，毋宁说更像是"谈笑有鸿儒，往来无白丁"的文艺沙龙。

李十娘后来易名贞美，并刻一印章曰"李十贞美之印"，余怀曾经对她开玩笑说："美则有之，贞则未也。"没想到这样一句玩笑话，却触动了李十娘的伤心处。她哭泣着对余怀说道："你本来是了解我的，为什么要这样说呢？我虽然身处风尘之中，却并不是夏姬、河间妇那样的下流、淫贱之辈，如果是我喜欢的人，一定会真情相待，相敬如宾；如果不是我喜欢的人，虽然勉强同床共枕，情与之不合也。我之不贞，命也！"听完这些话，余怀感到羞愧难当，他敛容谢罪说："是我失言，请你原谅！"一席对话，凸显出李十娘不甘受辱、自尊自爱的不俗个性。

入清之后，余怀曾经于一故人处偶然遇到李十娘的兄女，细询之下，有了这样一番对话：问十娘，曰："从良了。"问其居，曰："已经荒废为菜圃。"问院中的老梅、梧桐与修竹，曰："已经摧折为薪材。"问十娘的阿母，曰："已死矣。"于是，余怀当场赠诗一首："流落江湖已十年，云鬟犹卜旧金钱。雪衣飞去仙哥老，休抱琵琶过别船。"这首小诗写得唏嘘不已、黯然神伤，不胜今昔之感！

余怀不仅写名妓，也写名士。比如瓜州萧伯梁，为人豪爽任侠，轻财重义，喜欢冶游、狎妓，常常留宿在青楼旧院中，招客狂饮，通宵达旦，身边名姬环绕，左拥右抱，以簪花击鼓为乐。钱谦益诗所云："天公要断烟花种，醉杀瓜洲萧伯梁。"写的就是他。嘉兴姚北若，以重金打造十二楼船停泊在秦淮河畔，召集四方来南都应试的名士百余人，每船邀四名名妓侑酒，并请来梨园一部，灯火笙歌以助兴，被传为一时盛事。

最为余怀本人怀想不已的是张魁，吴郡翩翩美少年，家住桃叶渡口，与旧院名妓比邻而居，熟若家人，旧院豢养的鹦鹉看到他，都会叫道："张魁官来！阿弥陀佛！"张魁擅长吹箫、度曲，对于打马投壶之类的游戏，也是行家里手。每天清晨，张魁都会悄悄地赶去旧院，插花，焚香，煮茶，擦拭琴几，归置衣架，并不让主人知道。鼎革后张魁返回吴中，陷入穷困，依靠他人接济度日，但钱财到手辄尽。年过六十，以贩茶、卖芙蓉露为业，勉强维生。顺治十四年（1657），张魁再访金陵，此时秦淮河畔的歌台舞榭早已化作瓦砾之场，鬓发皆白的张魁伫立在残破的长板桥头吹起洞箫，箫声呜咽，从桥边的矮屋中循声走出一个老妇人，她喃喃自语道："这是张魁官的箫声。"又过了几年，张魁以穷愁谢世。

余怀的《板桥杂记》展示出的是一道明末亮丽的风景线，他以自己的文字记录下前朝的繁华，同时也见证了一个时代的文化风气。时当晚明，儒家的伦理思想与道德观念已变得不合时宜，所谓"人情以放荡为快，世风以侈靡相高"，成为彼时的生活风尚。面对传统文化式微造成的幻灭与虚无，文人士大夫只能另寻出路，而放浪形骸即是一种自我放逐，当精神无从发泄时，他们只能以身体的发泄寻找内心的平衡——尽管这种假性灵之名的沉溺与放纵不无夸张、做作的成分，但他们将个人享乐视为一种独立的价值体系，将男欢女爱视为个人权利的一部分，却具有开启时代个性解放先河的特殊意义。

余怀显然深受这种社会风气的熏陶，他坦言："平生无限伤心事，不向红颜何处消？"他为李渔的《闲情偶寄》作序，回忆自己年少时自命"江左风流""选妓填词，吹箫踏屧，曾以一曲之狂歌，回两行之红粉"。虽然如今年老"不复为矣"，但他依然深恶王莽、王安石等人的不近人情，而独爱陶渊明能为闲情作赋。余怀又在《冒巢民先生七十寿序》中说："巢民之拥丽人，非渔于色也；蓄声乐，非淫于声也……古之人胸中有感愤无聊不平之气，必寄之一事一物，以发泄其堙暖。"质之余怀本人，也未尝不是如此。

清代文人全祖望读过《板桥杂记》，写下一首名为《旧院》的七律。诗曰："澹心居士真耆旧，头白操觚话板桥。岂以平康忘厢社，正从子夜哭宗祧。葛姬大节成鸾凤，顿老游魂寄黍苗。名士美人双寂寞，荒江斜日逐渔樵。"其中，第二联的"厢社"一词，可以引申为社稷；"宗祧"一词，乃是宗庙的意思——借易代之际名士美人的遭际与命运，用以忆故国，哭宗庙，延续业已中断的历史叙事，抒发苍凉悲怆的家国情怀，说出的其实正是余怀写作《板桥杂记》的本意。

第四辑　降　　者

官高依旧老东林

——钱谦益的忏悔

明朝为清朝所取代，被美国汉学家史景迁称作"最不可能发生的事情发生了"。纵观彼时局势，恰恰正像史景迁所描述的那样，17世纪的中国，乃是当时世界上人口最多、疆域最广袤、统治经验最丰富的国家，无论在政治、经济层面，还是在文化、艺术层面，明代中国均达到当时世界所能够达到的高峰。

与之形成鲜明对比的是，当时的清朝才算刚刚脱离蒙昧状态，据嘉靖朝的外交官员严从简记载，直到嘉靖年间，女真各部或"不专涉猎""略事耕种"，或"常为穴居""无市井城郭"，还依然保持着极其原始的生活形态。单从人数来看，即便到了明朝末年，清朝军民加在一起也不过二十万人，能够用于作战的人数，满打满算也不会超过十万人。以区区十万之众对抗明朝数百万军队且获得完胜，虽然其中有农民起义军起到的推动作用，但清朝入主中原的事实本身，仍然不能不让人感到匪夷所思。

对于贯穿了大明王朝二百七十六年的历史，阉祸、党争、内忧、外患……这些无疑是导致明朝灭亡最显明的原因。另外，还有许许多多看不见的力量暗中在起作用。比如"大臣志在禄位金钱，百官专务钻营阿谀"，文人士大夫的个人选择与价值取向，无疑深刻影响着一个时代的社会风气。

明清易代造就了明末文人士大夫各自不同的人生轨迹，同时也为他们人性的考量提供了一个广阔的舞台。身处鼎革之际，是做天下的脊梁，还是甘于沉沦；是承担起国家精神不垮、民族魂魄不灭的责任，还是鲜廉寡耻、卖身求荣，他们的表现不仅仅是对他们个人人格的考量，同时也是对一个时代与社会整体状况的考量——在这里，作为明末清初的著名文人，钱谦益的人生经历可谓极具代表性。

1645 年 6 月 10 日，乙酉年五月十五日，大雨中的古都南京正在举行一场盛大的入城仪式。作为弘光朝的都城，南京迎来的是自己多年的对手清朝的军队，清王多铎以胜利者的姿态昂然进入南京城，而仅仅维持了一年的弘光小朝廷则黯然收场——先是忻城伯赵之龙向兵临城下的清军递交了降表，继之以赵之龙、王铎分领文武大臣，跪迎多铎入城。正所谓"一片降幡出石头"，公元 280 年西晋王濬讨伐东吴的场景再一次重演，而在滂沱大雨中跪迎多铎入城的文武大臣中，即包括声名显赫的礼部尚书钱谦益。

钱谦益（1582—1664），字受之，号牧斋，晚号东涧老人，世称虞山先生，是风靡文坛的"江左三大家"之一。在明末，东林党代表着健康、进步的政治力量，钱谦益早年即以东林党人深为士林推重。不过，钱谦益虽然成名甚早，而他也想在仕途上有所作为，但他的运气实在很差，他于万历十八年考取进士，正赶上父亲去世，只能回乡居丧，居丧结束之后，朝廷却不给他补官，而且一拖就是十一年。

天启元年（1621），钱谦益终于重返政坛，出任浙江乡试主考官，却又因科场舞弊案受到牵连，又一次请病假，回归故乡。天启四年（1624），钱谦益再度复出，承担《神宗实录》的编纂工作，干了没多久，就受到阉党的排挤，不得不再次离开北京。崇祯元年（1628），阉党倒台，素享清望的钱谦益重回权力中枢，又先后得罪了两任首辅温体仁和周延儒，被勒令"回籍听勘"，直到明朝灭亡，再未获得起用。

钱谦益的前半生可谓仕途蹭蹬，历经坎坷，步入仕途的数十年间，他居然四起四落，实际在朝的时间尚不及五载。尽管钱谦益名列东林巨擘，看上去颇有领袖群伦的魄力和风度，但他的前半生虽然声誉日隆，却实在并没有留下多少可资记录的内容。钱谦益真正为人所知的是他的后半生，是他进入南明弘光朝之后谄事马士英、阮大铖，乃至不顾名节、率先降清的种种作为。后半生的钱谦益集政治丑闻与花边新闻于一身，既饱受争议，亦为人诟病，而划分钱谦益前半生与后半生的最为显著的标志，就是他迎娶秦淮名妓柳如是。

在明末文坛上，钱谦益是开一代风气的人物，他提倡"本性情，导志意"，推崇公安三袁，反对脱离现实的写作倾向。在明末的生活方式上，钱谦益同样是开一代风气的人物，他任自然，反名教，纵情恣意，敢为天下先。钱谦益的学生归庄评价他："素不喜道学，故居家多恣意。不满于舆论，而尤取怨于同宗。"当是写实之言。

钱谦益与柳如是的结合，在当年是极富轰动效应的一件大事，一方是举足轻重的文坛大佬，另一方是艳名远扬的秦淮名妓，崇祯十四年（1641）的钱谦益已经年近花甲，而彼时的柳如是还正逢青春好年华。据说，钱谦益与柳如是相识于杭州一个自称草衣道人的名妓家中，在这之前，他们对彼此的才华早已有所耳闻，柳如是甚至当着众人的面说过"吾非才学如钱学士虞山者不嫁"，而钱谦益也回应过"今天下有怜才如此女子者乎？吾非能诗如柳如是者不娶"，虽然尚未见面，双方已然暗结同心。

钱柳姻缘的真正发端，是为柳如是男装造访钱谦益的别居半野堂。时人顾苓在《河东君小传》中这样描述柳如是当时的装束："崇祯庚辰冬，（柳如是）扁舟访宗伯。幅巾弓鞵，着男子服。口便给，神情洒落，有林下风。"柳如是女扮男装，妙语连珠，完全是一副闲雅飘逸的士人模样。柳如是的意外到来，让钱谦益大喜过望，他不仅将柳如是视作自己寻觅半世的知音，还当面盛赞柳如是是足可与王修微、杨宛叔比肩的国士名姝。有林下风的柳如是在半野堂盘桓了近一个月，其间，钱、柳二人朝夕游宴，诗酒唱和，自然不必多说。

一年之后，钱谦益正式娶柳如是为妻，那是一场别开生面的婚礼，钱谦益以一条华丽的画舫迎娶柳如是，画舫内张灯结彩，仪礼俱备，钱、柳二人在一些亲朋好友的陪伴下荡舟于松江之上。当画舫行至松江县城时，状况出现了，松江地方士绅一向对钱谦益的特立独行痛心疾首，把他视作"亵朝廷之名器，伤士大夫之体统"的士林叛徒。听说钱谦益的婚船即将经过此地，他们早早等候在松江两岸，一俟婚船来到，便一起高声叫骂，并往船上投掷石块瓦砾。面对众人的讨伐，钱谦益和柳如是却视若无物，不为所动，他们陶醉在新婚的幸福之中，众人的攻击非但丝毫没有影响到他们快乐的心情，反而为他们的婚礼增添了一丝热闹的气氛。

尽管钱谦益与柳如是的年龄相差整整三十六岁，属典型的老夫少妻，但他们婚后的幸福指数却相当高。当时流行着这样一个著名的八卦，有一次，柳如是在闺房梳妆，雪白如玉的肌肤，乌黑亮泽的长发，看得钱谦益如醉如痴，一句"我爱你乌个头发白个肉"，忍不住脱口而出，而柳如是则回应道，"我爱你白个头发乌个肉"，一个小小的细节，将两人之间亲昵与戏谑的关系，惟妙惟肖地展示在世人面前。

如果日子一直这样过下去，对于钱、柳二人来说，人生仍然不失是一件赏心乐事，但生逢大时代，每个人的生活都容不得自己去选择，甲申之痛，家国巨变，又一次将隐居在半野堂的钱谦益和柳如是推上了风口浪尖。

随着弘光小朝廷的建立，因"拥兵迎福王于江上"的马士英成为朝廷首辅，对马士英有过举荐之恩的阉党余孽阮大铖则成为朝廷的实际执掌者。一直渴望有所作为的钱谦益陷入尴尬的境地，想在朝廷站住脚，只能不顾自己东林党魁的身份，去尽力曲结马士英、阮大铖辈，而钱谦益最终选择的也正是这样一条仕途捷径。可悲的是，马、阮等衮衮诸公甫一上任，即忙于钩心斗角、争权夺利，弘光朝廷不过是昙花一现，只不过短短一年的时间，便在清军的进逼下迅速土崩瓦解了。

时当南京即将陷落的前夕，钱谦益内心斗争的激烈乃是可想而知的。虽然钱谦益之于弘光朝廷毫无作为，甚至说与马士英、阮大铖辈沆瀣一气也并不过分，但他毕竟大节无亏，至少还维持着一个文人士大夫最基本的人格尊严。然而，此时却就不同了，此时的钱谦益面对的不仅仅是亡国，甚至是亡天下——顾炎武对于亡国和亡天下的划分是这样的："易姓改号，谓之亡国；仁义充塞，而至于率兽食人，人将相食，谓之亡天下。"以落后文明取代先进文明，正是顾炎武所说的"亡天下"。而在这个即将"亡天下"的关键时刻，是舍生取义，还是觍颜乞生，两种不同的选择，决定的其实是两种截然不同的人格。

人生的选择往往就在一念之间，尽管柳如是一再劝说钱谦益以身殉国、青史留名，但钱谦益总是难下决心。是的，此时钱谦益正处于人生的巅峰时期，身边有美艳娇妻，手上有万贯家产，官运亨通，功成名就，有太多的东西难以割舍。正所谓好死不如赖活着，一边是舍生取义，一边是荣华富贵，活着的诱惑，当然远远大于牺牲的诱惑。

据《牧斋遗事》记载："乙酉五月，柳夫人劝牧翁曰：'是宜取义全大节，以副盛名。'牧翁有难色，柳奋身欲入池中，持之不得入。"钱谦益不仅自己拒绝了柳如是与他一起投水殉国的建议，他还阻止了柳如是的投水殉国。还有一个说法是，钱谦益本来与柳如是约好了一起投水殉国，但在关键时刻，钱谦益竟然说了一句"水太凉，不能下"，便退回岸上。

另据《恸余杂记》所记，多铎下"剃发令"，江南民众多作殊

211

死抵抗，某天，钱谦益突然说自己"头皮痒"，于是出门理发，不一会儿，居然拖着一根辫子回来了。从此之后，"水太凉"三字和"头皮痒"三字，几乎成了钱谦益后半生的身份标签——这些当然都是野史所记，不足为信，但这一方面显示出钱谦益降清之于社会造成的影响之大；另一方面，世人对于这位前东林党魁的揶揄与鄙夷也溢于言表。

降清后的钱谦益被清廷任命为礼部右侍郎，但他只在这个职位待了短短半年的时间，即称疾乞归，返回南京，然后携柳如是一起回到故乡常熟。对于钱谦益来说，礼部右侍郎或许并不是一个理想的职位，然而更重要的，还是他忍受不了自己内心的折磨。时人诗曰："钱公出处好胸襟，山斗才名天下闻。国破从新朝北阙，官高依旧老东林。"从深孚众望的正人君子，到遭人唾弃的无耻小人；从令人景仰的东林巨擘，到抛弃故国衣冠，成为人所不齿的儒林败类，强烈的身份反差，让钱谦益的内心一直承受着难以言表的压力。

降清之后，钱谦益曾经做过两件备受诟病的事情，其一，作书诱降在杭州监国的潞王，致使潞王献城投降；其二，派人四处招抚，劝谕百姓放弃抵抗，接受清廷的"剃发令"。钱谦益做这两件事情，一直是以避免不必要的牺牲为借口，以抵消自己内心的不安。在南京，钱谦益最后一次见到被清兵拘押的弘光帝，在生死未卜的故主面前，他忍不住失声痛哭，一跪不起……

在提倡忠孝节义的明代社会，文人士大夫失去节操，即意味着身败名裂、遗臭万年。但是，尽管明代的文人士大夫们始终执着于忠孝名节的比拼，让人大跌眼镜的是，终明一代，不仅蝇营狗苟、诈伪趋利的伪君子辈出，在极权的淫威之下，道义一旦被摧毁，人也极易沦为唯利是图的动物，乃至不顾是非和廉耻，丧失做人的底线。

在明清易代之际，钱谦益的选择当然不是孤例，恰恰相反，八面玲珑、苟且偷生之辈，可以说滔滔者天下皆是，清军所到之处，明军望风披靡，从文臣到武将，投降已然成为一种风气。这固然显示出大明王朝已经到了人心尽失、穷途末路的地步，同时也说明，当更多的文人士大夫沦为自私自利的实用主义者和世故圆滑的机会主义者时，他们既无法挽狂澜于既倒，国家的前途与民族的命运也就岌岌可危了。

钱谦益晚年曾经一再说自己"降辱死躯，奄奄余气，仰惭数仞，俛愧七尺"，他声称自己"濒死不死，偷生得生"，然而"无一事可及生人，无一言可书册府"，居然完全否定了自己后半生的所作所为。事实上，人性的复杂之处就在于，每个人都无法以绝对的"黑"或"白"、"好"或"坏"去评价，人性的挣扎与纠结，总会在道义与失足、良知与沉沦之间的相互撕扯中显现出来。

钱谦益从开始同情复明运动，到暗中支持复明运动，直至被抓捕入狱，出狱之后，矢志不移，仍然念兹在兹，继续为复明运动出谋划策、出钱出力。钱谦益的晚年似乎一直在做一件事，那就是极力为自己的觍颜苟且的选择赎罪——他早早抽身，隐退故里；他倾其所有，资助义军；他与黄宗羲等人结成挚友，共同谋划复明大计；他以诗词表达心声，明白无误地传递出故国之思……如此种种，无不显示出他的反思之痛，忏悔之切。

据《清诗纪事》记载，因为"破产饷义师"，钱谦益晚年负债累累，贫困交加，甚至达到了"卧病于东城故第，自知不起，贫甚，为身后虑"的地步。正当钱谦益为身后的棺木无着而发愁时，刚好有一个地方官求他写文章，可得"润笔三千"，但此时的钱谦益已经体弱无法执笔，只好请前来探望他的黄宗羲代为写作，总算为自己挣到了一笔棺材板钱。

钱谦益死后，他先前"尤取怨于同宗"的隐患开始爆发，面对钱氏族人的发难，尤其是一系列无休无止的财产纷争与债务纷争，柳如是疲惫不堪、心力交瘁，最后竟以自缢的方式结束了自己的生命。

1776 年，清乾隆四十一年十二月，乾隆皇帝命国史馆编列明季《贰臣传》，将钱谦益收入其中。又二年，将明季《贰臣传》分为甲乙二编，贰臣分差等，钱谦益居末流。乾隆皇帝的理由是："钱谦益本一有才无行之人，在前明时身跻阮仕。及本朝定鼎之初，率先投顺，溶涉列卿，大节有亏，实不足齿于人类。"在钱谦益离世一百一十二年之后，他居然会被乾隆皇帝列为"贰臣"中的"贰臣"，若钱谦益地下有知，不知将作何感想。

浮生所欠止一死

——"天下大苦人"吴梅村

一

1643 年，明崇祯十六年，一个春风沉醉的夜晚，隐居在家乡太仓的著名才子吴梅村接受文坛盟主钱谦益的邀请，来到苏州，参加为即将赴成都任职的朝中官员吴继善举办的送别晚宴。在这次晚宴上，吴梅村结识了多才多艺、惊艳一方的"秦淮八艳"之一卞玉京。

吴梅村与卞玉京可谓一见钟情。一个是复社巨魁、皇帝钦点的榜眼、大名鼎鼎的才子，一个是艳名远扬的绝妙佳人、被余怀称作才貌第一的秦淮名妓。二人甫一结识，马上演绎了一出缠绵悱恻的才子佳人的故事。正逢无聊失意的吴梅村在苏州度过了一段平生难得的快乐时光，他一连写下多首诗词赠给卞玉京，描述他们之间的两情缱绻，纪念这段难忘的日子。一天，酒过三巡，醉眼蒙眬之际，对吴梅村爱到难舍难分的卞玉京盯着他问："亦有意乎？"说得直白一点，就是："你有意吗？"很明显带有托付终身的意思。吴梅村当然不是听不懂，但出人意料的是，他居然装作没有听懂的样子，王顾左右而言他。

卞玉京甚感失望，她似乎看透了吴梅村的心思，既不愿强人所难，自此也不再提及这个话题。数日之后，吴梅村返回太仓，殊不料自此一别，次年即逢"甲申之变"，天崩地裂，江河易色。吴梅村与卞玉京再次见面已经是八年之后，那时，他们已经双双经历了家国巨变，吴梅村由英姿勃发的才子，转而成为发变齿落的"天下大苦人"，卞玉京则化装为道士，在乱世中求生存，且即将委身于人。挥泪告别之际，吴梅村痛苦地写下"薄幸萧郎憔悴甚，此生终负卿卿"的句子。今世相见无期，此生缘分已尽，尽管吴梅村此时才明白人生需要抱团取暖，一个心心相印的爱人之于他的重要性，但终究还是悔之晚矣。吴梅村已经不复是当年的吴梅村，而卞玉京也不再是当年的卞玉京了。

二

生逢大时代，朝代更迭无疑改变了所有人的人生轨迹，然而，相较于一般人，吴梅村显然承担了更大的压力，经受了更多的痛苦，这当然是与他特殊的人生经历分不开的。吴梅村（1609—1672），本名伟业，字骏公，号梅村，别署鹿樵生、灌隐主人、大云道人等。吴梅村出身于江苏太仓的一个读书人家庭，先祖曾经做过官，但到他的祖父那一辈，已经家道中落，他的父亲吴琨只是靠授书为业，勉强维持家计。吴梅村的祖辈和父辈都把重振家业的希望寄托在他的身上，这从为他所起的名字上也能看得出来：伟业、骏公云云，都有望子成龙、光大门楣的意思。

吴梅村果然不负众望，他先是拜复社领袖张溥为师，广泛阅览经史子集，进而一路过关斩将，接连考取了举人和进士，并在崇祯四年（1631）的殿试中高中榜眼，崇祯皇帝亲自在他的试卷上批下了"正大博雅，足式诡靡"八个字。随后，吴梅村参加了皇家举办的一系列庆祝活动，兴奋之余，他随手写下这样的句子："陆机辞赋，早年独步江东；苏轼文章，一日喧传天下。"其踌躇满志与春风得意之状溢于言表。这一年，只有二十三岁的吴梅村被授以翰林院编修，几个月后，他又获钦赐归娶，并"赐驰节还里门"，一时间"天下好事皆归子"。在以后的岁月里，吴梅村一直将崇祯皇帝的试卷题字和钦赐归娶视作最大的荣耀，并时刻想象着有朝一日能够回报君主的恩德。

对于彼时的吴梅村来说，事业顺遂，前程坦荡，一切看起来似乎都那么美好，然而与他的个人境遇形成鲜明对照的是，大明王朝却已经日薄西山，处于土崩瓦解的边缘了。作为明朝最后一个皇帝，崇祯接手的乃是一个腐朽透顶、摇摇欲坠的烂摊子，内有愈演愈烈的农民起义，外有虎视眈眈的清朝铁骑，朝廷内部则是党争激烈、矛盾重重，整个社会可谓"如沸如煎，无一片安乐之地"。从进入朝廷的那一天起，吴梅村就身不由己地卷入了党争，他是复社领袖的弟子，复社秉承东林党人的余绪，不管他是否情愿，他都要为自己的党派利益斗争。在剑拔弩张、杀机四伏的崇祯朝廷，这使吴梅村伊始即陷入了危殆之境，也让他很早就有了退身之意。

三

从崇祯七年（1634）吴梅村婚假期满返回北京，到崇祯十二年（1639）吴梅村回乡省亲继而出任南京国子监司业，只不过短短几年的时间，明廷相继发生了许多惊天动地的大事，王朝的局面则进一步恶化，而崇祯皇帝也只能左右摇摆，在频繁换相的内耗中苟延残喘。这一时期，吴梅村开始以叙事诗的形式记录朝廷发生的重大事件，描述必将进入历史的重要人物，比如，他为黄道周写下了七言歌行《殿上行》，他为杨廷麟和卢象升写下了五言歌行《临江参军》。前者记录黄道周刚正不阿、直言敢谏的孤忠亮节；后者描写巨鹿之战的惨烈景象，记录了卢象升血溅疆场的全部过程。

自崇祯十四年（1641）起，吴梅村多次获得擢升，但他并没有去北京赴任，一来是因为他"抱病困劣"，二来是因为朝廷内部的党争已然势同水火，身在其中，随时都会招来灭顶之灾。而且对于时局，吴梅村隐隐有一种大乱将至、大难临头的不祥预感，一旦离开北京，他就想远离那个是非之地，乃至一再拖延返回的时间。吴梅村只是没有想到，他对局势的不祥预感很快就会变成严酷的现实。

吴梅村在南京国子监司业任上度过了他仕途中最愉快的一段时光，国子监司业本来是一个闲职，公务之余，吴梅村不过是读读诗书，会会朋友，流连于青绿山水之间，俨然是一位隐士。而此后他也真的成为一位隐士，虽然屡获擢升，吴梅村却并不赴任，而是以"为嗣父守丧"为名，躲在家乡，过着诗酒流连、安逸舒适的生活。在此期间，吴梅村先后游历了杭州、苏州、嘉兴等地，探幽览胜，走访师友，频频出入于青楼妓院，于声色之中寻求短暂的解脱，正是在苏州，他结识了秦淮名妓卞玉京。

四

"欢是南山云，半是北山雨。不比熏炉香，缠绵入怀里。""夜夜枕手眠，笑脱黄金钏。倾身畏君轻，背转流光面。"这等香艳的小诗为吴梅村赢得了艳情诗人的名声，爱情则成为吴梅村逃避现实的避风港。余怀在《板桥杂记》中是这样描述卞玉京的："知书，工小楷，善画兰、鼓琴。喜作风枝袅娜，一落笔，画十余纸。年十八，游吴门，侨居虎丘。湘帘棐几，地无纤尘。见客，初不甚酬对；若遇佳宾，则谐谑间作，谈辞如云，一座倾倒。"可见卞玉京乃是唾珠吐玉、秀外慧中的绝妙佳人。

不过，尽管卞玉京才貌双全，深得吴梅村的欢心，但受晚明时代风气的熏染，吴梅村身上毕竟不脱文人狎妓、逢场作戏的积习。他虽然深爱卞玉京，却很难把她视作相伴终生的伴侣，而且吴梅村性本懦弱，是一个敏感而游移的文人，卞玉京把他当作一生的依托，而他只是把卞玉京当作一次艳遇，才子风流才是他的本色。吴梅村与卞玉京的身份本来有着天壤之别，试想，吴梅村又怎么可能会把自己一生的前途和名声，与一个流落风尘的妓女联系在一起呢？

该来的终于还是来了。崇祯十七年（1644）三月，李自成攻取北京，崇祯皇帝自缢身亡。四月，李自成兵败一片石，败还北京，称大顺皇帝，随即撤兵回陕。五月，多尔衮率清兵进入北京，进而征服全国，开始了清王朝将近三百年的统治。最初听到崇祯皇帝自缢身亡的消息时，吴梅村如同五雷轰顶，一时间万念俱灰、生意全无。他准备以生命殉故国，却为家人所止，他与友人相约遁入空门，却"以牵帅不果"。关键时刻，吴梅村患得患失、优柔寡断的性格暴露无遗，而内心的撕扯与煎熬，则使吴梅村"肠一日而九回"，终至"旧疴弥剧，病疡两月，复加下痢，清赢困弊，几不自支"。

五

弘光新朝初立，被任命为少詹事的吴梅村似乎又看到了一丝希望，但在目睹了弘光帝"清歌漏舟之中，痛饮焚屋之下"，以及文臣相互攻讦、武将拥兵自重的种种作为之后，他终于明白事不可为，大厦将倾，没有人能力挽狂澜。于是，吴梅村乞假归里，正式脱离弘光朝廷，又一次隐居在家乡太仓。

1645年，短命的弘光王朝迎来了第一个春天，同时也是它的最后一个春天。这个春天像往年一样春光明媚、草长莺飞，然而，吴梅村的心情却是如此沮丧、如此颓唐。当五月来临，春光将尽时，弘光小朝廷已然土崩瓦解，吴梅村则开始了携家避乱、草间偷活的生活。他先是拖家带口地躲在矾清湖区，随后又返回太仓，隐居在自家的别墅中，战战兢兢地等待着命运的安排。

不过，尽管足不出户，但清兵的杀戮与残暴还是时时充塞在吴梅村的耳边，扬州十日，嘉定三屠，江阴之屠，昆山之屠……这些血腥的屠杀强烈刺激着吴梅村的灵魂，他的心情因恐惧而哀痛，因愤怒而仇恨。但他只能眼睁睁地看着这一切，既无力改变现实，也无力改变自己。沉重的精神压力使吴梅村未老先衰，他虽然正当盛年，却已经满头白发，形容枯槁，就连牙齿也没有剩下几颗。揽镜自照，吴梅村痛苦地写下："余年过四十，而发变齿落，志虽盛而气已衰矣。"

在明朝灭亡之后的数年间，面对渐趋稳固的清朝政权，吴梅村逐渐调整着自己的心态，他慢慢走出了封闭的别墅，开始以遗民的身份苟活于世间，并以叙事诗的形式记录着眼前发生的一切。在同乡王时敏的南园倾听著名弹奏家白彧如的琵琶弹奏时，吴梅村遇到一位崇祯朝的宦官，这位宦官说起前朝旧事，讲述崇祯帝在玉熙宫用凤纸签名，让梨园艺人表演各种木偶戏，皇亲国戚在一旁围观，大家看得津津有味，其乐融融。但自崇祯十四年边事紧迫，"寇"乱愈演愈烈，崇祯帝就再也没有心情观看这些表演了。根据这位宦官的追忆，吴梅村写下了长篇歌行《琵琶行》，标题虽然沿用了白居易的旧名，内容却融会了吴梅村的个人情感，记录了一代之兴亡。

六

清顺治七年（1650）秋，吴梅村赴常熟访钱谦益，他这次出行其实还有另外一个目的，就是为了与当时蛰居在常熟的卞玉京见面。在招待吴梅村的晚宴上，钱谦益答应一定将闭门不出的卞玉京请来，但是，当派去迎接卞玉京的轿车返回时，卞玉京人虽然到了，却直接进入内宅，随即又以身体不适为由，拒绝与吴梅村见面。不过，卞玉京虽然没有与吴梅村见面，但她仍然让人转告吴梅村，改日会亲自去吴梅村家中拜访。

卞玉京这次之所以不见吴梅村，应该是她还没有做好骤然相见的思想准备，她在唯恐失态之余，未免心乱如麻，可见卞玉京一直对吴梅村旧情难断。吴梅村没有见到朝思暮想的卞玉京，内心也同样充满了怅然，他一连写下了四首七律（《琴河感旧》）来纾解自己的感情，其中有一联"青衫憔悴卿怜我，红粉飘零我忆卿"，写得深沉而伤感，将二人惺惺相惜的思念之情表露无遗。在诗前的小序中，吴梅村这样写道："予本恨人，伤心往事。江头燕子，旧垒都非；山上蘼芜，故人安在？久绝铅华之梦，况当摇落之辰。相遇则惟看杨柳，我亦何堪；为别已屡见樱桃，君还未嫁。听琵琶而不响，隔团扇以犹怜，能无杜秋之感、江州之泣也！"

卞玉京果然不负前约，几个月后，她与弟子柔柔，乘一叶小舟，来到了太仓吴梅村的家中。苏州一别，自此已经过去了整整八年，对于吴梅村和卞玉京来说，这是天翻地覆的八年，也是国破家亡的八年。在这八年中，吴梅村自是经历了无数战乱，劫后余生，卞玉京也同样历尽波澜，辗转风尘。卞玉京用随身携带的古琴为吴梅村弹奏了一首又一首曲子，吴梅村为卞玉京写下了长篇歌行《听女道士卞玉京弹琴歌》。所谓"十年同伴两三人，沙董朱颜尽黄土。贵戚深闺陌上尘，吾辈飘零何足数"，诗中借卞玉京之口哀叹道，鼎革以来，多年的同伴只剩下两三人，像沙才、沙嫩和董年这些才貌双全的姐妹均已逝去，甚至连皇亲国戚的千金小姐都免不了惨遭蹂躏的命运，又何况我辈流落风尘的女子呢？

七

告别的时刻终于到来，吴梅村依旧恋恋难舍，他将卞玉京送到百里之外的苏州，并在苏州横塘故地重游、盘桓多日。这是他们最后的分手，时隔不久，吴梅村为时势所迫，入仕清廷，卞玉京则"归于东中一诸侯"，不过两年，却又有着万般不如意，最终还是"乞身下发"，让柔柔代替了自己。其后，她依靠良医郑钦俞生活，"长斋绣佛，持戒律甚严"，刺舌血，抄写《法华经》，以回报郑

221

钦俞。

晚年的卞玉京似乎意识到，只有这个不求回报的老中医才是真正爱惜她的。吴梅村虽然能够为她写诗，给予她浪漫的爱情想象，却无法给予她真正想要的东西——卞玉京需要的是奋不顾身、真情呵护，需要的是生死相许、一辈子不离不弃，而这些恰是患得患失的吴梅村所无法给予她的。卞玉京刺舌血抄写《法华经》，无疑是出自对郑钦俞真心的感谢！十年后，卞玉京离开人世，以道装葬于无锡惠山祇陀庵锦树林。

吴梅村与卞玉京的相会，再次激发起吴梅村的创作灵感，在写出《听女道士卞玉京弹琴歌》不久，他又写出了不朽名作《圆圆曲》。同样是讲述秦淮名妓的故事，吴三桂为陈圆圆"冲冠一怒为红颜"，实际上关系到一个朝代的兴废存亡，吴梅村不仅以信史的笔法记录了陈圆圆个人的遭遇，同时也借陈圆圆与吴三桂聚散离合的故事，讽刺了吴三桂为一己之私，置民族大义于不顾，出卖家国利益的事实。而无论是这时写下的《听女道士卞玉京弹琴歌》和《圆圆曲》，还是前面提到的《殿上行》、《临江参军》和《琵琶行》，以及后来所写的《鸳湖曲》等，它们均起到了以诗证史的作用，并为吴梅村赢得了"诗史"之名。

八

顺治九年（1652）春夏之交，吴梅村最为担心的事情终于发生了，清廷颁旨举荐地方人才，两江总督马国柱将吴梅村疏荐于朝。是坚守气节，还是入仕清廷，事到临头，吴梅村不得不面对这个艰难的抉择。事实上，彼时的吴梅村乃是故国遗臣的象征，是尚未降服的汉族知识分子的精神寄托，更是前朝遗民的一面旗帜。而清廷看中的也恰恰是吴梅村在遗民中的影响，清廷需要吴梅村这面旗帜，因为他的出仕具有一定的引导意义，至于出仕后的吴梅村是尽心尽力，还是尸位素餐，根本无关宏旨。

征辟诏书下达之后，吴梅村一边四处奔走，极力求免，一边针对各方的质疑，表明自己的态度。彼时已经被逼参加了一次乡试且沉浸在深深悔恨中的好友侯方域怕吴梅村重蹈自己的覆辙，特地寄来书信，劝说吴梅村一定要顶住压力，"万一有持达节之说陈于左右者，愿学士审其出处之义各有不同，坚塞两耳"。而吴梅村也十分肯定地答复侯方域，"卒坚卧不出""必不负良友"。

然而，吴梅村的一切努力终归无效，面对清廷的"荐剡牵连，逼迫万状"，面对家人的"老亲惧祸，流涕催装"，吴梅村最终还是妥协了——人到中年，日子本来过得仓促，扶着老的，牵着小的，身上处处束缚着无形的绳索，万事都由不得自己，何况事关生死的大事呢？吴梅村迈出了平生最为艰难的一步，如果说在此之前，虽然经历了家国巨变，吴梅村依然能够以遗民的气节与骨气聊慰于心，那么，在此之后，吴梅村已经沦为一个变节者、一个"两截人"，这对于一个传统知识分子而言，乃是一生最大的污点和耻辱！而吴梅村本人也感到无地自容，在北上途中，他痛苦地写下"浮生所欠止一死，尘世无由识九还"。世上虽然有"九还"之类的养生之术，但对于他却是毫无意义，因为他已经没有面目靦颜活在世间了！

吴梅村在北京待了三年时间，这是自怨自艾的三年，也是倍感屈辱的三年，在担任了三年闲职之后，年届五十的吴梅村借继母去世之机返回故乡，自此远离了清廷。在五十岁之后的余生里，吴梅村的人生可用苟延残喘四个字来形容。已是生命走向凋零的季节，吴梅村先后失去不少亲人和故交，更让他耿耿难解的，依然是他靦颜仕清的那段经历，他一直生活在深深的懊悔之中，始终无法摆脱内心的折磨。

九

康熙七年（1668），年过花甲的吴梅村来到无锡惠山拜谒卞玉京的坟墓，跟自己平生最爱的女人作最后的道别。在卞玉京的墓前，吴梅村忍不住老泪纵横，他回顾了卞玉京一生的遭遇，回顾了他们相爱的过程；他忏悔自己当初的懦弱，倾诉对卞玉京的思念之情；他诉说自己如何苟活于世，不得不独自面对世道的艰难……逝者已矣，生者如斯，若有来生，他能够改变一切，勇敢地走向自己的爱人吗？吴梅村无从回答，也不敢回答。

康熙十年（1671）冬，吴梅村罹患重病，卧床不起。自知来日无多，吴梅村急切地感到需要给后人一个交代，那年十一月十八日，作为自己的遗嘱，他写下《与子暻书》，自称"天下大苦人"，并追述了自己的一生。吴梅村一再强调，他本是草茅诸生，蒙崇祯皇帝恩宠，改变了一生的命运，本来不应该出仕新朝，却因为牵恋骨肉，终至逡巡失身。这是他终身难以清除的污点，即便死后，他也没脸去见先皇帝和已经去世的各位君子，而且必将被后世儒者所耻笑。

在后事的安排上，吴梅村作了这样的交代："吾死后，敛以僧装，葬吾于邓尉、灵岩相近，墓前立一圆石，题曰'诗人吴伟业之墓'，勿作祠堂，勿乞铭于人。"敛以僧装，显然是不愿穿清朝的服装见故人于地下。诗人吴伟业，则是他对自己身份的最后定位。因为个性懦弱，国难当头时他不可能像陈子龙、夏完淳等人那样甘洒热血、充当烈士；因为少年得志，深受崇祯皇帝恩宠，他不可能像黄宗羲、王夫之等人那样转向对体制的反思；因为过于看重身份和名声，他冲不出世俗的藩篱，去勇敢地追求自己的所爱，只有他的诗歌用心良苦，如果后人能够通过这些诗歌了解他的内心，理解他的苦衷，他就死而无憾了。

康熙十一年十二月二十四日（1672年1月23日），诗人吴梅村去世，时年六十三岁。临终前，他写下了《临终诗四首》，其中第一首这样写道："忍死偷生廿载余，而今罪孽怎消除。受恩欠债应填补，总比鸿毛也不如。"吴梅村将自己的死说得轻于鸿毛，几近完全否定了自己的一生。

失路人悲故国秋

——"三朝元老"龚鼎孳的心灵轨迹

一

"我原欲死，奈小妾不肯何？"这是明清鼎革之际一个流传甚广的段子。其中的主人公，一个是"江左三大家"之一的著名文人龚鼎孳，另一个是"秦淮八艳"之一的旧院名妓顾媚。说的是李自成攻进北京，身为朝廷命官的龚鼎孳先是投降李自成，继而又在清朝入主北京之后投降了清朝。当别人责问龚鼎孳为什么一降再降时，他总是这样为自己辩解："我本来是想为朝廷殉节的，怎奈小妾不肯啊。"小妾，指的就是顾媚。

尽管这个段子广为人知，并被弘光朝廷的内阁首辅马士英作为"请申大逆之诛"的借口上疏给弘光帝，但考虑到彼时弘光朝正在大肆追捕东林党人和复社中人的背景，它的可信度应该并不大。对于李自成占领北京后龚鼎孳的遭遇，为龚鼎孳作传的严正矩作了这样的描述："寇陷都城，公阖门投井，为居民救苏。寇胁从不屈，夹拷惨毒，胫骨俱折，未遂南归。"清朝入主北京后，多尔衮"召以原官就职"，龚鼎孳"疏辞至再三"，在无法推辞的情况下，最终出任吏科右给事中。严正矩的叙述不仅完全隐去了龚鼎孳曾经接受过大顺

225

军直指史一职的经历，对龚鼎孳的降清也作了淡化的处理。但不管怎样，龚鼎孳"既陷于闯，旋即降清"的事实还是清楚的。

在明清鼎革之际，龚鼎孳无疑是一个争议极大的人物：他既官居要位，却又被人讥为"三朝元老"；他既文名显赫，却又被人称作无耻文人；他既曾历仕大明、大顺、大清三个王朝，却又的确称得上是治世之能臣；他既在康熙朝达到仕途的顶峰，却又在乾隆朝被列入"贰臣"……面对这样一个复杂而多面的历史人物，非黑即白或者非白即黑的评价显然都是失之偏颇的，考察龚鼎孳这样的人物，或许只有检索他一生的经历和作为，探索他的心灵轨迹，庶几才能窥见他的真实面目。

二

龚鼎孳出生于 1616 年，这一年，建州女真部首领努尔哈赤正式建立后金，改元天命，标志着大清王朝的强势崛起；同样是这一年，明朝进入了万历四十四年，王朝内忧外患，乱象丛生，一片狼藉，意味着大明王朝已经走上穷途末路。龚鼎孳，字孝升，据说他出生时，庭院中的紫芝正在盛开，因此又号芝麓。龚家先世自江西临川移居安徽合肥，传至龚鼎孳祖父那一代，已称合肥显族。在合肥当地，流传着一首民谣："一世二世孤苦伶仃，三世四世渐有书生，五世出一高僧，六世车马盈门……十三十四两代翰林。"描述的正是合肥龚家从白手起家、创立门户，直至成为合肥望族的艰难过程。

龚鼎孳少年早慧，十二三岁的年纪已经写得一手好文章，诗赋古文均有所成，深受时人推许。龚鼎孳的科举之路亦称一帆风顺，癸酉、甲戌两科联捷，崇祯七年（1634）考中进士时，时年尚不足二十岁。龚鼎孳从政之初，他出任的第一个职务是湖北蕲水县令，当时正值流寇蔓延、民变迭起之际，龚鼎孳上任不久即逢张献忠的大军压境，他不仅亲自带领家丁守卫在城头，还率众出击，屡挫贼

226

锋，其间号令严明，恩信并用，士民皆为死守。

在蕲水的五六年间，大寇、大兵、大饷、大修筑……各种事务纷至沓来，几无宁日，龚鼎孳均能应对自如，他只是初试锋芒，即显示出出色的政治才能。偶有闲暇，龚鼎孳或端牍抽札，或据案飞书，先后留下《山声堂》之集、《鹤庐》之帙和《兰皋》之吟等各类作品。除了修缮防备，以确保一方平安之外，龚鼎孳还兴除利弊，问民疾苦，奖耕课织，崇礼明德。朝廷考核政绩，龚鼎孳因"大计卓异"，在整个湖广地区排名第一。

三

崇祯十二年（1639），龚鼎孳入京铨选，不久被授予兵科给事中。龚鼎孳刚刚接受任命，即出使察理畿南广平等处的城防事宜，遍历州邑，详览形势，一月上书多达十七次，内容涉及疆圉大势、狡寇情形、贤奸进退、国事安危等诸多方面，皆属国家迫切需要解决的现实问题，可谓知无不言、言无不尽。针对朝中的人事纠葛，龚鼎孳也不畏权贵，敢于直言得失，剀切之处，甚至连朝中大僚亦"畏之如虎"。龚鼎孳又曾条上金陵十事，其中有"扼要害，联声援，练水师，葺战舰，核军实，积粮储，诘奸宄，固人心，禁奢侈，修实政"诸条，联想到其后崇祯皇帝失策，北都沦陷，不能不说龚鼎孳深谋远虑，见识不凡。

崇祯十五年（1642），龚鼎孳与他生命中最重要的女人顾媚相遇。那年春天，龚鼎孳偶经金陵，接受友人的邀请，走进位于秦淮河畔的眉楼，并与眉楼主人顾媚一见钟情。眉楼，在秦淮河畔原本具有文化地标的意义。眉楼主人以美貌闻名，顾家菜以美味著称，以故设筵眉楼者殆无虚日，乃是第一等的文士佳人雅集之地。余怀在《板桥杂记》中这样描述道："牙签玉轴，堆列几案；瑶琴锦瑟，陈设左右。香烟缭绕，檀马丁当。"进入其中，宛如仙境，余怀干脆把眉楼称之为"迷楼"。

至于顾媚本人，则是"庄妍靓雅，风度超群。鬓发如云，桃花满面，弓弯纤小，腰肢轻亚"。而且顾媚不仅通文史，善画兰，还被时人推为南曲第一，堪称才貌双全。顾媚艳名远扬，长袖善舞，"然艳之者虽多，妒之者亦不少"，因此招来不少麻烦。而顾媚也时时盼望着能够遇见真爱，与喜欢的男人远走高飞，共度余生。龚鼎孳的出现恰逢其时。

四

龚鼎孳与顾媚甫一见面，马上爱得如胶似漆，难舍难分。一个是热血青年、风流才子，一个是扫眉才女、绝代佳人。龚鼎孳把顾媚看作红颜知己，爱情当前，一切名教纲常和流言攻讦都可以忽略不计；顾媚则认定了龚鼎孳是她的真命天子，真爱到来，至此后"只愿为一人，洗手做羹汤"。而他们相遇、相知与相爱的过程，则被龚鼎孳以诗词的形式详细记录下来，成为他们之间爱情的见证。

初次见面，龚鼎孳眼中的顾媚是这样的："晓窗染研注花名，淡扫胭脂玉案清。画黛练裙都不屑，绣帘开处一书生。"既是林下美人，却无异于文雅书生，这是顾媚留给龚鼎孳的第一印象。相知渐深，龚鼎孳又写下了"腰妒杨枝发妒云，断魂莺语夜深闻。秦楼应被东风误，未遣罗敷嫁使君"的诗句，这是动人的描述，也是深情的表白。一旦情到深处，不能自已，龚鼎孳所有的愿望就只有情定三生，永结同心了："手剪香兰簪鬓鸦，亭亭春瘦倚栏斜。寄声窗外玲珑玉，好护庭中并蒂花。"而顾媚则报以："识尽飘零苦，而今始得家。灯蕊知妾喜，特著两头花。"诗句中是满满的感动与欣喜。

在经历了短暂的离别之后，崇祯十五年（1642）秋，顾媚从南京赶赴北京，准备与龚鼎孳团聚，从此不再分开。但行至半途，便遇上清兵入塞，相继攻占了山东多地，道路阻隔，她只好流寓在淮河沿岸的清江浦，次年春返回南京。崇祯十六年（1643）夏末，顾媚再次北上，虽然旅程辗转流徙，历尽艰险，终于还是赶在中秋节前夕到达北京，有情人终成眷属。但让龚鼎孳和顾媚都没有想到的是，他们相聚才不过一个多月，龚鼎孳便因弹劾朝中重臣而锒铛入狱。

五

龚鼎孳弹劾的是时任内阁首辅陈演，他不仅接连上疏抨击时政，还直指陈演庇贪误国，从而触怒了刚愎自用的崇祯皇帝。时值明末，崇祯朝廷中的大臣多是不问是非曲直，只求明哲保身的平庸之辈，像龚鼎孳这样有责任、敢担当，不同流俗、积极用世的直言敢谏者已属凤毛麟角。龚鼎孳身上始终带有一股浓浓的书生意气，既不知回避，也不懂得如何保护自己。他只是凭着一腔热情去做自己认为应该去做的事情，却不讲策略，不计后果，尽管其报国之心殷殷可鉴，但在党争激烈、朝臣相互倾轧的崇祯朝廷，却也极有可能成为政敌攻讦的目标，并为此付出惨痛的代价。

龚鼎孳被捕入狱时正值隆冬季节，北京的冬天更是寒冷异常。龚鼎孳入狱不久，顾媚便冒着凛冽的寒风送来棉被与酒食，并温言相慰。而龚鼎孳则随口吟诵出两首小诗，送给顾媚。其一为："霜落并州金剪刀，美人深夜玉织劳。停针莫怨珠帘月，正为羁臣照二毛。"其二为："金貌深拥绣床寒，银剪频催夜色残。百和自将罗袖倚，余香长绕玉栏干。"那一年的除夕之夜，他们是在坐立不安和辗转思念中度过的，龚鼎孳想象着顾媚独坐灯下、清苦无依的情景，怅然写下："料是红闺初掩，清眸不耐罗巾。长斋甘伴鹅鹣贫，忍将双鬓事，轻报可怜人。"自此后，龚鼎孳与顾媚已不仅仅是相濡以沫的伉俪佳偶，同时也是同甘共苦的患难夫妻了！

崇祯十七年（1644）正月底，龚鼎孳终于获释出狱。年近而立，一事无成，回首自己的从政生涯，龚鼎孳忍不住感慨系之，他在《万年欢》一词中这样写道："一笑东风，喜寒梅尚繁，香散瑶雪。携手花前，重见酒杯豪发。铁石消磨未尽，算只有、风情痴绝。生抛撇、瘴戟蛮装，更央珊瑚枕埋骨……"。字里行间，既有对顾媚的感激之情，但更多的还是对自己境遇的愤懑与不甘。毫无疑问，龚鼎孳的确有着极为出色的政治才干，假以时日，他或许也能够在晚明的政坛上发挥更加重要的作用，然而，时间并没有留给龚鼎孳为大明王朝继续效力的机会，因为更大的风暴已经接踵而至。

六

崇祯十七年（1644）三月十八日，李自成的军队几乎没有遇到任何像样的抵抗，即以摧枯拉朽之势打进北京，大明王朝轰然倒塌。综合龚鼎孳在大顺军占领北京期间的史料可以看出，他其实并不是在第一时间"阖门投井，为居民救苏"的，而是在经历了"寇胁从不屈，夹拷惨毒，胫骨俱折"之后，才不堪羞辱，想以身殉国的。这虽然只是一个时间差的问题，从中却不难窥见龚鼎孳微妙的心理变化。

据龚鼎孳本人讲述，京师沦陷之初，他本来隐姓埋名藏匿于邻家佣保间，并一直在寻找机会逃脱，不幸的是，他最终还是为熟人指认，落入大顺军之手。因无力缴纳钱款，被捕后的龚鼎孳确曾遭到大顺军的酷刑拷掠，还是"赖门人某某及一二故旧措金为解，始得缓死"。这样，才有了后来"公阖门投井，为居民救苏"的情节，而被人救起的龚鼎孳在经历了一番生死之后，终于接受了大顺军直指史一职。

死，或者不死，对于1644年春天的龚鼎孳来说，意味着一次远远超越了生死本身的选择。死，青史留名；不死，身败名裂。在以名节决定士大夫个人毁誉与命运的时代，或者青史留名，或者身败名裂，其间并不存在第三种选择。但平心而论，为腐朽透顶的大明王朝殉葬，龚鼎孳的确有点心有不甘。身为复社才子，龚鼎孳对崇祯朝廷的颓势本来就洞若观火，而他对王朝的兴亡也有着远较一般朝臣达观的认识。

龚鼎孳的朋友曹良直被大顺军所执，不屈被难，他在悼亡诗中这样写道："知子全归好，知余濡忍难。蝶翻乡梦杳，鹃咽古魂残。鲍叔人千载，程婴事一端。"意思是，死固然是最好、最容易的选择，但与死相比，活着反而更艰难、更忍辱负重。在这里，龚鼎孳把自己比作卧薪尝胆的程婴，而不是刚正不阿的鲍叔，他始终抱有积极的用世之心。他显然以为，自己之所以选择"不死"，只是出于权宜的考虑，其目的既是为了寻找机会逃脱，也是为了以后有所作为。

七

逃脱的机会果然很快到来了。崇祯十七年（1644）四月二十一日，李自成兵败一片石，四月二十九日，李自成在明皇宫武英殿即皇帝位，定国号为大顺，第二天即匆匆撤离北京。在兵荒马乱之中，龚鼎孳终于找到机会，脱身南遁，他准备逃往南京，去投奔刚刚建立的弘光政权。但是，龚鼎孳行至中途，从南京传来的消息却给了他重重一击，这时的弘光朝廷掌握在马士英和阮大铖手中，马、阮二人正以"逆臣"的名义打压异己，而曾经降清的龚鼎孳，正是他们重点打压的目标之一。

此时的龚鼎孳真正成为一个"失路人"——有家，归不得；有国，投不得。万般无奈之下，龚鼎孳只得重新返回已被清军占领的北京。对于龚鼎孳降清的过程，在《大宗伯龚端毅公传》中，严正矩只是以"疏辞至再三"一笔带过，但对于已经投降过一次的龚鼎孳来说，即便未必存在太大的心理障碍，但其内心的耻辱与挣扎还是可想而知的。这从龚鼎孳其后的诗词中即可看出端倪，他屡屡自谓"失路"，自称"恨人"，既有茫然失路之意，也隐含着无比的自责与悔恨：我是谁？我做了什么？这种灵魂的叩问始终纠缠着龚鼎孳的内心，使他时时处于忏悔与自讼之中而无法自拔。

降清之后，龚鼎孳依然不改谏臣本色，他以精明、干练的能臣形象出现在清初的政治舞台上。他担任吏科右给事中期间，曾经多次弹劾冯铨、陈名夏等人。冯、陈二人在前朝原属阉党一系，却为辅政王多尔衮所倚重，而龚鼎孳与冯、陈之间的矛盾，其实即是明末党争的延续。龚鼎孳斥责冯铨是阉党魏忠贤的义儿，冯铨讥讽龚鼎孳是逆贼御史，龚鼎孳以"魏征亦曾归顺太宗"为自己辩解，身为调解人的多尔衮则以倨傲、鄙夷的语气羞辱龚鼎孳："人果自立忠贞，然后可以责人。鼎孳自比魏征，而以李贼比唐太宗，可谓无耻。似此等人，只宜缩颈静坐，何得侈口论人？"龚鼎孳的直言进谏，招来的却是如此刻薄的人身攻击，稍有一点自尊，亦当无地自容，何况是生性敏感的龚鼎孳呢？

八

清顺治七年（1650）冬，多尔衮去世，顺治皇帝亲政。龚鼎孳即被顺治皇帝称作"真才子也"，随后不久即被擢升为刑部右侍郎。在刑部右侍郎任上，龚鼎孳上疏胪列七事，其中尤以重大事情"必满、汉公同质讯详注"为时人注目，盖此疏建议"名义使汉官分满官之劳，实则张汉人之权，抑满人之势，有功于汉人者至大"。在满人当道的时代，一个看似简单的建议，却冒着极大的政治风险。其后，龚鼎孳也果然因"若事系满洲，则同满议附会重律，事涉汉人，则多出两议，曲引宽条。果系公忠为国，岂肯如此"而遭贬官八级，随即又因所荐顺天巡抚顾仁贪污伏法再降三级，直至康熙朝，龚鼎孳才重新进入朝廷中枢。

康熙二年（1663），年近五十的龚鼎孳出任左都御史，次年迁刑部尚书，其后担任过兵部尚书和礼部尚书，走上他一生仕途的顶峰。在龚鼎孳晚年的政治生涯中，他既敢于承担责任，也愿意多做事情，他曾经多次上疏，提出"抚绥百姓""蠲免征徭""消弭民害"等有益于民生的建议。针对八旗兵为害地方，龚鼎孳再三要求"凡驻师处所，务宜申明纪律，草木无惊，禁抢掠，平贸易"。尤其是龚鼎孳两上"宽奏销"之疏，请复江南因"奏销案"而被降黜士绅的功名爵禄。当时就有人劝他这件事情太敏感，搞不好会惹祸上身，他的回复是："以我一官赎千万人职，何不可？"卒获允，江南士子受益者不下千人。

龚鼎孳仕清后最为后人称道的，是他常常对前朝流落江湖的落拓士人施以援手，不仅朱彝尊、陈维崧、尤侗等人在贫不自存时得益良多，遗民纪映钟、杜浚、陶汝鼐等人均在龚鼎孳幕中一住十余年。更加难得的是，傅山、阎尔梅这些大名鼎鼎的反清义士，也曾多次得到龚鼎孳的掩护和帮助。阎尔梅有一次竟然是因躲藏在顾媚的内室之中，才得以逃脱清兵的追捕。正因为这样，这位为抗清不惜家破人亡的著名义士，将龚鼎孳比作汉代的悲情人物李陵。尽管阎、龚二人身份迥异，但阎尔梅却对龚鼎孳抱有同情和理解，对龚鼎孳的个人选择给予了充分的谅解与尊重。考虑到阎尔梅在清初诸老中"性最耿介，论人亦最严刻"，在很大程度上，可以说阎尔梅的评价即代表了清初士人对龚鼎孳的普遍看法。

九

龚鼎孳与顾媚钟爱一生，与一般文人狎妓的心态绝然不同，龚鼎孳始终对顾媚怜爱有加，他甚至写下"今生誓作当门柳，睡软妆台左右"的词句，词意香艳温软，与陶渊明愿做佳人的鞋袜堪有一比，即便为此遭到政敌的攻讦，也在所不惜。顾媚嫁给龚鼎孳后，二人可谓同甘共苦、琴瑟好合，龚鼎孳"雄豪盖代，视金玉如泥沙粪土"；顾媚"礼贤爱士，侠内峻嶒"。夫妇二人看到朱彝尊"风急也，潇潇雨；风定也，潇潇雨"的词句，倾橐以千金赠之；对落难中的陈维崧，夫妇二人解衣推食、尽力接济；王子云去世后，贫不能葬，龚氏夫妇为葬之，且为抚养其子女；杜浚家贫没钱出嫁女儿，龚氏夫妇出资为其女完婚……凡此种种，不胜枚举。

顺治十四年（1657），龚鼎孳携顾媚重返南京，在隐园林堂设筵，为顾媚三十八岁的生日大宴宾客。顾媚特地请来旧日同居南曲的李大娘、李十娘、王节娘等姐妹，另有老梨园郭长春等演剧，酒客丁继之、张燕筑、王式之、王恒之兄弟亦前来助兴，请召宾客多达数十百辈，可称盛会。顾夫人隔着珠帘，接受大家的祝福，龚鼎孳的门人楚严某则跪拜敬酒，口称："贱子上寿！"宴会至此达到高潮，乃至"坐者皆离席伏，夫人欣然为罄三爵，尚书意甚得也"。隐园欢宴是为龚、顾二人终生难忘的幸福时刻，同时也再现了"欲界仙都"的昔日盛景。

顾媚去世于康熙二年（1663），时年四十四岁。顾媚晚年，一直沉溺在女儿的夭折之痛中无法自拔，顾媚去世之后，与龚、顾二人有交往的文人学士纷纷前往凭吊，阎尔梅、余怀等人则写下多首诗歌抒发自己的缅怀之情。康熙五年（1666），龚鼎孳亲自护送顾媚的灵柩返回故乡安葬，行至南京浦子口，写下《浦子口登双碧楼感怀四首》，其中的一首即为悼念顾媚而作，语意凄切沉痛，备极哀婉。

十

康熙十二年（1673），五十八岁的龚鼎孳去世，临殁之际，他依然不忘推许扶持后进之辈，他把吴江诗人徐釚推荐给时任户部尚书的梁清标，并说："怀才如虹亭，可使之不成名耶？"吴梅村所谓："先生身为三公而修布衣之节，交尽王侯而好山泽之游。故人老宿，

234

殷勤赠答，北门之窭贫，行道之饥渴，未尝不彷徨而慰劳也；后生英俊，弘奖风流，考盘之寤歌，彤管之悦怿，未尝不流连而奖许也。"龚鼎孳当得起这样的评价。

　　纵观龚鼎孳的一生，可谓惜才爱士，奖掖后进，扶持善类，振恤孤寒。他固然是"贰臣"，但在心灵的纯粹与个人的良知方面，却远胜于许多名教完人。龚鼎孳一联名句："失路人悲故国秋，飘零不敢吊巢由。"意思是四海飘零，歧路徘徊，此生已是悔恨莫及，又有什么颜面去凭吊古之隐士呢？短短十四个字，不妨视作解读龚鼎孳心灵的密码。

忍对桃花说李香

——名士侯方域的多面人生

清康熙三十八年（1699），随着孔尚任的传奇戏曲《桃花扇》一纸风行，已经渐渐湮没的南明历史再度进入了时人的视野。而"南明四公子""秦淮八艳"，也再度成为人们议论的热点，侯方域与李香君的故事，一时成为前朝遗老遗少茶前饭后的谈资，秦淮风月，名士风流，楼台烟水，新声明月，一个时代的风雅遗韵唤起他们的禾黍之悲，令他们感慨系之，唏嘘不已。陈寅恪先生所谓："桃花一曲九回肠，忍听悲歌是故乡。烟柳楼台无觅处，不知曾照几斜阳。"不妨说也正是彼时情境之写照。

虽然是戏曲作品，但孔尚任显然是把《桃花扇》当作信史去写作的，他在《桃花扇·凡例》中坦陈，但凡剧中写及的朝政得失与文人之间的聚散离合，他都经过了亲自考证，在时间和地点上没有一丝嫁接虚构之处。但凡剧中写及的儿女私情与文人之间的谈笑交集，虽然偶有渲染夸张的成分，却绝非子虚乌有。对于写作这部传奇的目的，孔尚任强调的是"借离合之情，写兴亡之感"；对于写作这部传奇的手法，孔尚任强调的是"实事实人，有凭有据"。总之，孔尚任之所以三易其稿、耗费十年的心血写成这部传奇，就是试图通过戏曲的形式来表达自己的故国之思，探讨大明王朝将近三百年的基业，究竟"隳于何人？败于何事？消于何年？歇于何地？"。

236

以一曲戏剧承载如此重大的历史话题，孔尚任可谓志存高远。尽管有点勉为其难，但是，孔尚任的《桃花扇》的确把那一段风云激荡的岁月再现在世人面前。更为重要的是，围绕着侯方域和李香君的爱情故事，孔尚任写出了晚明时期的某种精神气质，字里行间，既带有一丝时当末世的仓促、没落的颓废格调，又带有一种奋发向上、洒脱不羁的流风余韵，充分展示了晚明文人独有的行事方式和审美情趣，而那种如同流星一般光彩夺目的时代文化稍纵即逝，随即已成绝响。

那么，在《桃花扇》中，孔尚任以浓墨重彩之笔、酣畅淋漓之情，所着力刻画出的侯方域与李香君究竟是何许人也？他们在南明所谓的"秦淮文化"中又各自承担着怎样的角色呢？

首先来看侯方域。侯方域（1618—1654），字朝宗，号雪苑，河南归德府人（今商丘），出身于官宦世家，祖父侯执蒲和父亲侯恂都是明末东林党人，也都曾在朝廷担任高官，侯家在家乡有"商丘侯氏，东林党魁"之称。侯方域从小跟随父亲游学京师，见多识广，自不待言，侯恂还蓄有家乐，每每"随侍入朝班，审谛诸大老贤奸忠佞之状，一切效之，排场取神似逼真，以为笑噱"。耳濡目染之间，侯方域自小即忠奸分明，对阉党视若寇仇，对晚明朝廷党争、贪腐、内忧外患之溃烂状况有着非常直观的认识。尚不到弱冠之年，侯方域即代父草拟《屯田奏议》，详细分析当时官屯、军屯、兵屯、民屯、商屯、边屯之现状，并提出了相应的对策，广征博引，洋洋大观，表现出强烈的现实关怀。

像所有生活优裕的世家公子一样，成人之后的侯方域开始了他的应试之旅，他十五岁返回家乡应童子试，县、府、道皆获第一，才子之名，广为人知。其后侯方域则长期寓居南京，备考每三年一度的乡试，就此开启了他一生最感快意的岁月。

明季南京既是六朝金粉之地，又是东林党和复社的策源地，虽然在政治权力上已无法与北京相争，却足以在思想文化方面与北京分庭抗礼。在南京的秦淮河畔，与太学和贡院遥遥相对的，乃是两岸鳞次栉比的青楼和妓院。当那些应试举子云集于此时，他们面对的不仅是"平康之盛事"，令他们跃跃欲试的还有"文战之外篇"。余怀所谓"欲界之仙都，升平之乐国"，孔尚任所谓"三山景色供图画，六代风流入品题"，均可谓非常形象地概括出了彼时南京的基本面貌。

侯方域与陈贞慧、方以智、冒辟疆并称"南明四公子"，他身上本来即带有任性放诞、风流不羁的富家公子之积习，而身处烟花之都的南京，侯方域更是意气风发，如鱼得水。在南京，侯方域过着花天酒地、裘马轻狂的日子，给时人留下这样的印象："朝宗才美而豪，不耐寂寞，又解音律。在金陵日，每侑酒必佐以红裙，虽父系狱，尝不敛贵公子习气。"也就是说，人在南京的侯方域基本上每天喝花酒，每次喝花酒，也必有名妓陪伴，即便在父亲因事下狱期间，他也依然弦歌不断，毫不收敛。

时值明末文人结社的高峰时期，借乡试之机，复社同人多在南京聚集，他们一方面埋头读书，准备应试，另一方面则相互邀集与串联，在砥砺学问、诗酒唱和之余，品核公卿，裁量执政，颇富指点江山、激扬文字之意气。而侯方域则无疑是其中的关键人物之一，他经常出入于诗酒声色的场合，遇凡人常白眼相视，遇知己则青眼相加，为了结交豪杰，不惜一掷千金，乃至"人人引重，无不愿交恐后"。1639年，在复社举行的"金陵大会"上，复社同人聚集在秦淮河畔的桃叶渡，声讨阉党，纵谈国事，侯方域当仁不让，慷慨陈词，一举成为复社的领袖人物之一。

侯方域与李香君的结识也正在此时。李香君，《桃花扇》的女主角，名列"秦淮八艳"之一，真实的姓名应该是李香。在《桃花扇》问世之前，对李香有过正面描述的文章大抵有三篇，分别是侯方域的《李姬传》、余怀的《板桥杂记》，以及陈维崧的《妇人集》。其中，侯方域在《李姬传》中介绍了李香的身世、他与李香交往的过程，文字简略，叙事精练，读后可知，侯、李二人的关系，其实远未达到《桃花扇》中所写及的生死相许的地步。余怀在《板桥杂记》中写到了李香的容貌和才情："李香身躯短小，肤理玉色，慧俊宛转，调笑无双，人名之为香扇坠。"并说李香以"侠而慧"为士林所知。陈维崧在《妇人集》中的描述也大致相似。

在《桃花扇》中，侯、李之间是通过陈贞慧、杨龙友等人的介绍而结识的，陈、杨等人原本都是李家媚香楼的常客，受李香君假母李贞丽之托，为破瓜年华的李香君"招客梳栊"。而陈、杨等人共同的朋友侯方域"客囊颇富，又有才名"，且"正在这里物色名姝"，与李香君恰是绝配。而侯、李二人果然一见钟情，见面伊始，侯方域即送给李香君一柄上等的镂花象牙骨白绢面宫扇，作为定情之物，而杨龙友则送给侯方域一笔不菲的奁资。身为富家公子的侯方域不以为意，倒是李香君看出了其中的玄机。原来，这笔钱并不是杨龙友出的，而是阉党余孽阮大铖请托杨龙友代为转交给侯方域的。

因为家世渊源，侯方域的社会关系极为复杂，与明末各个派系的人物均有着千丝万缕的联系。在侯方域去南京的乡试之年，当时废居在此且臭名昭著的阉党人士阮大铖为了向侯方域示好，他自己不便出面，就转托友人杨龙友出面结纳，目的是让侯方域从中斡旋，为自己求得东林、复社中人的谅解，给予他自新之路。侯方域本来已经暗自心许，却是李香君"拔簪脱衣"，说出这样一番话："阮大铖趋附权奸，廉耻丧尽，妇人女子，无不唾骂。他人攻之，官人救之，官人自处于何等也？"正是李香君的一席话，使得侯方域大感羞愧、如梦方醒，同时也为日后阮大铖的有意陷害埋下了伏笔。

随后，侯方域与李香君度过了一段难忘的幸福时光。但是，时隔不久，即逢甲申之变，崇祯皇帝自缢，弘光朝廷新立，马士英、阮大铖当权，开始对东林、复社中人进行疯狂的围剿与报复。侯方域自然成为阉党抓捕的主要目标之一，无奈之下，他只好与李香君洒泪挥别，投奔在扬州督师的史可法。李香君则洗尽铅华，闭门谢客，一心等待着与侯方域重逢。马士英与阮大铖准备逼迫李香君嫁给漕抚田仰为妾，李香君誓死不从，紧要关头，她以死明志，倒地撞头，点点血迹喷溅在侯方域送给她的宫扇上。随后赶到的杨龙友用自己的画笔，将宫扇上的斑斑血迹渲染成朵朵桃花。李香君则托人将这把意义非凡的团扇带给侯方域，这把沾染着李香君血迹的桃花扇，既是侯方域与李香君矢志不渝的爱情见证，也成为晚明"秦淮文化"的象征。

正像孔尚任所一再强调的那样，《桃花扇》是一部寄寓着朝代兴亡之感的历史剧作，从立意到史实均与正史相差无几，"证以诸家稗记，无弗同者，盖实录也"，应该说这些都没有什么问题。不过，《桃花扇》毕竟是文人的创作，即便尊重史实，却也依然避免不了会有各种演绎，即从侯方域和李香君两个主要人物来看，剧作中的这二人，与现实生活中的他们虽然多有符合，但与史料的记载相比，依然相去甚远。

事实上，作为历史人物的侯方域，其人生经历与心路历程当然要比《桃花扇》中所写及的复杂许多。侯方域家境优裕，少年得意，自然毋庸多言，明亡之前，侯方域一直过着富家公子的生活，少年意气，挥斥方遒，本来就是他的当行本色。所以，侯方域的朋友贾开宗说他"豪迈多大略，少本有济世志"，应该是写实之言。可以想象，如果生活在和平安定的年代，以侯方域的家境和他本人的修养，几乎没有疑问，他一定能够成为治世之能臣，但是，侯方域生不逢时，他偏偏生在明清易代之际，可以说大明王朝的倾覆彻底改写了他的人生。

明亡之后的侯方域奉父家居，他虽然没有以身殉国，却也不愿出仕清廷，转而矢志以遗民终老。但遗民也并不是那么好当的，尤其针对侯方域这样令人瞩目的名士。在他之前，吴梅村即因遭到公私两方面的压力，最终不得不接受了清廷的征召。当时侯方域还曾致书规劝吴梅村，指出其"不可出者有三，而当世之不必学士之出者有二"，说吴梅村早年蒙受崇祯皇帝的殊恩，不仅被钦点为榜眼，且官至宫詹学士，是为崇祯皇帝的近臣，荣华富贵都达到了顶点，如今的吴梅村更成为前朝遗民的领袖，如果仕清，一世清名毁于一旦自不必说，还必将遭到世人的耻笑。

但是，劝说别人容易，真正身临其境，侯方域又何尝能够自主呢？现实是，正当世人将侯方域视作前朝遗民的一面旗帜时，却突然传来侯方域参加清朝科举的消息。据侯洵《侯朝宗年谱》所载："当事欲案治者公以及于司徒公者，有司趣应省试，方解。"可知侯方域之所以参加清朝科举，乃是受到了清廷的胁迫。尽管侯方域只中了副榜。有人说他是违心应试，所以只考半卷，但是不管怎样，侯方域最终还是违背了自己的初衷，当然也无可避免地遭到世人的讥讽，所谓"两朝应举侯公子，忍对桃花说李香"，就是后人读过《桃花扇》后留下的感慨。

如果说参加清廷的科举乃是受到了胁迫，不得不为，那么，侯方域为清军统帅张存仁献上条陈《五剿五抚议》，则明显带有一些自愿的色彩。榆园军本来是明末清初抗清起义军的一支，曾经给予清军很大的打击，并在一定程度上延缓了清军南下的进程。榆园军的最终覆灭，与侯方域的出谋划策有着直接的关系。据地方志所载，侯方域在《五剿五抚议》中提出了"通剿穴、绝径路、因粮食、鼓敌仇、散党援"五条建议。正是受到侯方域《五剿五抚议》的启发，清军统帅张存仁采用了水攻之法，即掘开黄河口，用黄河水倒灌榆园军的地道，才终于剿灭了榆园军。

为清军统帅张存仁献上条陈《五剿五抚议》，应该是侯方域一直抱有用世之心的结果。但是，剿灭榆园军，侯方域立首功，清廷却并没有给予他任何奖励。对此，《清史稿·张存仁传》是这样记载的："盗发榆园，为大名诸县害。存仁闻归德侯方域才，贻书咨治盗策，方域具以对。存仁用其计，盗悉平。"其中只是言及张存仁用了侯方域提供的计策，至于是什么计策，却语焉不详。官方文件付诸阙如，只能就事实本身去发现蛛丝马迹。古人说水火无情，掘开黄河口，既剿灭了榆园军，却也势必会给平民百姓带来灭顶之灾，官方文件失载，想来是不愿让世人窥见真相，当然，也就不难理解，清廷何以不会大张旗鼓地褒奖立有首功的侯方域了。

参加清朝科举，为清军献上条陈《五剿五抚议》，乃是侯方域晚岁难以排解的两大心结。鼎革之际的侯方域正值壮年，虽然满腹才华，却无处施展；既爱惜羽毛，又心有不甘，终至无所适从、彷徨失路，当是不争的事实。而对比那些或蹈刃而死、或赍志以殁的知己好友，侯方域自觉行止有亏，他将自己的书房命名为"壮悔堂"，将自己的文集命名为《壮悔堂文集》，均含有自明心志、深深懊悔之意。

侯方域在《壮悔堂记》中自陈"余平生之可悔者多矣"，在随后所写的《四忆堂记》中又一再强调"忆之，忆之，所以悔也"，既忆且悔，当是对自己曾经作为的深刻反省。他曾经在写给友人的书信中说道："仆虽书生，常恐一有蹉跌，将为此伎所笑。"这里的"此伎"指的是李香。侯方域自问，有朝一日，如果还有机会与李香相见的话，他又有什么面目去见她呢？清顺治十二年十二月十三日（1655年1月30日），侯方域遽尔谢世，他的生命定格在三十七岁的壮年，他的人生在羞愧和悔恨中黯然收场。

说过了侯方域，再简略地说一下李香。在《桃花扇》的前半部分，侯方域与李香君的结识和交往与史实相差不大，孔尚任最后为他们安排了一个相约出家的结局，应该是对剧中各种矛盾进行折中后的选择。对于侯方域与李香的结局，侯方域在《李姬传》中并没有详细叙述，但从侯方域行文的语气中可以得知，他与李香自桃花渡一别，从此再未谋面。作为旁证，侯方域还写过一篇《致田中丞景》，其中有这样的记述："仆之来金陵也，太仓张西铭偶语仆曰：'金陵有女伎李姓，能歌玉茗堂词，尤落落有风调。'仆因与相识，间作小诗赠之。未几，下第去，不复更与相见。"其中所说的李姓女伎，指的正是李香，这里明确交代，自侯方域乡试落第返回家乡之后，与李香再未相见。

民间传说李香跟随侯方域回到了老家归德，改名换姓，在一起度过了琴瑟好合的八年时光。后来因为身份暴露，被侯家长辈赶到了归德城外的侯氏庄园，饱受歧视，郁郁而终。综合各种史料，这种说法显然不足为凭。但不管怎样，现实中的李香正是《桃花扇》中的李香君，李香君的故事与李香的故事高度吻合，孔尚任的确是借"实事实人"，再现晚明文化的流风余韵，这一点是没有任何疑问的。

明末的南京是名士文化与名妓文化的氤氲之地，而侯方域与李香无疑分别是其中最具有代表性的佼佼者。作为名士，侯方域既有顾盼自雄、积极用世的一面，又有急功近利、软弱动摇的一面；作为名妓，李香身在风尘，却有傲骨，胆略与见识尤其不凡。由此可见，在传统社会中，女人往往心无杂念，少受名缰利锁的束缚，生活得更纯粹。而男人则被灌输进太多的观念与意识，他们考虑太多，患得患失，最后常常陷入心理失衡、进退失据的境地。试想，一颗太世故的心，很难抵御现实的诱惑，又怎么可能会包容真正的爱情呢？

侯方域与李香的故事让世人看到了一道晚明文化的奇异风景，名士名妹，相得益彰，正像同为"南明四公子"的冒辟疆所言："才子佳人，楼台烟水，新声明月，俱足千古。"孔尚任的《桃花扇》则为后人留下了"一代之兴衰，千秋之感慨"，正所谓"南朝看足古江山，翻阅风流旧案，花楼雨榭灯窗晚，呕吐了心血无限"。它既象征着一种文化的魅力，也意味着一种文化的终结。

面目依然小秀才

——尤侗：从“真才子”到“老名士”

　　清朝顺治年间，屡屡落第的苏州才子尤侗写出了一篇著名的游戏之作《怎当她临去秋波那一转》，内容乃是借王实甫《西厢记》中张君瑞的语气，写：“有双文之秋波一转，宜小生之眼花缭乱也哉！”渲染出张生为崔莺莺的眼神所打动，乃至心醉神迷的过程。文章虽然是游戏之作，却又是一篇标准的八股制义文，不仅破题、承题、起讲、入题、起股、中股、后股、束股的体例完整，而且构思巧妙、语言优美，深得板起面孔搞笑、一本正经幽默之乐趣。

　　尤侗的这篇文章流传甚广，每个人都有自己不同的解读方式。有人将它称作“妙文”，有人读后一笑了之，有人看出了微言大义，有人把它当作范文反复研读……而且这篇文章的遭际也颇有意思，尤侗自陈：“先是戊戌秋，王胥庭学士侍讲筵次，上偶谈老僧四壁皆画《西厢》，却在临去秋波悟禅公案，学士遂以侗文对，上立索览。学士先以抄本进，复索刻本，上览竟，亲加批语，称‘才子’者。”上，指的是顺治皇帝。王胥庭，即清初重臣王熙。王熙将尤侗的这篇文章推荐给顺治皇帝，竟然让顺治皇帝赞不绝口，读后连连称赞尤侗为“真才子”，并亲自在刻本上写下了批语。

　　众所周知，八股文本来是“代圣人立言”，在内容方面有着严格的限定，并不允许自由发挥。而八股取士，则是出于集权的需要，以统一思想，使"天下英雄尽入吾彀中"为目的的。尤侗以八股文写男女缠绵之事，尽管符合八股文的体例，却未免有点无厘头的意思。尤其对于那些科场失意的士子们来说，这种形式与内容形成极大反差的文章，往往能够起到一种解构神圣的效果：原来八股文也是可以这样写的嘛！透过尤侗的幽默，他们似乎意识到自己曾经的安身立命之本居然那般语言无味、面目可憎。尤侗的文章唤起了他们对于八股文的复杂感情，可谓爱之恨之，五味杂陈。

苏州自古多才子。据说同为苏州才子的汪琬曾经自负地以为："苏产绝少，唯有二物耳。"他所说的"二物"，一为梨园子弟，一为状元。在盛产状元的苏州，尤侗的名气既不算太大，也不算太小，他虽然不是状元，却拥有以下几个头衔：著名诗人、著名文学家、著名戏曲家。作为苏州的才子兼名士，尤侗有着不错的家世，虽称不上世代簪缨，也算得上"代有闻人"。不过，到了尤侗的祖父尤挺秀和父亲尤沧那一代，布衣平生，在科举上均没有什么建树，尤家在苏州比上不足、比下有余，充其量只是一个小康之家而已。

尤侗高寿，他出生于 1618 年，即明万历四十六年，去世于 1704 年，即清康熙四十三年，享年八十七岁，身历明清两朝六代皇帝。尤侗从小即有"神童"之称，对于早年求学的经历，他在《悔庵年谱》中是这样描述的："予在家塾厌时文，慕古学。自馆课经史外，窃取《老》《庄》《离骚》《左》《国》《史记》《文选》诸书读之。"可知尤侗厌恶时文，好读古文，尤其喜欢诗词、戏曲之类的杂学。尤侗第一次出应童子试，时任考官即预言："此子异日必以文名世。"后来预言果然成真，但尤侗的科举之路却走得极为艰辛。他一生参加过多次乡试，却始终不得其门而入。他虽然是八股文的行家里手，最后却只是落得一个副榜贡生的身份。以至晚年念及于此，尤侗依然写诗自嘲："今朝揽镜还堪笑，面目依然小秀才。"语气中充满了无奈和怅然。

甲申之变（1644）那年，尤侗年方二十七岁，虽然业已成家，却尚在科场中摸爬滚打，一直止步不前。他在《自祝文》中这样说道："仙不仙，凡不凡，隐不隐，官不官，具七尺之躯，游戏于六合之间，为造化小儿所颠倒、阎罗老子所拘挛。居无十尺舍，郭无半顷田，仓无五斗米，囊无四株钱。"这种不上不下、不官不民，在经济方面又颇觉窘迫的尴尬处境，当是尤侗在明朝最后几年的真实写照。

就像彼时的大多数士子一样，对于清朝入主中原的事实，尤侗也经历了从抗拒到犹疑，从避世到观望，最后不得不接受的过程。乙酉之变（1645），江南江北兵戈急，尤侗亲身感受到了"亲朋故旧半成鬼"的悲怆，他痛苦地写下"岁月不居人聚散，山川多事世沉浮""国丧家难一时并，况失良朋痛几经"的诗句，来表达自己目睹山河易色、痛失亲朋故旧的凄凉心境。尤侗坦陈，他本来是应该为国殉难的，而"独谓不可死者"，留下一条性命，只是为了伺机复仇。他宁愿像忍辱负重、矢志复仇的程婴那般活着，也不愿做大骂奸臣、触阶而死的杵臼。

然而，尤侗的内心又隐藏着强烈的不甘，大明王朝已成明日黄花，难道他个人的前程也要就此断送了吗？人生在世，实现自我价值原本就是最基本的需求之一，何况他又有着满腹的才华呢？良禽择木而栖，才华其实是待价而沽的资本，更加现实的是，大明王朝已不复存在，但人毕竟还要吃饭穿衣，还要继续生存。冷静下来，尤侗首先从历史的角度肯定了朝代更迭的合理性，他说："天下事有兴必有废，有盛必有衰，譬高秋凋落，理之必然。"进而从个人角色的不同，划分出每个阶层应当承担的责任，他说："国破家亡，主辱臣死，此卿大夫之责，非庶民、妇女之事也。"解决了思想问题，尤侗感到释然了，清朝占领苏州后不久，他便入长洲城内应岁考，就此走上了新朝的科举之路。

事实上，时逢易代之际，是为旧王朝守节，还是向新王朝效忠，乃是每一个士子都不得不面对的选择。应该说尤侗的妥协代表了彼时大多数士子的态度，他们当中虽然的确有人绝意仕进，但更多的人还是选择了与新朝合作。不过，让尤侗没有想到的是，王朝的鼎革并没有改变他屡试不第的运气，顺治三年（1646）的乡试，尤侗名落孙山，顺治五年（1648）的乡试，尤侗依然名落孙山。顺治九年（1652），尤侗又一次应试，终于得授永平府推官一职，虽然只是一个小小的七品官，但总算对他多年的应试生涯有了一个交代。然而同样让尤侗没有想到的是，他的推官生涯只持续了四年多的时间，因为秉公执法，他得罪了满洲权贵，受到"改降二级调用"的处分。尤侗不甘其辱，遂愤然辞官，回归故里。

在人生的大部分时间里，尤侗其实是以才子兼名士的身份生活在家乡苏州的。早在明朝时期，尤侗即积极参与集社活动，并因此结交了很多志同道合的知己好友。承晚明之余绪，入清之后，尤侗又与友人一起发起成立了慎交社。结社的初衷，自然是为了社友之间互通声气，切磋学问。当然，喝花酒，观新剧，也是其间必不可少的关目。但遗憾的是，慎交社似乎并没有起到这样的作用，反而鱼龙混杂，蜕变为"专以势要"的手段，渐而走向式微。这当然是与清初的大环境分不开的，从顺治九年起，清政府多次明令禁止文人结社，大规模的社团活动已然不合时宜，慎交社走向衰落亦属必然趋势。

但这并不妨碍尤侗个人的创作与交游。据《清史稿》所载："侗天才富赡，诗文多新警之思，杂以谐谑，每一篇出，传诵遍人口。"可知早在顺治皇帝称赞尤侗为"真才子"之前，尤侗的才子之名已经蜚声乡里。尤侗历经明清易代，他本人则深受晚明风气的影响，作诗作文务求"道性情"，声言"人可为真士夫，不可为假道学"，以求"真"作为创作的核心价值。而尤侗的诗文与戏曲也淋漓尽致地宣泄出一个落拓才子内心的寂寞。他一方面哀叹"人生少壮不得意，室无悬衣釜无储"，另一方面高吟"大抵奇士多沦落，何独戚戚哀途穷。哀途穷，可奈何，仰天一笑天么麼"，作为自我安

247

慰，其中流露出的是一种英雄失路、托足无门的郁闷和隐痛。

与同时代的文人才子相比，尤侗的特异之处在于他擅长写作一些别有寄托的游戏文字，比如前面提到的《怎当她临去秋波那一转》，类似之作还有《讨蚤檄》《斗鸡檄》《责鹰辞》《磔鼠判》……这些文字往往煞有介事、小题大做，看似荒诞不经、诙谐滑稽，却都有着自我调侃的深刻寓意。另外，尤侗的一些戏曲作品，诸如《读离骚》《钧天乐》《吊琵琶》《黑白卫》等，也均属供读书人案头吟咏的文人剧，虽然舞台效果未必多好，却可以引起一般文人的共鸣。正像尤侗在《黑白卫》中所吟唱的那样："六月栖栖日苦多，壮心无计可消磨。偶思剑侠看奇传，漫把长歌续短歌。"尤侗的这类作品，说白了都是"壮心无计可消磨"的结果。

这一点其实与蒲松龄的创作颇相仿佛，尽管他们二人的经历和境遇都有着巨大的差异，尽管尤侗的文字缺少蒲松龄的痛切与激越，但在自叹身世却又别有寄托方面，他们二人实出同一机杼——借物明理，寄托理想，托物言志，发泄孤愤，"游戏成文聊寓言"，看似嬉戏之作，却另有深意在焉。对于尤侗的这类文章，孟超然以为："以惊才绝艳之笔，率多游戏为文。"延君寿以为："尤西堂文，恃才而怪，不可法。"尤侗本人这样说道："予少而嬉戏，中年落魄无聊，好作诗余及南北院本杂曲，绮艳叠陈，诙谐间出，知我者，以为空中语；罪我者，以为有伤名教，不只白璧微瑕而已。"不妨看作是尤侗的自供状。

身为才子兼名士，闲居苏州的尤侗一直优游于各个阶层之间，其中既包括诸多朝廷显贵、地方缙绅，也不乏前朝遗民、山野隐士，另外还有一些方外人士、僧道者流。在与尤侗诗酒唱和、观戏品曲的名人中，可以列出一个长长的名单：吴梅村、龚鼎孳、王士禛、朱彝尊、冒襄、余怀、李渔、施润章、汪琬、陈维崧、宋荦、曹寅……可以看出尤侗的交游极为广泛。毫不夸张地说，由尤侗的朋友圈，即可折射出明末清初以苏、杭为中心的江南文林概貌，以及当时各色文人不同的生存状态。

顺治十八年（1661）正月，顺治皇帝突然驾崩。消息传到苏州，尤侗忍不住号啕大哭，他写下《恭挽世祖章皇帝哀词八首》，称"平生知己犹惆怅，况感恩私在至尊"，既将顺治皇帝称作"平生知己"，并对顺治皇帝的赞赏充满了感恩之心。如果说在顺治皇帝驾崩之前，尤侗还一直以获得顺治皇帝的垂青为荣，并盼望有朝一日能够得到圣恩眷顾，那么，顺治皇帝的去世，则让他一下失去了依托，对个人前途也益发感到心灰意冷。

同样是顺治十八年（1661），苏州发生了著名的"哭庙案"。作为清初的"江南三大案"之一，"哭庙案"的缘起，原是吴县县令任维初以严刑催交赋税，中饱私囊，从而引发当地诸生聚集文庙，集体请愿，通过哭诉向上级官府申告，发泄对任维初的不满。然而，让人始料未及的是，时逢顺治皇帝驾崩，清廷竟以"大不敬"的罪名将众诸生收监，最后判以"拟不分首从斩决"，在被判腰斩的士子中，即包括苏州名士金圣叹。

尤侗与金圣叹算不上至交，他平时对金圣叹放诞不羁的做派颇有点不以为然。但同为苏州才子，尤侗毕竟还是物伤其类，他既为金圣叹的遭遇感到震惊，也对金圣叹的命运充满同情。深夜无寐，辗转反侧的尤侗写下这样一首小诗："满城风雨近重阳，剪纸招魂满建康。一夜淋铃闻鬼哭，可知唱道念家乡。"诗写得隐晦，但情感并不隐晦，从中能够感受到尤侗痛彻心扉的悲切与凄凉。尤侗并不是不明白，"哭庙案"之所以会有这样的结局，与其说是参与其中的士子罪当问斩，毋宁说是清廷借题发挥，隐含着杀鸡吓猴的意思，由此开启了后世"文字狱"的先河。

"哭庙案"的发生，让尤侗一时有如临深渊、如履薄冰之感，生怕哪天突然招来横祸。在后来所写的《钧天乐》中，尤侗借剧中人物之口，一再表示后悔写了这些无益的戏文，甚至多次产生想要焚毁草稿的想法。然而，正当尤侗接受了命运的安排，功名之心逐渐淡薄，并希望从此过上一种"左手招明月，右手引清流"的日子时，命运突然出现转折。康熙十七年（1678），清廷颁布了一项"征召博学鸿儒"的诏书，大意是让各级地方官员推荐人才，赴京参加殿试，由康熙皇帝亲自择优录用。说是招徕人才，其实也是清廷借以消弭敌对力量的一种策略。

身为苏州才子的尤侗同样得到了地方官员的举荐。对于这次意外降临的机会，尤侗起初颇为矛盾，他已年过花甲，对于仕途，已不复有当初的雄心壮志。但是，权衡再三，尤侗又实在不愿放弃这次难得的机会，扪心自问，他一生徒具才子之名，不是时刻都在期盼着"学成文武艺、货与帝王家"吗？在尤侗看来，当初的推官经历只是让他感到一种大材小用的憋屈，今朝的"征召博学鸿儒"才真正为他打开了一扇通往成功的大门。

抱着"自揣迂疏无宦情，未能免俗敢求名"的忐忑心情，尤侗终于迈出了北上京城的脚步。谁知进京不久，家乡即传来妻子病故的讣闻，尤侗悲痛之余，深感自责，上请告假归乡，却未得允许，无奈之下，只得让长子回家奔丧。尤侗怀着沉重的心情参加了博学鸿儒殿试，殿试的结果，一共录取五十名，其中前二十名名列一等，尤侗获得了二等第十一名的成绩，得授翰林院检讨，参与编撰《明史》。正所谓"白首君恩拜爵时"，在所有获得录取的士人中，尤侗的年龄最长。

尤侗做了五年翰林院检讨，在这五年时间里，他的主要工作是纂修《明史》，而他的个人生活则是百味杂陈。首先，尤侗不谙官场世故，当然也无法融入其中。其次，翰林院检讨俸禄微薄，尤侗又没有额外收入，生财无道，日子过得相当窘迫。而且史局的工作环境也不太好，房间逼仄，排座混乱，让尤侗不胜其苦，每天除了案牍劳形之外，只是郁郁寡欢而已。

康熙十九年（1680）六月，尤侗的次子尤瑞去世，得到消息，尤侗惊悲不已。随后不久，尤侗的五弟尤俊和二兄尤价又先后病逝，短短一年痛失三位亲人，所谓"一家半载报三丧，两鬓惊添五夜霜"，令尤侗肝肠寸断，也愈加思念家乡。康熙二十一年（1682），尤侗的长子尤珍考中进士，尤侗心愿已了，遂多次递交辞呈，一再表达辞归的心愿，次年终获允许，时年六十五岁的尤侗终于返回了家乡。

除了诗文创作之外，晚年的尤侗将更多的时间用于观剧雅集和诗酒交游之中，尽管日子过得并不宽裕，但他依然兴致勃勃地参与到"耆年会""篡贰会""车盘会"等一系列活动中。康熙皇帝六下江南，尤侗三次接驾。其中，第一次迎至惠山，朝于行宫，并紧随官船一路护送，被康熙皇帝誉为"老名士"。第二次康熙皇帝驻跸苏州，召见尤侗等乡中故老，已经八十一岁的尤侗"承顾问神明不衰，应对娴雅"，获得御书"鹤寿堂"的赏赐。第三次时年八十五岁的尤侗亲往无锡驿亭接驾，康熙皇帝深受感动，传旨将尤侗特升为翰林院侍讲、晋阶承德郎……尤侗的声誉和名望一时达到了顶点。

康熙四十三年（1704）六月，尤侗安然地走完了最后的人生路程。检点尤侗的一生，他曾经对功名孜孜以求，却总是科场失意，仕途蹭蹬；他曾经自视甚高，把才子之名想象得非常重要，却发现现实完全不是那么回事。尤侗平生最得意的时刻，是"真才子章皇帝语，老名士今上玉音"。当听闻顺治皇帝称他"真才子"时，尤侗真诚地相信好运即将到来，殊不料顺治皇帝不过是随口一说，而他也只是谬托知己。当康熙皇帝当面称他"老名士"时，尤侗倍感荣幸，感恩戴德，却不知康熙皇帝也只是用他来装点门面，点缀盛世。

尤侗见证了明清易代之际文人的生存与选择，而他本人也印证了文人被驱使、遭操纵的命运。在大一统的时代面前，才子如何？名士又如何？他们既无法摆脱人身的依附，当然更不可能决定自己的进退。近人章克标认为，文人只是"盛世的点缀品而末世的杀头胚而已"，文人的命运，大率如此！

名场孤注夺枭卢

——阮大铖：奸臣是怎样炼成的

一

我少时喜爱中国古典词曲，曾经读到过一首署名阮大铖的《一江风》："可怜宵，小泊在黄陵庙。淡月江声搅，闪星灯苦竹春丛，似有江妃笑。琴心不自聊，琴心不自聊，骚魂何处招。向归鸿支下伤秋料。"作者心思细密，行文描摹入微，非灵心慧齿者决不能为。一读之下，即深为所喜，那一时期便急欲找到这个作者别的文章来读，却又遍寻不得，一时颇觉心中怅怅。后来方知阮大铖是明末著名奸佞，在《明史·奸臣传》中名列第十，也就是最后一位，并不是因为他作恶不够多，而是按照时间排序，阮大铖自当排列在最后，在他之后，大明王朝就烟消云散了。

有才，且为奸佞，是阮大铖留给我的最初印象。后来读孔尚任的《桃花扇》，对阮大铖的印象逐渐感性起来，他既身怀诗词歌赋之绝技，且以"逆案"被废，时时处心积虑，谋求东山再起。其死灰复燃之日，即是倒行逆施之时。在弘光小朝廷重新上位的阮大铖将悍傲贪横、锄正引邪之事做到了极致，才直接导致了弘光朝廷的倒台。从历史上看，有才，且为奸佞之辈并不少见，阮大铖可谓在才与奸的两方面都远远超过同侪，他身后文名不彰，并不是因为才气不济，而是名声太臭，是因人废文的典型个例。

但也应该承认，没有人天生就是奸佞，更没有人天生想做奸佞，阮大铖当然并不例外。纵观他的一生，从早期的辞章才子、科第名家，到中期的废斥政客、落寞文人，再到后期祸乱国政、失节降清，每个时期的阮大铖都各有不同的面目，从中可以看出他的一生复杂而多面。阮大铖虽然以"奸臣"之名被盖棺论定，而他这个人一生的是是非非，却绝非"奸臣"一词可以概括。

二

阮大铖（1587—1646），字集之，号圆海、石巢、百子山樵、皖髯等。阮大铖是安徽桐城人，在他的远祖中既包括"建安七子"之一的阮瑀，更有大名鼎鼎的阮咸和阮籍。魏晋之际的"竹林七贤"，他们阮家占据了两席，其中阮籍以《咏怀诗》名垂后世，阮大铖的书房以"咏怀堂"命名，亦即典出于此。明朝中后期，阮家共出了五个进士和两个举人，其中阮鹗是抗倭名宦，阮自华有"风流太守"之称，他们对阮大铖均有不同程度的影响。阮氏一门是为桐城望族，《阮氏宗谱》所谓"代有名卿巨公载在史编，历历可稽也"，语气中满满的骄傲和自豪。

阮大铖家世极好，他本人堪称"根正苗红"。阮大铖的生父阮以巽只是个廪生，但他的嗣父阮以鼎却是进士，因阮以鼎无子，阮大铖过继为长门之子，一身兼祧两门。在时人叶灿的描述中，阮大铖少年早慧，"家世簪缨，多藏书，遍发读之。又性敏，捷目数行下，一过不忘。无论经史子集，神仙佛道诸鸿章巨简，即琐谈杂志，方言小说、词曲、传奇，无不荟聚而掇拾之"。而阮大铖早年的好友钱秉镫则说他："器量褊浅，几微得失，见于颜面。急权势，善矜伐，悻悻然小丈夫也。"可知阮大铖虽然是少年学霸，但在性格上却存在着某些缺陷。

阮大铖十六岁考中举人，其后因丁嗣父忧，二十九岁考中进士，在科举上可称一帆风顺。阮大铖于万历末年步入仕途，适逢朝廷党争正炽，是归属东林党，还是依附魏党，在官场上如何站队，是他面临的首要选择。从渊源上看，阮大铖是东林巨魁高攀龙的门生，他与左光斗既有同乡之谊，二人的私交又甚为亲密，他自然被人视为东林党的一员。而此时的阮大铖虽然以清流自命，却也显示出善于见风使舵、左右逢源的一面，因此引起诸多东林党大佬的不满。

三

对于阮大铖背叛东林党的事实，钱秉镫是这样记述的，天启四年（1624）冬，吏科都给事中一职出现空缺。按资排辈，排在第一位的刘弘化丁忧在籍，排在第二位的阮大铖理应递补这个职位，而且左光斗已答应将这个职位留给阮大铖。然而，东林党大佬经过一番密议之后，却认为阮大铖为人浅躁，容易泄密，不足以承担如此重要的职责，否定了左光斗的建议。左光斗无奈，只好将工科都给事中一职授予阮大铖。工科、吏科虽然一字之差，但在权力上却相差甚大，阮大铖至此已心生嫌隙。

感觉遭受愚弄的阮大铖并没有按照东林党的安排老老实实地接受工科都给事中一职，他转而暗中走通魏忠贤的路子，顺利拿到了吏科都给事中的职务。一边是哄骗，一边是成全，两相对比，阮大铖认为只有魏党才能给他带来更多的实惠。不过，尽管他内心的天平已经倾向魏党，但党争的前景未卜，他依然不敢把宝全押在魏党身上，他为自己留了一条后路，上任后不久，他即主动去职，把职位让给了被东林党看好的魏大中，而他本人则"请终养归"，回乡静观时变。据说阮大铖回乡前丢下一句话："我便善归，看左某如何归耳。"明摆着是要看左光斗等人的笑话了。

254

果然不出阮大铖所料，一年之后，东林党与魏党的矛盾公开爆发，左光斗等"东林六君子"惨遭屠戮，魏党独大，魏忠贤一举成为朝廷中最有实权的人物。彼时正在家乡静养的阮大铖听到左光斗被杀的消息，"虽对客不言，而眉间栩栩有伯仁由我之意"，其中虽有幸灾乐祸的成分，但更多的却是一种自以为计的沾沾自喜。

四

　　天启六年（1626），阮大铖被任命为太常寺少卿，已然成为魏党的一员。彼时的阮大铖又一次显示出他的精明与圆滑，每次赴魏府进谒魏忠贤，他都会厚贿门房，以收回自己的名刺，目的在于销毁他与魏忠贤来往的证据。以至后来魏忠贤倒台，追查魏氏余党时，居然找不到阮大铖与魏忠贤勾结的任何罪证，最后只能以"阴行赞导"的名义为他草草定罪。

　　1627年，天启皇帝落水生病后服用"仙药"身亡，崇祯皇帝继位。虽然此时魏忠贤已经上吊自杀，但"举朝皆阉余党，东林虚无一人"，朝中的局面并不明朗，御史杨维垣上疏以东林和魏党并提而论，用以试探崇祯皇帝的态度。正在家乡避居的阮大铖听到了风声，立马写下两本疏奏，一本弹劾魏党，一本弹劾东林。他派人将两本疏奏交给杨维垣，让他相机行事，孰料杨维垣出于个人需要，直接上了弹劾东林的所谓"合算疏"，结果魏党遭到清算，东林党全面复出。阮大铖弄巧成拙，身陷"逆案"，被削去官职，剥夺身份，终崇祯之世，"十七年不能吐气矣"。

　　如果将阮大铖的一生分作三个时期，那么，以"逆案"被黜为界，属于他的第一时期。这一时期的阮大铖表现出极为敏感的政治嗅觉，他善于审时度势，投机取巧，朝廷中党争的激烈与人事的复杂，诱发出他机敏滑贼的一面。但此时的阮大铖虽非善类，却并不是怙恶不悛之辈，单就他与东林党的关系而言，是东林党负他在前，他背叛东林党在后，客观地说，他没有什么恶行，他的所作所为只是为了追求个人利益的最大化，谈不上与魏党同流合污，充其量也只是一个人品不端的投机官僚而已。

五

从崇祯二年（1629）起，阮大铖开始了他长达十六年的隐居岁月，这是他人生中的第二时期，正是这十六年的隐居生活，成就了他著名文人的名声。

被废伊始，阮大铖闲居乡里，每日不过以读书著述为乐，乃至"无刻不诗，无日不诗，如少时习应举文字故态，计频年所得不下数千百首"。单从著述来看，这一时期的阮大铖不仅产量惊人，质量同样可观，而且他还创作了多种传奇，诸如《春灯谜》《双金榜》等，可谓收获极丰。虽然受声名所累，阮大铖的文字多有失传，但通过现存的作品，他的文学成就之高，我们依然不难窥见一斑。

如果阮大铖就此安于做一个文人，毫无疑问，他将是文学史上出类拔萃的人物。但阮大铖毕竟不是一个闲人，他曾经说过："古之君子不得志于今，必有垂于后，吾辈舍功名富贵外，别无所以安顿，此身乌用须眉男子为也。吾终不能混混沌沌与草木同腐朽矣。"话说得很明白，人生在世，最重要的莫过于功名利禄和荣华富贵，而他以读书著述为乐，不过是浑浑噩噩过日子，实在是不得已而为之。

不甘寂寞的阮大铖先是在家乡发起成立了中江社，以结社为名，多与达官显贵、文人墨客相唱和，继而贿赂朝廷显要，谋求翻案，后来看到此路难行，转而谈兵论剑，"希以边才起用"。诗云："男儿手不草平胡，便当散发归江湖。"很难想象，这样的诗句竟然出自阮大铖之手。阮氏利欲熏心固然是事实，但也并不排除彼时的他的确雄心未泯，急于建功立业，以扭转世人对他的不良评价。

崇祯七年（1634），桐城王文鼎、汪国华发动"民变"，祸害乡里，阮大铖的表现可圈可点。对此，叶灿有着详细的记录："去年秋，里中遭二百七十年所未有之变，公眦裂发竖，义气愤激，欲灭此而后朝食，捐橐助饷，犯冲飙凌，洪涛重跰，奔走请兵讨贼，有申包胥大哭秦庭七日之风，卒赖其谋，奸丑固围，一时目击其事者无不艳羡嗟叹。"因为阮大铖的积极奔走和参与，不仅城池安然无恙，"民变"很快获得了平息，而且阮大铖也为地方乡民留下了极好的印象。

六

崇祯八年（1635），农民军进入安徽，阮大铖避居南京，从这时起，他的经历与《桃花扇》故事发生的背景相重叠。孔尚任笔下的阮大铖是这样出场的："下官阮大铖，别号圆海，辞章才子，科第名家……可恨身家念重，势利情多；偶投客魏之门，便入儿孙之列……幸这京城宽广，容的杂人，新在这裤子裆里买了一所大宅，巧盖园亭，精教歌舞，但有当事朝绅，肯来纳交的，不惜物力，加倍趋迎。倘遇正人君子，怜而收之，也还不失为改过之鬼。"公允地说，阮大铖虽然是反派，但孔尚任并没有故意扭曲他的形象，阮大铖对当朝士绅加倍趋迎当是实情，他痛悔交加有心改过也未必不是事实。

明末的南京，原本是复社的大本营，复社与东林党一脉相承，阮大铖人在南京，与复社文人发生冲突就是迟早的事情。崇祯十一年（1638）秋，复社周镳、陈贞慧、吴应箕等人策划了一场《留都防乱揭帖》事件。事件的起因是，周、陈、吴等人目睹寓居南京的阮大铖"思结纳后进以延誉，乃蓄名姬，制新声，日置酒高会，士雅游者多归之"，名义上是"避难"，实际上到处活动，谋求翻案。他们深感阮氏起复的野心不死，乃是祸乱之源，于是由吴应箕起草，写出了一封声讨阮大铖的公开信，是为《留都防乱揭帖》（简称

《揭帖》）。

《揭帖》不仅历数阮大铖的种种劣行，还一再警告阮大铖不要忘记自己的身份，更不要蠢蠢欲动，其中内容虽然多有所据，却也不乏夸大其词之处。复社的力量果然声势浩大，单是《揭帖》的签名者即多达一百四十余人，一时间《揭帖》的内容广为传播，阮大铖声誉扫地自不必说，甚而形成了一种人人喊打的局面。无奈之下，愤恨交加的阮大铖只得躲进南京城南的牛首山中，深居简出，闭门谢客，很久不敢涉足市区一步。

七

按说，阮大铖虽然名声不好，但身为著名文士，诗酒唱和，交际应酬，似乎并无不妥，至少这也是属于他的个人权利。而且与阮大铖结交、唱和者也多有当世名士，像范景文、钱谦益、王思任、吴梅村、瞿式耜、史可法等人。张岱甚至专程到献花岩拜访过阮大铖，后来他们曾一起在牛首山打猎，阮大铖为此还留下了"亦有同心侣，遥遥问薜萝"的诗句。足见阮大铖的形象并不像《揭帖》中描述的那般不堪。夏完淳就认为"阮之阿珰，原为枉案"，明言阮大铖身陷阉党属于冤案。

事实上，很久以来，阮大铖一直在寻找机会，试图弥合他与复社之间的旧怨。最突出的例子，就是"明末四公子"之一的侯方域与秦淮名妓李香君相爱，阮大铖不仅暗中资助妆奁，而且还让好友王将军每日送来美酒佳肴，陪同侯、李一道游玩。虽然阮大铖的目的是利用侯方域调解他与陈贞慧、吴应箕等人的关系，但从出发点来看，阮大铖并没有什么恶意。

还有一次，复社名士冒辟疆在桃叶渡宴客，阮大铖特地派出了他的私家戏班前去助兴，演唱由他亲自填词作曲的《燕子笺》等剧。这本来是一件好事，但让阮大铖始料未及的是，冒辟疆等人居然一边欣赏着阮大铖刚刚写就的新剧，一边交口痛骂作者，乃至"悲壮激昂，奋迅愤懑，或击案，或拊膺，或浮大白，且饮且诟詈"，场面几近失控。阮大铖派去的伶人们只得提前离场，回去将现场发生的事情如实转告给阮大铖。

显而易见，将"品核公卿，裁量执政"视作己任的复社士子从未把阮大铖的示好放在眼里。个中原因，一是他们中的很多人都是东林后人，与阉党有着深仇大恨；二是他们想当然地以为，阮大铖上下奔走，四处活动，必然抱有不可告人的目的。复社中人多为年轻士子，他们凭着一股少年意气，自以为真理在握，根本不问青红皂白，即对"漏网余生，不肯退藏"的阮大铖采取了不留余地、不给出路的打击。

八

如果说《留都防乱揭帖》起到了搞臭阮大铖的作用，那么后来的文庙事件则进一步升级，直接造成了阮大铖身体上的伤害。对此，孔尚任在《桃花扇》中有这样的描述：崇祯十六年（1643）春祭之日，吴应箕等复社士子赴文庙祭拜孔子，恰与同样前来祭拜的阮大铖碰了个正着。吴应箕感到很意外，惊问："你是阮胡子，如何也来与祭？唐突先师，玷辱斯文，快快出去！"阮大铖回答："我乃堂堂进士，表表名家，有何罪过，不容与祭？"彼此话不投机，动起手来，阮大铖势单力薄，被众人一顿群殴，结果他"难当鸡肋拳揎，拳揎。无端臂折腰撅，腰撅"，最终狼狈而逃。

站在吴应箕等复社士子的角度上说，文庙群殴阮大铖似乎并不需要什么理由，因为阮大铖身为阉党余孽，人人得而讨之。站在阮大铖的角度上说，他的回答其实也没有什么毛病，大家都是祭孔，凭什么你们可以，我就不可以？但吴应箕们根本不容阮大铖辩解，只要你是阉党余孽，不管你是顽固不化，还是改过自新，一概揍你没商量。吴应箕们如此对待阮大铖，甚至连孔尚任都觉得有点过分，转而借剧中人之口说道："俺看阮圆海情词迫切，亦觉可怜。就便真是魏党，悔过来归，亦不可绝之太甚，况罪有可原乎。"

由此可见，明末党争发展至此，已实在谈不上什么宗旨和理念了，党派之间壁垒森严、势同水火，有的不过是权力之争和意气之争。年轻的复社士子们固然有一种改变社会的迫切意愿，但他们追求的目标高远，却未免脱离现实。他们虽然以正人君子自命，却也显示出党人的褊狭与不宽容。对此，直到明朝灭亡，同为党人的夏允彝才有了清醒认识："东林之持论高，而于筹敌制寇，卒无实着。攻东林者自谓孤立任怨，然未尝为朝廷振一法纪，徒以忮刻，可谓聚怨而不可谓之任怨也。其无济国事，则两者同之耳。"

九

阮大铖本来就是一位热衷名利之徒，早在从魏党手中接过吏科都给事中一职时，他就曾写下"宦海惊涛迷象马，名场孤注夺枭卢"的诗句，感慨仕途险恶，却又抱着一种孤注一掷的赌徒心态，如今受到复社士子的挤压，更是让他深深感受到权力的重要。阮大铖一边感叹"宁可终身无子，不可一日无官"，一边四处奔走，进行感情投资，寻找政治靠山。他不惜花费重金买通了曾经担任过内阁首辅的周延儒，为他日后的复出埋下伏线。

崇祯十四年（1641），为了让朝廷"改弦易辙"，复社党魁张溥、吴昌时等通过收买阉人和田妃，对崇祯皇帝施加影响。说穿了，在运用手腕进行政治交易方面，复社与阉党彼此彼此，并无轩轾。周延儒得以再次出任内阁首辅。虽然周延儒答应过阮大铖，"倘得再出，必起君"，但考虑到崇祯皇帝对阉党的态度，周延儒不敢造次，只得退而求其次，让阮大铖推荐一人，"用为督抚"，阮大铖即推荐了他的好友马士英出任凤督。其后直至甲申国变，弘光朝立，"士英

260

擅拥戴圣安之功，实由大铖致之也"。

少年烈士夏完淳总结弘光朝得失，曾这样评价阮大铖："圆海原有小人之才，且阿珰亦无实指，持论太苛，酿成奇祸，不可谓非君子之过。"钱秉镫则以为，正是因为东林、复社对阮大铖"攻之愈急，则其机愈深；郁之愈久，则其发愈毒"。譬如关在笼中的猛虎，大家在笼子外面不遗余力地攻击它，一旦猛虎跳跃而出，就很难逃脱它的搏噬。孔尚任在《桃花扇》中直接让阮大铖本人现身说法："若天道好还，死灰复燃之日，我阮胡子啊！也顾不得名节，索性要倒行逆施了！"这些用以解读阮大铖后来的疯狂举动，从中或不难窥见一些因果与玄机。

十

崇祯十七年（1644）三月，李自成的大顺军攻进北京，崇祯皇帝自缢身亡。同年五月，马士英等人在南京拥立福王朱由崧为帝，是为弘光帝。连阮大铖本人也没有想到，他真的盼来了"天道好还，死灰复燃之日"。在政治盟友马士英的鼎力帮助下，阮大铖迅疾咸鱼翻身，先是出任兵部右侍郎，不久晋为兵部尚书，成为权倾朝野的显贵，就此进入他一生中的第三时期。正是这一时期的所作所为，坐实了阮大铖的"奸臣"之名，而他的一生亦因此盖棺论定，绝无翻案的可能。

在短命的弘光王朝中，阮大铖可资记录的其实只有两件事：一件是报复，一件是贪腐。就第一件事来说，阮大铖作《蝗蝻录》和《蝇蚋录》，将东林比作"蝗"，将复社比作"蝻"，以"顺案"为名，大兴党狱，先后捕杀周镳、雷演祚等人，亟欲将东林党人和复社中人一网打尽而后快。就第二件事来说，阮大铖借权力之便大肆敛财，几乎达到了丧心病狂的地步。考察、提升官员，他要收受贿赂；弹劾、处罚官员，他同样收受贿赂。乃至"凡大铖所关说情分，

261

无不立应，弥月之内，多则巨万，少亦数千"。阮大铖甚至这样宣称："国家何患无财，即如抚按纠荐一事，非贿免即贿求，半饱私囊耳。但命纳银若干于官，欲纠者免纠，欲荐者予荐，推而广之，公帑充矣。"公然倡导国家靠收受贿赂扩大财源。

阮大铖之所以这样肆无忌惮，弘光帝懦弱无能固然是一方面的原因，另一方面，阮大铖显然看透了彼时文人墙头草、随风倒的本性，对于复社士子的年少轻狂，他尤其看得分明。如今阮大铖大权在握，在他眼中，这些只会夸夸其谈的年轻士子们更是不堪一击，假以时日，他必将把压抑了十几年的恶气全部发泄出来。

十一

然而，留给阮大铖充分表现的时间毕竟不多了。弘光元年（1645）五月，清军占领南京，弘光朝廷倾覆，阮大铖先是南逃金华，被当地士绅驱逐出境，随即逃往绍兴，"潜通降表于北，且以江东虚实启闻北帅"，为清军充当卧底。次年六月，清军渡过钱塘江，阮大铖正式降清。

阮大铖不愿为一个腐朽的王朝殉葬，本来也不比那些降臣无耻多少，但他后来的表现却实在让人大跌眼镜。降清后的阮大铖深受贝勒博洛赏识，他被授予内院职衔，竟然公开表示自己素秉血性，恩怨分明，虽是明朝进士，实际上没当几天官，后又遭人陷害，抱恨终身，如今蒙受大清特恩，"行将抒赤竭忠，誓捐踵顶，以报兴朝"，大有鞠躬尽瘁，为清朝贡献余生的意思。

据钱秉镫记述，阮大铖为了讨好清军将领，经常邀请他们"大畅其口福"。阮大铖本来有钱，且是美食家，这一点应当不是什么难事。然而，仅仅邀请清军将领吃吃喝喝并不算完，阮大铖还亲自"执板顿足，高唱以侑诸公酒"，清军将领大都是北方人，听不懂吴音，他又改唱弋阳腔，直到清军将领纷纷点头称善，并夸奖他是

"真才子也"，他才心满意足。

　　清军准备进攻福建，阮大铖突然脸部发肿，清帅令他暂驻衢州休养，阮大铖居然怀疑是东林党人和复社中人在挑拨他与清军之间的关系。他不仅力陈自己没病，而且还一再声言自己"能骑生马，挽强弓，铁铮铮汉子也"。在跟随清兵进军仙霞关时，阮大铖为了证明自己没病，且"筋力百倍于汝后生"，他下马徒步登岭，将众人远远地甩在了后面。当众人登到岭上，只见阮大铖的马在路口，他本人踞石而坐，呼之不应，下马细看，原来已经死去多时了。

十二

　　回溯阮大铖一生中的三个时期，他的前期是政治上的骑墙派，蠢蠢欲动的机会主义者；他的中期是著名文人，文学修养之高世所罕匹，尤其他还精于词曲之道，通晓舞台演出的各种技艺，说他是一代通才并不为过；他的后期是奸臣加降臣，做奸臣做得贪婪卑鄙，做降臣做得厚颜无耻。夏完淳评价阮大铖是小人中的小人，说他既是小人，又是才子，一身集人性痼疾之大成，比之一般的奸臣更具社会危害性。

　　阮大铖的人品不足论，这是事实，却也不可因此忽略环境对他造成的影响。清人全祖望认为，明末多有气节之士，他们虽然于清议有功，然亦常常激成小人之祸，就这一点而言，无论东林党，还是阉党，"二党之于国事，皆不可谓无罪"。为《桃花扇》作序的顾彩也以为，阮大铖其实明白自己平生的谬误所在，也的确有改头易面以示悔过的表现，恰恰是那些自命清流的正人君子，对他绝之太甚，才最终"使之流芳路塞，遗臭心甘"。

　　李洁非教授在《野哭》中说得更为客观，他首先肯定阮大铖是一个丑类，同时又肯定阮大铖因丑类之故遭遇了偏见。李教授继而说道："世无完美之人已是常识，同样，世无'完丑'之人也应是

263

常识，即便是入了'奸臣传'的人。达此认识，并不会宽容邪恶，只会增进理性，而理性一直是我们的文化和我们自身欠缺的素质。我们警惕偏见，认为偏见有碍文明，懂得凡当偏见发生，受害的不只是偏见承受者，也有我们自己。"李教授所言用之评价历史人物可，用以衡量一个时代的文明程度亦无不可。

昭梿在《啸亭续录》中引述了阮大铖说过的这样一段话："贪鄙不过一时之嘲，学问乃千古之业。余自信文名可以传世，至百年后，口碑已没，而著作常存，吾之道德文章犹自在也。"可见阮大铖十分清楚自己在做什么，他敢于贪鄙可耻无底线，部分原因是出于睚眦必报的心理，还有一个原因是他对自己的文名过于自信。但让阮大铖没有料到的是，他身后不仅文名不彰，而且家人和族人均以他为耻，《阮氏宗谱》不载他的事迹，连他的家乡也羞于承认他。他最后留给世人的，不过是一个遭人唾弃的背影。

图书在版编目（CIP）数据

明末清初的才子们 / 王淼著. -- 北京：中国文史
出版社，2023.8

ISBN 978-7-5205-3743-8

Ⅰ. ①明… Ⅱ. ①王… Ⅲ. ①文人-生平事迹-中国
-明清时代 Ⅳ. ①K825.4

中国版本图书馆 CIP 数据核字（2022）第 179197 号

责任编辑：蔡晓欧

出版发行：**中国文史出版社**

社　　址：北京市海淀区西八里庄路 69 号院　　邮编：100142

电　　话：010-81136606　81136602　81136603（发行部）

传　　真：010-81136655

印　　装：廊坊市海涛印刷有限公司

经　　销：全国新华书店

开　　本：720×1020　1/16

印　　张：17.25　　字数：215 千字

版　　次：2023 年 8 月第 1 版

印　　次：2023 年 8 月第 1 次印刷

定　　价：63.00 元